Aktuelle Rechtsfragen im Spannungsfeld von Staat, Wirtschaft und Europa

GRUND-
GESETZ
NVwZ
2012
GG
K43-01-05
Stern
Staats
recht
I
2. Auflage
III/1
GG
K43
Medienrecht
IV

Aktuelle Rechtsfragen im Spannungsfeld von Staat, Wirtschaft und Europa

Beiträge zum 60. Geburtstag von Armin Dittmann

Herausgegeben von Gerald G. Sander, Tobias Scheel und Konrad Scorl

PETER LANG
Frankfurt am Main · Berlin · Bern · Bruxelles · New York · Oxford · Wien

Bibliografische Information Der Deutschen Bibliothek
Die Deutsche Bibliothek verzeichnet diese Publikation in der Deutschen Nationalbibliografie; detaillierte bibliografische Daten sind im Internet über <http://dnb.ddb.de> abrufbar.

ISBN 3-631-54324-7

www.peterlang.de

Vorwort

Mit der vorliegenden Festgabe wollen Schüler und Wegbegleiter von *Armin Dittmann* ihre Wertschätzung für den Jubilar zum Ausdruck bringen. Dabei weisen alle Autoren neben der Verbundenheit mit *Armin Dittmann* noch eine weitere Gemeinsamkeit auf, die sie mit ihm teilen: eine innere und innige Beziehung zu der schönen Universität Hohenheim.

Dabei war der Lebensweg von *Armin Dittmann* zunächst nicht darauf ausgerichtet, seinen beruflichen Schwerpunkt vor den Toren Stuttgarts zu finden. Kurz nach Ende des Zweiten Weltkrieges am 14. August 1945 in Uelzen (Niedersachsen) geboren, nahm der Jubilar nach dem Abitur zunächst das Studium der Rechtswissenschaften in Hamburg auf. Doch schon bald sollte der noch junge Student der Anziehungskraft des Schwabenlandes erliegen und mit Tübingen eine (neue) Heimat finden, der er trotz vieler wissenschaftlicher und praktischer Aufgaben stets die Treue gehalten hat. Nach Ablegung des Ersten Juristischen Staatsexamens im Jahre 1969 wurde *Armin Dittmann* bereits während des Referendariats Wissenschaftlicher Assistent an der Eberhard-Karls-Universität Tübingen bei seinem akademischen Lehrer *Thomas Oppermann* – eine Verbindung zweier Persönlichkeiten, die noch viele Jahre und weit über die Assistentenzeit hinaus andauern sollte. Das Zweite Juristische Staatsexamen und die Promotion folgten in den Jahren 1973 und 1974 eng aufeinander, wobei der Jubilar mit seiner Dissertation über die „Bildungsplanung als Gemeinschaftsaufgabe" ein Themenfeld beschritt, das seinen weiteren wissenschaftlichen Werdegang (mit-) bestimmen sollte. Im Jahre 1982 habilitierte sich *Armin Dittmann* dann mit einer wegweisenden Arbeit über „Die Bundesverwaltung". Nach Verleihung der Lehrbefugnis wurde der Jubilar zunächst auf eine Professur für Öffentliches Recht an der Universität Hamburg berufen. Doch die Bindungen an Süddeutschland waren wohl schon zu stark, als dass *Armin Dittmann* ein Jahr später dem Ruf auf eine Professur an der Universität Hohenheim hätte widerstehen können. Hier angekommen, engagierte sich der Jubilar in vielfältiger Weise innerhalb der universitären Selbstverwaltung – etwa als Wahlmitglied im Senat, Vorsitzender des Prüfungsausschusses für den Studiengang Wirtschaftswissenschaften sowie als Dekan der Wirtschafts- und Sozialwissenschaftlichen Fakultät.

Wissenschaftlich trat (und tritt) *Armin Dittmann* in seiner Hohenheimer Zeit vor allem durch Beiträge auf dem Gebiet des öffentlichen Wirtschafts- und Kulturverwaltungsrechts sowie der bundesstaatlichen Ordnung hervor. Insbesondere seine Kommentierung der Artikel 83 bis 85 in dem von *Michael Sachs* herausgegebenen Kommentar zum Grundgesetz hat bereits nach kurzer Zeit hohen Stellenwert in der rechtswissenschaftlichen Diskussion erlangt. Das besondere Interesse *Armin Dittmanns* am Medienrecht führte dazu, dass er seit 1992 wiederholt vom baden-württembergischen Landtag zum Vorstandsmitglied der

Landesanstalt für Kommunikation gewählt wurde. Ferner ist der Jubilar seit dem Jahre 2000 Mitglied im Beirat der Sparda-Bank Baden-Württemberg eG. Neben diesen amtlichen Funktionen und seiner wissenschaftlichen Tätigkeit legt(e) *Armin Dittmann* aber immer ein besonderes Gewicht auf die Lehre – sein strukturierter, transparenter und anschaulicher Vorlesungsstil wird nicht nur von den Studierenden geschätzt, sondern führte auch zur Verleihung des Landeslehrpreises 1998 durch den Wissenschaftsminister des Landes Baden-Württemberg. Lehraufträge an der Universität Tübingen und der Württembergischen Verwaltungs- und Wirtschafts-Akademie (VWA) in Stuttgart runden dieses Bild ab. Dass dem Jubilar gerade die Förderung des Nachwuchses am Herzen liegt, können seine Schüler nicht nur aus eigener Erfahrung berichten; es zeigt sich ferner darin, dass *Armin Dittmann* bereits seit vielen Jahren als Vertrauensdozent der Konrad-Adenauer-Stiftung sowie als Auswahlausschussmitglied der Studienstiftung des deutschen Volkes fungiert.

Neben all diesen beruflichen Eckdaten möchten die Herausgeber und Autoren aber vor allem den Menschen *Armin Dittmann* ehren. Gerade an einer Universität wie Hohenheim, an der die Jurisprudenz nur durch ein Institut vertreten ist, lebt vieles von den Personen, die die entsprechenden Führungsämter bekleiden. Und mit *Armin Dittmann* hat man in dieser Hinsicht das große Los gezogen – seine permanente Gesprächs- und Diskussionsbereitschaft, seine stets offenen Ohren (auch) für die Anliegen seiner Mitarbeiter und die von gegenseitigem Respekt, Fairness und Harmonie geprägte Atmosphäre machen das Arbeiten an „seinem" Lehrstuhl wahrhaft zu einem Vergnügen. Und wer einmal das Glück hatte, mit *Armin Dittmann* auch längere und persönlichere Gespräche führen zu dürfen, weiß sicherlich vom hintergründigen und tiefsinnigen Humor des Jubilars zu berichten.

In diesem Sinne gratulieren die Herausgeber auch im Namen aller Autoren *Armin Dittmann* zu seinem 60. Geburtstag und wünschen dem Jubilar von ganzem Herzen noch weitere erfüllte Berufsjahre, Gesundheit sowie Zeit für seine privaten Interessen und insbesondere seine Familie.

Hohenheim, im August 2005

Gerald G. Sander *Tobias Scheel* *Konrad Scorl*

Inhalt

Spielbanken und Spielbankenerlaubnisverfahren in Baden-Württemberg

Cornelia Nesch

> Beim Spiel kann man einen Menschen in einer Stunde besser kennen lernen als im Gespräch in einem Jahr.
> *Platon*

A. Die Zulassung von Spielbanken im historischen Überblick

Das Glücksspiel ist so alt wie die Kultur. Ein vom Zufall abhängiger und nicht vom Geschick des Mitspielers beeinflussbarer Spielablauf hat seit jeher seinen Reiz und auch wechselnde Spielformen gefunden. Lange Zeit beherrschten Würfelspiele das Geschehen, bis mit aufkommender Drucktechnik im 15. Jahrhundert Spielkarten Einzug im Glücksspiel fanden. Roulette (frz. Rädchen) kam erst in der zweiten Hälfte des 17. Jahrhunderts in Frankreich auf und dominiert bis heute bei den Tischspielen. Das Spielen um materielle Gewinne erhielt seinen Aufschwung mit der Verbreitung des Münzgeldes. Schon im Mittelalter gab es Spielhäuser, meist hervorgegangen aus Herbergen und Gasthäusern, die einer Spielerlaubnis (Konzession) bedurften und hierfür auch Abgaben entrichteten.

Die Zulassung von Spielbanken hat in Deutschland eine lange und wechselvolle Geschichte.[1] Die ersten deutschen Spielbanken entstanden 1771 in Wiesbaden,[2] 1808 in Baden-Baden und 1841 in Bad Homburg. Den eigentlichen Aufschwung und den Beginn ihrer Blütezeit verdanken sie dem Verbot des Glücksspieles in Frankreich aufgrund eines Gesetzes von *Louis Philippe* von 1832, wonach sämtliche Spielbanken mit dem Jahresende 1837 geschlossen

1 Ausführlich (auch zur Vorgeschichte des Glücksspielwesens) *Niestegge*, Zur Kompetenzverteilung zwischen Bund und Ländern im Spielbankenrecht: dargestellt am Bespiel des Spielbankengesetzes des Landes Nordrhein-Westfalen, Münster, Univ., Diss., 1983, S. 1 ff.; *Lauer*, Staat und Spielbanken, Heidelberg 1993, S. 9 ff.

2 *Fjodor Dostojewski* schrieb anlässlich seiner exzessiven Besuche in der dortigen „Roulettenburg" in nur 24 Tagen den weltberühmten Roman „Der Spieler". 1865 verlor er an einem Tag 3.000 Goldrubel, die für einen mehrmonatigen Aufenthalt hätten reichen sollen. Mit dem Buch erlangte er Weltruhm, der aber nicht reichte, seine Schulden abzubezahlen.

werden mussten.[3] In den folgenden Jahrzehnten eröffneten zahlreiche weitere Kur- und Badeorte den Spielbetrieb[4] und erlebten dadurch einen außerordentlichen wirtschaftlichen Aufschwung. Dieser allerdings war nicht dauerhaft, denn der zunehmende öffentliche Widerstand gegen das Glücksspiel führte schließlich 1868 zu Gesetzesbeschlüssen im preußischen Abgeordnetenhaus[5] und im Reichstag des Norddeutschen Bundes[6], wonach neue Konzessionen nicht mehr erteilt werden durften und die bestehenden Spielbanken spätestens mit Jahresende 1872 zu schließen waren.

Erst mit dem am 14.07.1933 erlassenen Gesetz über die Zulassung öffentlicher Spielbanken[7] fand die Geschichte der Spielbanken ihre Fortsetzung – für längere Zeit allerdings nur in Baden-Baden, denn nur dort wurde mit Urkunde des Reichsministers des Innern die Spielbankkonzession am 18.08.1933 erteilt[8] und von ihr bis zur kriegsbedingten Schließung des Casinos 1944 Gebrauch gemacht. Nach dem zweiten Weltkrieg wurde die erste Spielbank mit Hilfe der Alliierten 1948 im pfälzischen Bad Neuenahr zugelassen, in Baden-Baden fand die Wiedereröffnung 1950 statt, die Spielbank in Konstanz folgte im Sommer 1951. Nur in Kur- und Ferienorten wurden anfänglich Spielbankkonzessionen vergeben, und nur Auswärtige durften dort dem Spiel nachgehen – den Einheimischen war die Teilnahme am Spiel aufgrund eines sog. Residenzverbotes nicht erlaubt. Heute bestimmen neben ordnungspolitischen auch strukturpolitische Zielsetzungen die Konzessionspolitik und die Deckung des steigenden Spielbedarfs der Bevölkerung führte im Laufe der Zeit in einigen Bundesländern dazu, auch in Ballungszentren, wie beispielsweise im Dezember 1995 in Stuttgart, neue Spielbankstandorte zuzulassen.

---

3 *Lauer* (Fn. 1), S. 10.

4 *Lauer* (Fn. 1), S. 10 nennt die Spielbanken in Aachen, Ems, Bad-Kissingen, Cöthen, Langenschwalbach, Schlangenbad, Pyrmont, Wildungen, Hofgeisweiler und Doberan.

5 Gesetz betreffend die Schließung der öffentlichen Spielbanken zu Wiesbaden, Ems und Homburg, vom 05.03.1868 (Gesetz-Sammlung für die Königlichen Preußischen Staaten, S. 209).

6 Gesetz des Norddeutschen Bundes, betreffend der Schließung und Beschränkung der öffentlichen Spielbanken, vom 01.07.1868 (Bundesgesetzblatt des Norddeutschen Bundes, S. 367).

7 RGBl. I, S. 480.

8 Da das Gesetz speziell auf Baden-Baden zugeschnitten war und sonst keine weitere Spielbankkonzession erteilt wurde, spricht man im Zusammenhang mit dem Reichsgesetz von 1933 auch von einer „lex Baden-Baden“; vgl. *Lauer* (Fn. 1), S. 13 m.w.N. in Fn. 35.

B. Aktuelle Situation der Spielbanken

I. Bundesweit

Die Anzahl der Spielbanken ist in den vergangenen Jahren drastisch angestiegen. Waren es 1980 noch 27 konzessionierte Spielbanken, 1990 noch 34 Spielbanken sowie 10 Automatendependencen, so ist die Zahl zum Jahresende 2003 auf insgesamt 75 Spielbankenstandorte angestiegen.[9] An 50 Standorten wird Klassisches Spiel (auch Großes Spiel, hierzu zählen insbesondere die Tischspiele Roulette, Black Jack, Baccara) und Automatenspiel angeboten, 25 Standorte sind reine Automatenspielbanken bzw. Automatenspieldependancen.[10] Thüringen ist das einzige Bundesland, in dem bis heute keine Spielbank betrieben wird.

Die momentan schwierige wirtschaftliche Lage, die Sorgen der Bürger um ihren Arbeitsplatz und die daraus resultierende allgemeine Konsumzurückhaltung wirken sich auch auf die Spielbanken aus. So gingen 2003 die Besucherzahlen im Vergleich zum Vorjahr um durchschnittlich 5 % auf 7,4 Millionen Besuche zurück.[11] Für Spielbanken ist die übliche wirtschaftliche Bezugsgröße der Bruttospielertrag (BSE), der die Summe der Spieleinsätze abzüglich ausgezahlter Gewinne darstellt. Er stagnierte 2003 trotz weiterer Spielbankenstandorte bei 959 Mio. €, was ein durchschnittliches Minus von 2,5 % gegenüber dem Vorjahr darstellte.[12] Von diesen 959 Mio. € leisteten die Spielbanken öffentliche Abgaben in Höhe von 758 Mio. €. Seit Jahren bundesweit rückläufig sind die Bruttospielerträge im Klassischen Spiel; im Jahr 2003 handelte es sich um eine Größenordnung von rund 10 %.[13] Problematisch ist dies deshalb, weil das Personal im Klassischen Spiel (Saalchef, Spielleiter, Croupiers etc.) traditionell von den Trinkgeldern der Gäste,[14] dem sog. Tronc, bezahlt wird. Die stetig rückläufigen Bruttospielerträge, mehr aber noch die dramatisch rückläufigen Tronceinnahmen führen dazu, dass die Garantieeinkommen der Beschäftigten

---

9 Branchenbericht DeSIA (Deutsche Spielbanken Interessen- und Arbeitsgemeinschaft), Spielbanken 2003, S. 7; abrufbar unter http://www.desia.de.

10 Branchenbericht DeSIA, Spielbanken 2003 (Fn. 9), S. 20 ff.

11 Branchenbericht DeSIA, Spielbanken 2003 (Fn. 9), S. 5.

12 Branchenbericht DeSIA, Spielbanken 2003 (Fn. 9), S. 4.

13 Branchenbericht DeSIA, Spielbanken 2003 (Fn. 9), S. 4.

14 Beispielsweise ist es in Deutschland Tradition bzw. ungeschriebenes Gesetz, dass derjenige, der im Roulette auf eine bestimmte Zahl setzt („plein“) und im Gewinnfall den 35fachen Einsatz erhält, das gewinnende Stück (den Jeton oder Geldschein) als Trinkgeld (Tronc) „für die Angestellten“ gibt. 2003 betrugen die Tronc-Zahlungen der Gäste bundesweit 127 Mio. €, 2002 waren es 150 Mio. €, 2001 noch 175 Mio. €.

nicht mehr gedeckt sind, die Spielbanken einen Teil der Personalkosten „zuschießen“ müssen und dadurch an die Grenze der Wirtschaftlichkeit kommen.

II. In Baden-Württemberg

Auch in Baden-Württemberg hat die Betreibergesellschaft, die landeseigene Baden-Württembergische Spielbanken GmbH & Co. KG[15] mit den Spielbanken in Baden-Baden, Konstanz und Stuttgart wirtschaftlich schwierige Zeiten zu bestehen. Neben der bundesweit zu beobachtenden Konsumflaute hatten insbesondere die Spielbanken-Neugründungen seit 1998 im bayerischen Feuchtwangen, in Baden bei Zürich, St. Gallen und Schaffhausen Einfluss auf die Entwicklung der baden-württembergischen Spielbanken. So sanken die Bruttospielerträge von 123,7 Mio. € im Jahr 2000 auf 112,2 Mio. € im Jahr 2003.[16] Nichtsdestotrotz belegt die Spielbank Stuttgart mit einem Bruttospielertrag von 66,5 Mio. € im Jahr 2003 unter allen Spielbanken Deutschlands den dritten Platz.[17] Insgesamt führte die Betreibergesellschaft im Jahr 2003 89,1 Mio. € Abgaben an das Land ab. Das baden-württembergische Spielbankengesetz[18] (SpBG) regelt hierzu in § 10, dass mindestens 50 % der Abgaben zugunsten staatlicher Heilbäder, Förderung des Fremdenverkehrs, staatliche Kulturdenkmale, Kulturförderung und sonstige gemeinnützige Zwecke zu verwenden sind.

C. Zulassung zum Betrieb einer Spielbank

Die konzessionierten deutschen Spielbanken unterliegen einer umfassenden staatlichen Aufsicht und zahlreichen Verpflichtungen. Ausgangspunkt für den Rechtsrahmen ist das Strafgesetzbuch (StGB), das in § 285 die Teilnahme am Glücksspiel und in § 284 die Veranstaltung von Glücksspielen unter Strafe stellt, sofern es nicht mit ausdrücklicher behördlicher Erlaubnis (Konzession) zugelassen wird.

---

15 Das Land Baden-Württemberg hält hieran neben allen Anteilen an der Komplementär-GmbH auch den Kommanditanteil.

16 Stellungnahme des *Finanzministeriums Baden-Württemberg* vom 02.03.2004 in LT-Drs. 13/2954, S. 3.

17 *Finanzministerium Baden-Württemberg* (Fn. 16), S. 4; Beteiligungsbericht des Landes Baden-Württemberg 2004, S. 69; abrufbar unter http://www.fm.baden-wuerttemberg.de.

18 Gesetz über öffentliche Spielbanken (Spielbankengesetz – SpBG) in der Fassung vom 09. Oktober 2001, GBl. S. 571, vorher. S. 706.

I. Gesetzgebungskompetenz der Länder

Wer die Gesetzgebungskompetenz für das Spielbankenrecht besitzt, richtet sich nach den Vorgaben in Art. 70 ff. GG. Zunächst ist beim Betrieb einer Spielbank an den allgemein sehr weit verstandenen Kompetenztitel aus Art. 74 Abs. 1 Nr. 11 GG (Recht der Wirtschaft) zu denken, der – wäre er einschlägig – zur Folge hätte, dass die Länder nur dann Gesetze erlassen könnten, solange und soweit der Bund nach Maßgabe des Art. 72 GG von seinem Gesetzgebungsrecht noch keinen Gebrauch gemacht hat.

Das Bundesverfassungsgericht stellte hierzu jedoch bereits in seiner Spielbank-Entscheidung vom 18.03.1970[19] fest, dass Art. 74 Nr. 11 GG nicht einschlägig sei, weil mit der Zulassung einer Spielbank kein Gebilde des wirtschaftlichen Lebens entstehe und ihr Betrieb keine wirtschaftliche Betätigung sei. Auch wenn der Spielbankbetrieb auf Gewinnerzielung ausgerichtet sei und mit ihr fiskalische Interessen der öffentlichen Hand verfolgt werden, so seien dies nur Rand- und Folgeerscheinungen. Im Kern gehe es bei der Zulassung von Spielbanken allein darum, die natürliche Spielleidenschaft vor strafbarer Ausbeutung zu schützen. Entscheidend für die Spielbankkonzessionierung sei die öffentliche Aufgabe, „das illegale Glücksspiel um Geld einzudämmen und dem nicht zu unterdrückenden Spieltrieb des Menschen staatlich überwachte Betätigungsmöglichkeiten zu verschaffen“[20]. Nur die staatliche Kontrolle gewährleiste dem Spieler, dass Gewinn und Verlust nur von seinem Glück und nicht von Manipulationen des Unternehmers oder seiner Beschäftigten abhängen. Darüber hinaus sollen die Gewinne aus dem Spielbankbetrieb nicht legal oder gar illegal Privaten zufließen, sondern für gemeinnützige Zwecke abgeschöpft werden. All diese Gefahrenabwehraspekte standen nach Ansicht des Bundesverfassungsgerichts so sehr im Vordergrund, dass es damit nicht in Einklang zu bringen war, den Spielbankbetrieb als wirtschaftlichen Vorgang bzw. Wirtschaftsbetrieb zu kennzeichnen.[21] Seit dieser Entscheidung gilt das Spielbankenrecht als eine Materie des Rechts der öffentlichen Sicherheit und Ordnung und unterfällt demgemäß der ausschließlichen Gesetzgebungskompetenz der Länder, Art. 30, 70 Abs. 1 GG.[22]

---

19 BVerfGE 28, S. 119 ff.

20 BVerfGE 28, S. 119 (148 ff.).

21 BVerfGE (Fn. 20).

22 Vgl. auch BayVGH, GewArch 1991, S. 102; BVerwGE 96, S. 302 (306 ff.) und zuletzt BVerfGE 102, S. 197 (199), wo dies nicht weiter thematisiert, sondern lediglich mit Verweis auf die o.g. Verfassungsgerichtsentscheidung festgestellt wird. Kritisch hierzu *Pieroth/Störmer*, Rechtliche Maßstäbe für die normative und administrative Zulassung

II. Baden-Württembergisches Spielbankengesetz 1995/1996

In Baden-Württemberg regelte erstmals das Gesetz über öffentliche Spielbanken vom 23.02.1995[23], wer als Konzessionsinhaber zum Betrieb einer Spielbank zugelassen werden konnte. Bis dahin galt – wie in den anderen Bundesländern auch – das Spielbankengesetz von 1933 als Landesgesetz fort.[24] Im Spielbankengesetz 1995 wurden die Voraussetzungen für die Gründung einer neuen Spielbank in Stuttgart geschaffen – indem neben den Städten Baden-Baden und Konstanz auch Stuttgart als möglicher Spielbanken-Standort genannt wurde – sowie die Rechtsgrundlagen für die Erteilung von Spielbankerlaubnissen neu bestimmt. § 1 Abs. 3 SpBG regelte hierzu, dass die Erlaubnis nur einem Unternehmen in einer Rechtsform des privaten Rechts erteilt werden darf, dessen sämtliche Anteile unmittelbar oder mittelbar vom Land gehalten werden. Als Übergangsvorschrift für die bis dahin von Privaten in der Rechtsform einer GmbH & Co. KG betriebenen Spielbanken in Baden-Baden und Konstanz regelte § 13 Abs. 1 SpBG u.a., dass die Erlaubnisse bis zum Ablauf ihrer Geltungsdauer fortgelten und bei der erneuten Erteilung der Erlaubnisse von § 1 Abs. 3 SpBG abgewichen werden kann. Letztere besitzstandswahrende Regelung wurde durch Änderungsgesetz vom 12.02.1996[25] wieder gestrichen. Für die privaten Spielbankenbetreiber in Baden-Baden und Konstanz resultierte folglich aus dieser Gesetzesänderung mit dem Ablauf ihrer Konzessionen (zum Ende des Jahres 2000) das Ende ihres Spielbankunternehmertums. Erlaubnisinhaber konnte fortan nur eine privatrechtliche Organisation der öffentlichen Hand sein, was mit der Begründung eines staatlichen Monopols[26] gleichzusetzen war. Die privaten Spielbankenbetreiber erhoben gegen diese Regelungen des Spielbankengesetzes Verfassungsbeschwerde.

---

von Spielbanken, GewArch 1998, S. 177 (179) unter Hinweis auf die drastisch veränderte „Spielbankenlandschaft" in Deutschland sowie auf die Entstehungsgeschichte fast sämtlicher Landes-Spielbankengesetze, die beweise, dass es den am Gesetzgebungsverfahren Beteiligten mit der Zulassung öffentlicher Spielbanken nicht nur als bloße Rand- und Folgeerscheinung, sondern maßgeblich um die Erschließung zusätzlicher staatlicher Einnahmequellen sowie um die Wirtschaftsförderung in den Spielbankgemeinden ging.

23 Gesetz über öffentliche Spielbanken (Spielbankengesetz – SpBG) vom 23.02.1995, GBl. S. 272.

24 Vgl. hierzu BVerfGE 28, S. 119 (144 ff.).

25 Art. 1 des Gesetzes zur Änderung des Spielbankengesetzes vom 12.02.1996, GBl. S. 127.

26 Ausführlich zu staatlichen Monopolen *Papier*, Staatliche Monopole und Berufsfreiheit – dargestellt am Beispiel der Spielbanken, in: Burmeister (Hrsg.), Verfassungsstaatlichkeit, Festschrift Klaus Stern, München 1997, S. 542 (548 ff.).

III. Die Entscheidung des Bundesverfassungsgerichts vom 19.07.2000

In seiner Entscheidung vom 19.07.2000[27] hatte das Bundesverfassungsgericht darüber zu befinden, ob die Errichtung des staatlichen Spielbankenmonopols in Baden-Württemberg verfassungsgemäß war. Als verfassungsrechtlicher Prüfungsmaßstab diente das Grundrecht der Berufsfreiheit aus Art. 12 Abs. 1 GG.

Da es Unternehmen in privater Trägerschaft aufgrund der neuen gesetzlichen Regelung verwehrt wurde, eine öffentliche Spielbank zu betreiben, war die Freiheit der Berufswahl und damit der Schutzbereich des Art. 12 Abs. 1 GG berührt. Der Betrieb einer Spielbank ist „Beruf" im Sinne dieser Verfassungsnorm, denn es handelt sich um eine auf Erzielung von Gewinnen gerichtete Tätigkeit, die auf Dauer angelegt ist und der Schaffung und Erhaltung einer Lebensgrundlage dienen kann. Die genannten Regelungen des Spielbankengesetzes 1995/1996 greifen in den Schutzbereich ein und wirken – weil der Zugang zum Beruf des Spielbankunternehmers insoweit nicht von der Qualifikation der Unternehmen oder von sonstigen Kriterien abhängig ist, auf welche die Bewerber um eine Erlaubnis Einfluss nehmen können – wie eine objektive Berufszulassungsvoraussetzung.[28]

Für Eingriffe in die Berufsfreiheit ist die Verfassungsmäßigkeit anhand der sog. „Drei-Stufen-Lehre" zu bestimmen. Diese Dogmatik wurde vom Bundesverfassungsgericht erstmals in der „Apothekenentscheidung" von 1958[29] verwendet und seither beständig weiterentwickelt und den sich verändernden tatsächlichen Bedingungen angepasst. Die niedrigste Stufe bilden danach Berufsausübungsregelungen, die sich auf die Art und Weise der Berufsausübung beziehen. Sie sind zur Verfolgung legitimer Interessen des Allgemeinwohls zulässig. Auf der zweiten Stufe stehen subjektive Berufszulassungsbeschränkungen und Zulassungsvoraussetzungen, die eine Auswahl des Bewerbers nach persönlichen Eigenschaften, Fähigkeiten oder Fertigkeiten vorsehen. Diese sind nur zum Schutz besonders wichtiger Gemeinschaftsgüter und unter strikter Beachtung des Verhältnismäßigkeitsgrundsatzes zulässig. Die dritte und oberste Stufe bilden die objektiven Berufszulassungsbeschränkungen und Zulassungsvoraussetzungen, auf deren Erfüllung der Bewerber selbst keinen Einfluss nehmen kann. Derartige Eingriffe in die Berufsfreiheit sind nur zur Abwehr nachweisbarer oder höchstwahrscheinlicher schwerer Gefahren für ein überragend wichtiges Gemeinschaftsgut[30] und unter strikter Beachtung des Verhältnismäßigkeitsgrundsatzes zulässig. Die „Drei-Stufen-Theorie" soll jedoch den Verhältnismä-

---

27 BVerfGE 102, S. 197 ff. = GewArch 2001, S. 61 ff.

28 BVerfGE 102, S. 197 (214).

29 BVerfGE 7, S. 377 (397).

30 BVerfGE 102, S. 197 (214) unter Hinweis auf BVerfGE 7, S. 377 (408).

ßigkeitsgrundsatz nicht etwa ersetzen. Es handelt sich vielmehr um eine den Verhältnismäßigkeitgrundsatz für die Berufsfreiheitsgarantie – mit den Aspekten Geeignetheit, Erforderlichkeit und Angemessenheit bzw. Zumutbarkeit – konkretisierende und greifbar machende Einordnungshilfe.

Demzufolge führt das Bundesverfassungsgericht in seiner Entscheidung aus, Grundrechtsbeschränkungen auf der höchsten Eingriffsstufe seien „im Allgemeinen nur zulässig, wenn sie zur Abwehr nachweisbarer oder höchstwahrscheinlicher schwerer Gefahren für ein überragend wichtiges Gemeinschaftsgut zwingend geboten sind. Ein so weit gehender Grundrechtsschutz gilt jedoch nur für Berufe, die ihrer Art nach wie hinsichtlich der Möglichkeiten, den jeweiligen Beruf tatsächlich auch zu ergreifen, nicht durch atypische Besonderheiten gekennzeichnet sind. Um einen derartigen Beruf handelt es sich bei dem Beruf des Spielbankunternehmers nicht. Er weist vielmehr Besonderheiten auf, die auch die Grundrechtsprüfung beeinflussen. Der Betrieb einer Spielbank ist eine an sich unerwünschte Tätigkeit, die der Staat gleichwohl erlaubt, um das illegale Glücksspiel einzudämmen, dem nicht zu unterdrückenden Spieltrieb des Menschen staatlich überwachte Betätigungsmöglichkeiten zu verschaffen und dadurch die natürliche Spielleidenschaft vor strafbarer Ausbeutung zu schützen“[31]. Diesen Besonderheiten des Spielbanken„marktes“ würde nicht hinreichend Rechnung getragen, wenn der Staat Eingriffe in das Recht der freien Berufswahl nur zum Schutz überragend wichtiger Gemeinschaftsgüter und zur Abwehr ihnen drohender schwerer Gefahren vornehmen dürfte. Die Verknappung des Marktes und die Eigentümlichkeiten des Gegenstandes der beruflichen Tätigkeit erforderten vielmehr einen breiteren Regelungs- und Gestaltungsspielraum des Gesetzgebers, weshalb zur Rechtfertigung ausreichen müsse, dass mit der im Einzelfall beabsichtigten Beschränkung (lediglich) wichtige Gemeinwohlbelange verfolgt würden.[32]

Das Bundesverfassungsgericht lockerte folglich in dieser Entscheidung die starren Bedingungen der herkömmlichen „Drei-Stufen-Theorie“: Die Errichtung eines staatlichen Monopols für den baden-württembergischen Spielbankenbetrieb wird zutreffend als objektive Berufszulassungsregelung qualifiziert, zu deren Rechtfertigung aber aufgrund der besonderen Situation Gefahren für wichtige Gemeinwohlinteressen ausreichen. Gleichwohl liegt hierin kein Verstoß gegen den Verhältnismäßigkeitsgrundsatz, sondern im Gegenteil dessen konsequente Anwendung auf den Einzelfall; weist ein Beruf atypische Besonderheiten auf, so kann dies auch die Grundrechtsprüfung beeinflussen. Es darf jedoch nicht verkannt werden, dass, wenn es um die Errichtung staatlicher Monopole geht, atypische Besonderheiten eines bestimmten Berufes leichter zu begründen sind als das Vorliegen überragend wichtiger Gemeinschaftsgüter und erst recht

31 BVerfGE 102, S. 197 (214 f.).

32 BVerfGE 102, S. 197 (215).

die nachweisbare oder höchstwahrscheinliche Gefahr für derartige Güter. Das Kriterium der Atypik ist inhaltlich unbestimmt und wird zu weiteren Abgrenzungsschwierigkeiten führen.[33]

Als wichtigen Gemeinwohlbelang anerkannte das Bundesverfassungsgericht die Regelungsintention des baden-württembergischen Gesetzgebers,[34] durch die Schaffung umfangreicherer und intensiverer Informations-, Kontroll- und Einwirkungsmöglichkeiten, wie sie bei Führung öffentlicher Spielbanken in staatlicher Trägerschaft angenommen werden, die Abwehr von Gefahren, die der Bevölkerung und den Spielteilnehmern durch das öffentliche Glücksspiel drohen, zu effektuieren. Dies stelle gar den Schutz eines überragend wichtigen Gemeinschaftsgutes dar.[35] Warum das Bundesverfassungsgericht dann aber nicht bei seiner herkömmlichen Schrankendogmatik der „Drei-Stufen-Theorie“ blieb, ist fragwürdig. Führt man sich die Gefahren vor Augen, die dem Spieler, seiner Familie sowie der Gesellschaft drohen durch die Folgen einer übermäßigen Spielleidenschaft oder gar eines pathologischen Spielens – erst der wirtschaftliche Ruin des Spielers, sodann die soziale Belastung der Allgemeinheit – und berücksichtigt man weiterhin, dass ca. 80.000 bis 140.000 Menschen in der Bundesrepublik,[36] davon rund 17.000 in Baden-Württemberg[37] spielsüchtig sind, die Dunkelziffer jedoch vermutlich deutlich höher liegt, so hätte auch eine drohende nachweisbare oder höchstwahrscheinliche schwere Gefahr bejaht werden können. Als weiteres legitimes Gemeinwohlinteresse anerkannte das Bundesverfassungsgericht jedenfalls die weitere Intention des Gesetzgebers, die Einnahmen der Spielbanken weitgehend für die Förderung öffentlicher Zwecke und damit zugunsten der Allgemeinheit abzuschöpfen. Dem Land Baden-Württemberg ginge es nicht nur darum, aus fiskalischen Gründen die Einnahmen zu erhöhen;[38] Sinn und Zweck der Abschöpfung sei vielmehr, ein Ausgleich dafür herzustellen, dass die beim Betrieb von Spielbanken anfallenden

---

33 So auch *Thiel*, Spielbankenmonopol und Berufsfreiheitsgarantie: Anmerkungen zum Beschluss des BVerfG vom 19.07.2000, 1 BvR 539/96 (GewArch 2001, 61 ff.), in: GewArch 2001, S. 96 (99).

34 LT-Drs. 11/6878 S. 4 ff.

35 BVerfGE 102, 197, 216.

36 Vgl. Schätzung des *Sozialministeriums Baden-Württemberg* in seiner Stellungnahme vom 23.12.2004, LT-Drs. 13/3855, S. 2.

37 *Irmles*, in: „Experte: Automaten sind gefährlicher als Cannabis“, Artikel in der Schwäbischen Zeitung vom 10.05.2005.

38 Die fiskalischen Zwecke der Spielbankenzulassung werden regelmäßig „schamhaft“ als dem der Gefahrenabwehr untergeordnet qualifiziert. *Lauer* (Fn. 1), S. 61, charakterisiert die Spielbanken deshalb als „gewinnmitnehmende Einrichtungen der (sic. staatlichen) Gefahrenprävention“.

hohen Gewinne weitgehend risikolos erzielt werden können. Deshalb sollen sie nicht vollständig den privaten Spielbankbetreibern verbleiben.

Gleichwohl sah das Bundesverfassungsgericht hinsichtlich der angegriffenen Regelung die Anforderungen des Verhältnismäßigkeitsgrundsatzes verletzt. Zwar sei die Errichtung eines staatlichen Monopols mittels Art. 1 des Änderungsgesetzes geeignet, um die genannten Regelungsziele zu verwirklichen. Hinsichtlich des (ordnungsrechtlichen) Gesetzeszweckes der Gefahrenabwehr sei sie auch erforderlich, es ließe sich zumindest nicht eindeutig ausschließen, dass Spielbankenkontrolle und Eindämmung der Spielleidenschaft wirksamer sein werden, wenn die Spielbanken künftig in staatlicher Trägerschaft geführt werden. Der Gesetzgeber besitze hier eine Einschätzungsprärogative, die ohne gegenteilige Erfahrungswerte nicht widerlegbar sei.[39] Im Hinblick auf die Erreichung des Ziels, die Einnahmen der Spielbanken in Baden-Baden und Konstanz weitgehend abzuschöpfen, um sie für gemeinnützige Zwecke verwenden zu können, sei Art. 1 des Änderungsgesetzes jedoch nicht erforderlich. Statt der absoluten Zugangssperre für Spielbankunternehmen in privater Allein- oder Mitträgerschaft wäre es gleich geeignet, die Unternehmer aber weniger belastend gewesen, beispielsweise die Gewinnabführung zu erhöhen oder die Spielbankerlaubnis unter mehreren geeigneten Bewerbern zu versteigern und demjenigen zu erteilen, der das höchste Gebot – gegebenenfalls auch hinsichtlich laufend abzuführender Gewinne – abgibt.

Schließlich sei der Ausschluss Privater durch Art. 1 ÄndG, soweit er auf ordnungspolitische Erwägungen gestützt ist, wegen der weit reichenden Folgen für diese nicht im engeren Sinne verhältnismäßig. Hier kam maßgeblich der Umstand zum Tragen, dass „die privat geführten Spielbanken in Baden-Württemberg seit Jahrzehnten beanstandungsfrei, ja erklärtermaßen vorbildhaft betrieben“[40] worden seien. Da Missstände und Unregelmäßigkeiten als Auslöser für die mit dem Spielbankenbetrieb verbundenen Gefahren also nicht erkennbar geworden sind,[41] sei der Ausschluss schon der Chance einer Bewerbung der bisherigen Betreiber um die Zulassung zu diesem Beruf, und sei es in Konkurrenz zu einem staatlichen oder ganz oder teilweise in öffentlicher Trägerschaft geführten Unternehmen, unangemessen.

Das Bundesverfassungsgericht erklärte infolgedessen die streitigen Regelungen für verfassungswidrig und damit für nichtig und verpflichtete den Lan-

39 BVerfGE 102, S. 197 (219).

40 BVerfGE 102, S. 197 (221).

41 Das Bundesverfassungsgericht stützt sich hierbei darauf, dass dies im Parlament ausdrücklich erwähnt wurde, vgl. Plenarprotokolle des Landtags von Baden-Württemberg, Band 8, 1995/1996, S. 6791 (6796); von „negativen Erfahrungen in Baden-Baden“ jedoch wird im Plenarprotokoll 13/9 vom 26.09.2001, S. 348, bei der Zweiten Beratung des Gesetzentwurfs zum Spielbankengesetz 2001 berichtet.

desgesetzgeber, bis 31.12.2001 eine verfassungsgemäße Regelung zu erlassen. Zwar lebte mit der Verfassungswidrigkeit des Änderungsgesetzes die ursprüngliche Regelung des § 13 Abs. 1 SpBG wieder auf, wonach bei der Neuerteilung der Spielbankerlaubnisse für die Spielbanken in Baden-Baden und Konstanz von § 1 Abs. 3 SpBG, dem Erfordernis der Trägerschaft ausschließlich in öffentlicher Hand, abgesehen werden konnte. Diese sei jedoch zu unbestimmt, wodurch die Beachtung der nach Art. 12 Abs. 1 GG gebotenen Maßstäbe nicht gewährleistet sei, und daher verfassungsrechtlich ebenfalls nicht haltbar.[42] Darüber hinaus enthalte das Spielbankengesetz keine Regelung für den Fall, dass sich mehrere Unternehmen in privater Trägerschaft gleichzeitig um eine Spielbankenerlaubnis bewerben, so dass offen bleibe, nach welchen Kriterien die Auswahl unter mehreren geeigneten Bewerbern getroffen werde.

IV. Baden-Württembergisches Spielbankengesetz 2001

Baden-Württemberg kam der Verpflichtung des Bundesverfassungsgerichts nach und beschloss am 26. September 2001 ein geändertes Spielbankengesetz[43].

Demzufolge darf nach § 1 Abs. 1 SpBG mit Erlaubnis des Innenministeriums in den Städten Baden-Baden, Konstanz und Stuttgart eine Spielbank betrieben werden, wobei auf die Erlaubnis kein Anspruch besteht. § 2 Abs. 1 S. 1 SpBG regelt, dass die Erlaubnis auf Grund einer Ausschreibung erteilt wird. Die Spielbankerlaubnis kann nach § 1 Abs. 3 SpBG nur erteilt werden, wenn durch den Betrieb der Spielbank weder die öffentliche Sicherheit oder Ordnung gefährdet noch sonstige öffentliche Belange beeinträchtigt werden (Nr. 1) und wenn der Erlaubnisinhaber und die sonst verantwortlichen Personen Gewähr für den ordnungsgemäßen Betrieb der Spielbank bieten (Nr. 2). Die Auswahl unter mehreren geeigneten Antragstellern im Sinne des § 1 Abs. 3 SpBG ist gemäß § 2 Abs. 3 SpBG insbesondere danach zu treffen, welcher Antragsteller nach Beurteilung des Innenministeriums als Erlaubnisbehörde am besten geeignet ist, 1. beim Betrieb der Spielbank die Einhaltung der öffentlichen Sicherheit und Ordnung sowie der sonstigen öffentlichen Belange zu gewährleisten, 2. weitgehende Informations-, Einwirkungs- und Kontrollbefugnisse der zuständigen Behörden sicherzustellen, 3. seine nachhaltige finanzielle Leistungsfähigkeit nachzuweisen, 4. einen wirtschaftlichen Betrieb der Spielbank zu gewährleisten und 5. eine weitgehende Abschöpfung der Spielbankerträge durch die Spielbankab-

42 BVerfGE 102, S. 197 (222).

43 LT-Drs. 13/281; Gesetz über öffentliche Spielbanken (Spielbankengesetz – SpBG) in der Fassung vom 09. Oktober 2001, GBl. S. 571, ber. S. 706.

gabe, die weiteren Leistungen, deren Erhöhung gemäß § 8 Abs. 2 und die Troncabgabe[44] zu ermöglichen.

Auch für dieses Gesetz bildet die Verfassung und dabei insbes. Art. 12 Abs. 1 GG Maßstab und zugleich Grenze.

1. *Zulassung Privater und Kontingentierung*

Das Spielbankengesetz 2001 enthält keine Vorgaben mehr über die Rechtsform oder die Beteiligungsverhältnisse der Spielbankenbetreiber. Es legt sich – ebenso wie das Spielbankengesetz von 1933 – weder auf private noch auf öffentliche bzw. öffentlich-rechtlich beherrschte Betreiber fest und überlässt die Entscheidung, wer Adressat[45] der Spielbankerlaubnis werden soll, dem Innenministerium als Erlaubnisbehörde. Um die Erlaubnis können sich folglich natürliche und juristische Personen, Personengesellschaften, Gesellschaften, deren Anteile sich vollständig oder überwiegend in öffentlicher oder privater Hand befinden, oder juristische Personen des öffentlichen Rechts bewerben,[46] so dass insoweit eine Einschränkung der Berufswahlfreiheit im Sinne des Art. 12 Abs. 1 GG nicht stattfindet. Der Vorgabe des Bundesverfassungsgerichts in seiner Entscheidung vom 19.07.2000 wurde damit Folge geleistet.

Die Berufsfreiheit potentieller Bewerber wird jedoch auf andere Weise tangiert: Weil die Zahl der zu vergebenden Spielbankerlaubnisse gemäß § 1 Abs. 1 SpBG auf drei, namentlich auf die Spielbanken in Baden-Baden, Konstanz und Stuttgart absolut begrenzt ist, kann von vornherein auch nur eine bestimmte Anzahl von Bewerbern zum Zuge kommen. Weitere Spielbanken in den genannten Städten oder anderswo sind nicht erlaubt und unterfallen dem strafbewehrten Verbot des § 284 StGB. Dieses Verbot, Spielbanken über das Genehmigungskontingent hinaus, bzw. überhaupt nicht ohne Genehmigung zu betreiben, stellt sich als objektive Zulassungsschranke dar,[47] weil auch der noch so qualifizierte Bewerber nach Erschöpfung des Kontingents nicht zugelassen werden darf[48] und hierauf keinen Einfluss nehmen kann. Diese Art von Kontingentierung geht über die im Wirtschaftsverfassungs- und Wirtschaftsverwaltungsrecht als objek-

---

44 Die Troncabgabe ist seit dem Jahr 2005 entfallen, vgl. § 9 Abs. 3 S. 3 SpBG.

45 Zu den Betreiberformen der Spielbanken in den einzelnen Bundesländern (öffentlich-rechtlich, öffentlich-rechtlich mit privaten Anteilen, privatrechtlich) vgl. Branchenbericht DeSIA, Spielbanken 2003 (Fn. 9), S. 8.

46 Vgl. hierzu Gesetzentwurf der Landesregierung zur Änderung des Spielbankengesetzes vom 11.07.2001, LT-Drs. 13/59, S. 10.

47 Vgl. *Papier* (Fn. 26), S. 554.

48 Vgl. *Pieroth/Störmer* (Fn. 22), S. 184.

tive Zulassungsbeschränkung bekannte Bedürfnisprüfung hinaus. Die Zulassungsentscheidung wird nicht von einem bestimmten Bedürfnis abhängig gemacht, sondern von der im Gesetz festgelegten Anzahl von Spielbankstandorten als objektivem Element.

Als objektive Zulassungsschranke stellt dies einen intensiven Eingriff in die Berufsfreiheit dar, der nach der oben angeführten „Drei-Stufen-Lehre" des Bundesverfassungsgerichts grundsätzlich nur zulässig ist, soweit dies zur Abwehr von Gefahren für ein überragend wichtiges Gemeinschaftsgut unumgänglich geboten ist; betrifft es jedoch den Beruf des Spielbankenunternehmers, so reicht es angesichts der Besonderheiten dieses Tätigkeitsfeldes aus, wenn mit der beabsichtigten Beschränkung wichtige Gemeinwohlbelange verfolgt werden. Ausschlaggebend für diese Beurteilung sind wiederum ordnungsrechtliche Gefahrenabwehraspekte: Das Land erlaubt den Betrieb einer Spielbank als an sich unerwünschte Tätigkeit in erster Linie nur deshalb, um dem nicht zu unterdrückenden Spieltrieb des Menschen staatlich überwachte Betätigungsmöglichkeiten zu verschaffen und dadurch die natürliche Spielleidenschaft vor strafbarer Ausbeutung zu schützen[49]. Schon hieraus ergibt sich zwingend, dass die Zahl der zugelassenen Spielbanken nicht hoch sein kann, sie vielmehr – wie das Bundesverfassungsgericht zutreffend ausführte – „herkömmlich und verfassungsrechtlich unbedenklich in erheblichem Maße beschränkt"[50] sein muss. Es unterliegt letztlich der Einschätzungsprärogative des Gesetzgebers, welche Anzahl von Spielbanken er für erforderlich und ausreichend hält, um dem Spieltrieb Rechnung zu tragen und diesen zu kanalisieren. Die von Baden-Württemberg gewählte Beschränkung auf die drei Standorte Baden-Baden, Konstanz und Stuttgart ist in verfassungsrechtlicher Hinsicht nicht zu beanstanden.

2. *Eignung und Zuverlässigkeit der Bewerber*

Nach § 1 Abs. 3 Nr. 1 SpBG kann die Erlaubnis nur erteilt werden, wenn durch den Betrieb der Spielbank weder die öffentliche Sicherheit oder Ordnung gefährdet noch sonstige öffentliche Belange beeinträchtigt werden. Nach § 1 Abs. 3 Nr. 2 SpBG ist Voraussetzung, dass der Erlaubnisinhaber und die sonst verantwortlichen Personen Gewähr für den ordnungsgemäßen Betrieb der Spielbank bieten, womit die „spielbankenrechtliche Zuverlässigkeit"[51] in ordnungs-

49 Vgl. BVerfGE 102, S. 197 (215).

50 BVerfGE (Fn. 49).

51 In Anlehnung an die gewerberechtliche Zuverlässigkeit, wonach jemand als unzuverlässig gilt, wenn er nach dem Gesamteindruck seines Verhaltens nicht die Gewähr dafür bietet, dass er das von ihm ausgeübte Gewerbe künftig ordnungsgemäß betreiben wird; vgl. *Pieroth/Störmer* (Fn. 22), S. 183.

rechtlicher und wirtschaftlicher Hinsicht umschrieben wird. Als subjektive Zulassungsvoraussetzung bedarf auch diese Regelung der verfassungsrechtlichen Rechtfertigung. Für den Beruf des Spielbankenunternehmers liegt diese nach der Modifizierung durch das Bundesverfassungsgericht vor, wenn mit der Regelung wichtige Gemeinwohlbelange verfolgt werden und der Verhältnismäßigkeitsgrundsatz beachtet wird.

Durch § 1 Abs. 3 SpBG wird das Innenministerium als Erlaubnisbehörde verpflichtet, nur solche Bewerber bei der Auswahlentscheidung zu berücksichtigen, welche die für den Betrieb einer Spielbank erforderliche Eignung in ordnungsrechtlicher Hinsicht mit sich bringen und über die nötige wirtschaftliche Kompetenz und Liquidität verfügen. Hierdurch soll die Gefahr ausgeschlossen, jedenfalls verringert werden, dass der spätere Erlaubnisinhaber beispielsweise betrügerische Manipulationen beim Spielbetrieb vornimmt, sich nicht um Spieler kümmert, die an der Schwelle von der leidenschaftlichen zur pathologischen Spielform stehen oder gar schon überschritten haben, oder es zu Unregelmäßigkeiten im Geschäftsablauf kommt, etwa was die Leistungen von öffentlichen Abgaben betrifft. Die Regelung dient folglich einerseits dem Schutz des Spielbankenbesuchers, dessen sozialen Umfelds und letztlich der Allgemeinheit, andererseits dem nicht nur rein fiskalischen Interesse der öffentlichen Hand, die Einnahmen der Spielbank mittels Abgaben weitgehend abzuschöpfen, um sie für die Förderung öffentlicher Zwecke der Allgemeinheit wieder zukommen zu lassen. Die Zielsetzungen sind legitim und verfassungsrechtlich nicht zu beanstanden.[52] Das Ausschlusskriterium der Zuverlässigkeit ist geeignet, diese Ziele zu erreichen, erforderlich und auch angemessen, da es wahrscheinlicher ist, dass von Bewerbern, die diese Anforderungen nicht erfüllen, die angeführten Gefahren für die Spieler und die Allgemeinheit ausgehen können.

3. *Entschließungs- und Auswahlermessen*

Der baden-württembergische Landesgesetzgeber regelt in § 1 Abs. 1 SpBG, dass mit Erlaubnis des Innenministeriums in den Städten Baden-Baden, Konstanz und Stuttgart eine Spielbank betrieben werden darf, wobei auf die Erlaubnis kein Anspruch besteht. Er hat es folglich in das Ermessen der Verwaltung gestellt, an welchen der im Gesetz genannten Standorte überhaupt Spielbanken errichtet werden sollen. Die Einräumung dieses Ermessens ermöglicht es dem Innenministerium einerseits, die von dem Spielbetrieb insgesamt ausgehenden Gefahren zu berücksichtigen und daran die Gesamtzahl der Spielbanken auszurichten, ohne dass es erst einer Gesetzesänderung bedürfte. Andererseits kann für jeden

52 Zum Aspekt der Einnahmeerzielung vgl. BVerfGE 102, S. 197 (216).

Standort gesondert geprüft und entschieden werden, ob die konkrete örtliche Situation die Errichtung einer Spielbank als vertretbar erscheinen lässt.[53]

Auch die gesetzliche Einräumung des behördlichen Ermessens hinsichtlich der Entscheidung, ob (Entschließungsermessen) und welchem Bewerber (Auswahlermessen) eine Erlaubnis erteilt wird, stellt sich nicht als übermäßige Grundrechtsbeschränkung dar: Zwar stellt sich hier die grundsätzliche Frage, ob bei einer grundrechtlich geschützten Tätigkeit Ermessen eingeräumt werden kann, oder ob nicht ein Anspruch auf Zulassung bestehen muss, wenn die Zulassungsvoraussetzungen vom Bewerber erfüllt werden. Letzteres ist vor allem im Wirtschaftsverwaltungsrecht maßgeblich, wenn es sich um sog. präventive Verbote mit Erlaubnisvorbehalt handelt – die Tätigkeit also generell erlaubt ist, und die Zulassung sich (lediglich) als eine dem Betrieb vorgeschaltete gefahrenabwehrrechtliche behördliche Kontrolle darstellt. Anders verhält es sich beim sog. normativen oder repressiven Verbot mit Befreiungs- oder Dispensierungsvorbehalt, dem – wie dem Spielbankenbetrieb aufgrund § 284 StGB – zugrunde liegt, dass die beabsichtigte Tätigkeit generell verboten ist. In diesen Fällen kann als weniger weitgehender Eingriff auch ein repressives Verbot mit einer in das Ermessen der Behörden gestellten Befreiung zulässig sein,[54] sofern es sachgerecht und verhältnismäßig ist. Die Sachgerechtigkeit und Verhältnismäßigkeit des (Auswahl)ermessens für eine Spielbankerlaubnis drängt sich geradezu auf, denn nur dadurch kann es gelingen, den in ordnungsrechtlicher und wirtschaftlicher Hinsicht am besten geeigneten Bewerber zu konzessionieren. Angesichts des bereits genannten Gefahrenpotentials für die verschiedensten Rechtsgüter, das beim Betrieb einer Spielbank droht, ist der Bestenauslese besonderes Gewicht beizumessen. Ein Anspruch auf die Erteilung einer Spielbankkonzession liefe im Übrigen leer, wenn zwei oder mehrere Bewerber die Voraussetzungen des § 1 Abs. 3 SpBG erfüllen, und damit als potentiell geeignete Bewerber in Frage kommen. In diesem Fall könnte eine Entscheidung ohne Bewerberauswahl nicht getroffen werden.

4. Auswahlkriterien und Vergabeverfahren

Schließlich hat das baden-württembergische Spielbankengesetz auch die Bedeutung von Art. 12 Abs. 1 GG als Verfahrensteilhaberecht zu beachten. Daraus ergibt sich, dass der Gesetzgeber es nicht der Exekutive überlassen kann, sondern er selbst zu regeln hat, welche Gesichtspunkte für die Bewerberauswahl und für das Vergabeverfahren ausschlaggebend sein können. Generell gilt: Je empfindlicher die freie berufliche Betätigung beeinträchtigt wird, desto deutlicher muss

---

53 Vgl. *Pieroth/Störmer* (Fn. 22), S. 186.

54 Vgl. BVerwGE 96, S. 302 (311 f.); *Pieroth/Störmer* (Fn. 22), S. 186.

das zulässige Maß des Eingriffs durch die gesetzliche Ermächtigung bestimmt werden. Handelt es sich um eine objektive Zulassungsbeschränkung, so sind folglich die Anforderungen an die gesetzliche Bestimmtheit und Regelungsdichte am höchsten. Diese Anforderung konkretisiert für den Bereich des Art. 12 Abs. 1 GG das allgemeine Postulat der sog. Wesentlichkeitstheorie, wonach der Gesetzgeber verpflichtet ist, in den grundlegenden normativen Bereichen, erst recht also im Bereich der Grundrechtsausübung, soweit dieser staatlicher Regelung zugänglich ist, alle wesentlichen Entscheidungen selbst zu treffen.[55] Für die Spielbankzulassung ist dies nur folgerichtig: Durch die Gestaltung des Auswahlverfahrens wird unmittelbar Einfluss auf die Konkurrenzsituation und damit auf das Ergebnis der Auswahlentscheidung genommen, denn durch die Art der Bekanntgabe der anstehenden Konzessionierung und die Terminierung von Bewerbungen kann sich die Zusammensetzung des Bewerberkreises steuern lassen. Aus diesem Grund hat die Erlaubnisbehörde eine Ausschreibung vorzunehmen, die feste Bewerbungsfristen enthält, um eine willkürliche Einflussnahme auf den Bewerberkreis auszuschalten.[56]

a) *Ausschreibung im Staatsanzeiger*

Der baden-württembergische Gesetzgeber hat diese verfassungsrechtliche Verpflichtung in § 2 Abs. 1 SpBG umgesetzt, wonach die Erlaubnis auf Grund einer Ausschreibung erteilt wird. Die Ausschreibung ist im Staatsanzeiger für Baden-Württemberg mit einer angemessenen Frist für die Einreichung von Anträgen öffentlich bekannt zu machen. In seiner verfahrensrechtlichen Dimension verlangt Art. 12 Abs. 1 GG von der Erlaubnisbehörde eine Ausschreibung, aus der die wesentlichen Rahmendaten für die Erlaubniserteilung hervorgehen. In erster Linie gehören hierzu die zentralen Informationen, an welchem Standort die Berufsausübung überhaupt ermöglicht werden soll und für welchen Zeitrahmen sie gelten soll. Daneben hat die Erlaubnisbehörde in ihrer Ausschreibung die wesentlichen Auswahlkriterien anzuführen, um so die nötige Transparenz des Verfahrens zu gewährleisten und zugleich den Bewerbern Orientierung zu geben.[57]

---

55 Zur insoweit ständigen Rechtsprechung vgl. BVerfGE 61, S. 260 (275); 88, S. 103 (116) und BVerfGE 102, S. 197 (223) zum baden-württembergischen Spielbankengesetz 1995.

56 Vgl. *Pieroth/Störmer* (Fn. 22), S. 188; BVerfGE 73, S. 280 (299) zu subjektiven Zulassungsvoraussetzungen bei Notaren.

57 *Pieroth/Störmer* (Fn. 22), S. 190.

b) *Auswahlkriterien*

Nach der Entscheidung des Bundesverfassungsgerichts[58] hat das Spielbankengesetz weiterhin zu regeln, welche Grundsätze gelten, wenn sich mehrere Unternehmen gleichzeitig um eine Erlaubnis für einen Spielbankenbetrieb bewerben. Der Grundrechtsschutz aus Artikel 12 Abs. 1 GG fordere vom Gesetzgeber eine Regelung, nach welchen Kriterien die Auswahl unter gleichermaßen geeigneten und zuverlässigen Bewerbern zu treffen ist. Sollte die abschließende Festlegung der Auswahlmaßstäbe dem Verordnungsgeber vorbehalten sein, so wäre eine gesetzliche Ermächtigung erforderlich, deren Inhalt, Zweck und Ausmaß hinreichend deutlich erkennbar sind[59].

Der baden-württembergische Gesetzgeber hat dieser Verpflichtung in der Regelung des § 2 Abs. 3 SpBG Folge geleistet. Danach ist die Auswahl unter mehreren geeigneten Antragstellern im Sinne von § 1 Abs. 3 SpBG insbesondere danach zu treffen, welcher Antragsteller nach Beurteilung des Innenministeriums am besten geeignet ist,

- beim Betrieb der Spielbank die Einhaltung der öffentlichen Sicherheit und Ordnung sowie der sonstigen öffentlichen Belange zu gewährleisten (Nr. 1),
- weitgehende Informations-, Einwirkungs- und Kontrollbefugnisse der zuständigen Behörden sicherzustellen (Nr. 2),
- seine nachhaltige finanzielle Leistungsfähigkeit nachzuweisen (Nr. 3),
- einen wirtschaftlichen Betrieb der Spielbank zu gewährleisten (Nr. 4) und
- eine weitgehende Abschöpfung der Spielbankerträge durch die Spielbankabgabe, die weiteren Leistungen, deren Erhöhung gemäß § 8 Abs. 2 und die Troncabgabe zu ermöglichen (Nr.5).

Diese Kriterien gewährleisten, dass die Genehmigungsbehörde bei der Auswahlentscheidung nicht nur die Aspekte der Wirtschaftlichkeit des künftigen Spielbankbetriebs – und damit einhergehend höhere Abgaben – berücksichtigt, sondern maßgeblich auch ihrem ordnungsrechtlichen Auftrag nachkommt. In diesen Kriterien spiegelt sich insbesondere wider, dass das Spielbankenrecht zum Recht der öffentlichen Sicherheit und Ordnung gehört: Dem nicht zu unterdrückenden Spieltrieb des Menschen soll eine staatlich überwachte Betätigungsmöglichkeit durch den Spielbankbetreiber zur Verfügung gestellt werden,

---

58 BVerfGE 102, S. 197 (223) für die Spielbanken in Baden-Baden und Konstanz.

59 BVerfGE (Fn. 58).

der am besten gewährleisten kann, dass beim Betreib der Spielbank keine Gefahren ausgehen.

5. *Spielbankerlaubnisverfahren*

a) *Verfahrensablauf in Grundzügen*

Das Verfahren zur Vergabe einer Spielbankkonzession gliedert sich in verschiedene Verfahrensschritte. Nach der Entscheidung des Innenministeriums als Genehmigungsbehörde, an welchem Standort eine Spielbank (weiter)betrieben werden soll, hat sie dies durch Ausschreibung gemäß § 2 Abs. 1 SpBG öffentlich bekannt zu machen. Nach Fristablauf zur Einreichung der Antragsunterlagen schließt sich eine Prüfung an, ob die Anträge einerseits fristgerecht eingegangen sind und andererseits alle Unterlagen, Angaben und Nachweise enthalten, die in der Ausschreibung gefordert wurden. Ist dies bei einzelnen Anträgen nicht der Fall, so sind diese ohne weitere Sachprüfung abzulehnen, § 2 Abs. 1 Satz 3 SpBG. Weiter hat die Behörde unter den verschiedenen Anträgen zu prüfen, welche Bewerber die Erlaubnisvoraussetzungen des § 1 Abs. 3 Nrn. 1 und 2 SpBG erfüllen und folglich als geeignet zum Betrieb der Spielbank bewertet werden können. Verbleiben danach mehrere geeignete Bewerber, so schließt sich eine Auswahlentscheidung mit dem Ziel einer Bestenauslese anhand der Kriterien des § 2 Abs. 3 SpBG an. Wenn schließlich feststeht, wer am besten geeignet ist, die Spielbank zu betreiben, so wird ihm gegenüber die Erlaubnis schriftlich erteilt, § 3 Abs. 1 SpBG. Die Gebäude und Räume, in denen die Spielbank betrieben werden darf und die Spiele, die in ihr veranstaltet werden dürfen, sind in der Erlaubnis zu bezeichnen, die auf höchstens 10 Jahre erteilt werden kann, § 3 Abs. 2 SpBG. Falls zur Sicherstellung der Erlaubnisvoraussetzungen auf Dauer erforderlich, kann die Erlaubnis mit Nebenbestimmungen gemäß § 1 Abs. 5 SpBG (Auflagen, Bedingungen, Vorbehalt der nachträglichen Aufnahme, Änderung und Ergänzung einer Auflage, Vorbehalt des Widerrufs) versehen werden.

b) *Insbesondere: Angaben, Nachweise und Unterlagen für die Eignungsprüfung und Auswahlentscheidung*

Für die Prüfung der Eignung der Antragsteller (§ 1 Abs. 3 SpBG) und der späteren Auswahlentscheidung (§ 2 Abs. 3 SpBG) wird in der Ausschreibung vorgegeben, welche Angaben von den Bewerbern zu machen und welche Nachweise und Unterlagen vorzulegen sind. Nach § 2 Abs. 2 Satz 3 Nrn. 1 bis 7 SpBG gehören dazu insbesondere

- Nachweise über die Zuverlässigkeit und die fachliche Eignung des Antragstellers und der für die Leitung der Spielbank vorgesehenen Personen,
- Planunterlagen der Gebäude und Räume, in denen die Spielbank betrieben werden soll, mit Nachweisen über die bau- und zivilrechtliche Zulässigkeit des Spielbankbetriebs,
- eine Darstellung der Maßnahmen zur Gewährleistung der Sicherheit und Ordnung des Betriebs der Spielbank und der sonstigen öffentlichen Belange (Sicherheitskonzept),
- eine Darstellung der Wirtschaftlichkeit des Betriebs der Spielbank unter Berücksichtigung einer weitgehenden Abschöpfung der Spielerträge für die in § 10 genannten Zwecke (Wirtschaftlichkeitskonzept),
- eine Erklärung zur Erbringung erhöhter weiterer Leistungen nach § 8 Abs. 2 Spielbankengesetz,
- ein Nachweis der in der Ausschreibung in angemessener Höhe festzusetzenden finanziellen Sicherheitsleistung (Spielbankreserve),
- eine Erklärung der Übernahme der Kosten für die Überprüfung des Wirtschaftlichkeitskonzepts und, soweit erforderlich, sonstiger Unterlagen durch einen vom Innenministerium beigezogenen Sachverständigen.

Hierdurch werden die beim Betrieb einer Spielbank tangierten ordnungsrechtlichen und wirtschaftlichen Aspekte umfassend berücksichtigt. Nachweise über die Zuverlässigkeit und die fachliche Eignung des Antragstellers und der für die Leitung der Spielbank vorgesehenen Personen können die Antragsteller beispielsweise durch Vorlage von Führungszeugnissen, Auszügen aus dem Gewerbezentralregister, durch Wirtschaftsauskünfte sowie Unbedenklichkeitsbescheinigungen verschiedener Behörden erbringen. Im Hinblick auf die fachliche Eignung des Antragstellers und der für die Leitung der Spielbank vorgesehenen Personen spielt insbesondere auch die einschlägige Berufserfahrung eine Rolle.

Im Sicherheitskonzept haben die Antragsteller darzulegen, welche Maßnahmen sie zur Gewährleistung der Sicherheit und Ordnung beim Betrieb der Spielbank vorsehen. Hierzu gehören beispielsweise Maßnahmen zum Schutz von Personen und Gebäuden, aber auch der Schutz der Gäste vor Vermögensverlusten, sei es durch manipulierte Spielgeräte oder durch Diebstahl oder Raub im räumlichen Bereich der Spielbank. Da auch durch Spielsucht vielfältige Gefahren für die öffentliche Sicherheit und Ordnung verbunden sind – erst der wirtschaftliche Ruin des Spielers, möglicherweise eine sich anschließende Beschaffungskriminalität, letztlich die soziale Belastung der Allgemeinheit – haben die Antragsteller darzulegen, welche Maßnahmen sie zur Suchtprävention und im Umgang mit spielsüchtigen Gästen vorsehen. Weiterhin haben die Bewerber zur Regelung des Spielbetriebs der Spielbank eine Spielordnung entsprechend den Vorgaben des § 5 SpBG vorzulegen, die regelmäßig durch die geplante Hausordnung ergänzt wird, welche Vorgaben beispielsweise zur angemessenen Kleidung, Foto- und Filmverbot, Hausverbot etc. enthält. Nicht zuletzt beinhaltet ein Sicherheitskonzept Erläuterungen zur Kontrolle der Besucher sowie zu den Maßnahmen des Jugendschutzes.

Im Wirtschaftlichkeitskonzept haben die Antragsteller darzustellen, welche Unternehmensziele sie mit dem Betrieb der Spielbank verfolgen und welches betriebswirtschaftliche und personelle Konzept sie hierfür vorsehen. Weil das Spielbankengesetz nicht zuletzt wegen der finanziellen Interessen der öffentlichen Hand als legitimem Nebenziel auch einen wirtschaftlichen Spielbetrieb ermöglichen will, geht es auch um die Sicherstellung eines unternehmerisch solide geführten Geschäftsbetriebs. Zu einem umfassenden Wirtschaftlichkeitskonzept gehört weiterhin die Darstellung des geplanten Spielangebots sowohl für das Klassische Spiel als auch für das Automatenspiel, ein Konzept für das Gastronomieangebot (Restaurants, Bars, Café) und nicht zuletzt die geplanten Marketing- und Werbemaßnahmen. Die Realisierbarkeit sämtlicher Maßnahmen ist anhand eines Investitions- und Finanzierungsplans nachzuweisen.

Die Spielbankreserve soll insbesondere sicherstellen, dass die Spielgewinne ausgezahlt werden können. Sie dient folglich auch dem Schutz des Vermögens der Spieler und damit der öffentlichen Sicherheit. Die Spielbankreserve wird in der Ausschreibung in angemessener Höhe festgesetzt. Die geforderte finanzielle Sicherheitsleistung könnte beispielsweise dadurch erbracht werden, dass der Antragsteller sich bereit erklärt, die Summe auf ein Sonderkonto einzuzahlen oder eine Bankbürgschaft auf erstes Anfordern anbietet.

All diese Angaben, Nachweise und Unterlagen sämtlicher Antragsteller sind einander vergleichend gegenüberzustellen und zu bewerten. Das komplexe Spielbankerlaubnisverfahren hat letztlich nur ein Ziel: Den – in ordnungsrechtlicher und wirtschaftlicher Hinsicht – besten Bewerber herauszufiltern, um ihm die Spielbankkonzession zu erteilen. Die Kugel kann weiter rollen – faites vos jeux!

Zur Staatsfreiheit des Rundfunks – Grundlagen und Grenzen eines Strukturprinzips am Beispiel der Aufsichtsgremienbesetzung öffentlich-rechtlicher Rundfunkanstalten

Tobias Scheel

Einleitung

Die Propagandareden *Goebbels'* über den Volksempfänger wirk(t)en nach. Nie mehr sollte Rundfunk zu politischen Zwecken missbraucht werden können. Vielmehr hat dieses so sensible Medium im Rechtsstaat der Gewährleistung freier individueller und öffentlicher Meinungsbildung zu dienen.[1] Um dieses Ziel bestmöglich zu erreichen, muss Rundfunk daher im Ansatz frei von Staatseinflüssen organisiert sein. Mit den Worten des Bundesverfassungsgerichts[2]:

„Das Grundrecht der Rundfunkfreiheit [entfaltet] seinen Schutz auch und zuerst gegenüber dem Staat."

Das deutsche Rundfunkorganisationsrecht wird also dominiert vom Prinzip der Staatsfreiheit beziehungsweise – synonym[3] – der Staatsferne. So viel steht fest. Ebenso ist unstreitig, dass das Prinzip der Staatsfreiheit des Rundfunks unmittelbar aus der grundgesetzlichen Rundfunkfreiheit gemäß Art. 5 Abs. 1 Satz 2 GG selbst, also direkt aus der Verfassung abzuleiten ist.[4] Diese einheitliche In-

1 BVerfGE 57, S. 295 (319); 59, S. 231 (257); 74, S. 297 (323). Zur Diskussion um eine Neubestimmung des Rundfunkbegriffs instruktiv *Dittmann*, Der Rundfunkbegriff im deutschen Recht – ein Kulturgut im multimedialen Wandel, in: Dittmann/Fechner/Sander (Hrsg.), Der Rundfunkbegriff im Wandel der Medien. Symposium zum 65. Geburtstag von Professor Dr. iur. Dr. h.c. Thomas Oppermann, Berlin 1997, S. 19 ff.

2 BVerfGE 83, S. 238 (296); vgl. auch BVerfGE 12, S. 205 (262); 90, S. 60 (88).

3 *Sachs*, in: Sachs (Hrsg.), Grundgesetz Kommentar, 3. Aufl., München 2003, Art. 20 Rdnr. 18 a.E.

4 Vgl. etwa *Badura*, Rundfunkfreiheit und Finanzautonomie, Frankfurt a.M. 1986, S. 41; *Jarass*, Die Freiheit des Rundfunks vom Staat, Gremienbesetzung, Rechtsaufsicht, Ge-

terpretation weist jenem Strukturprinzip mithin eine besondere Bedeutung zu. Was Staatsfreiheit des Rundfunks aber im Einzelnen bedeutet, wie weit dieser Grundsatz also in konkreten Streitfällen reicht, ist bei näherer Betrachtung sehr umstritten. Insbesondere stellt sich immer wieder die Frage, inwieweit der Staat dadurch Einfluss auf das Medium gewinnen darf, dass er „seine Leute" in den Aufsichtsgremien der öffentlich-rechtlichen Rundfunkanstalten platziert. Beispielsweise: Ist es verfassungsrechtlich zulässig, dass von den 77 Fernsehrats-Mitgliedern des Zweiten Deutschen Fernsehens *de lege lata* 16 von den Ländern, drei vom Bund und weitere zwölf von den politischen Parteien entsandt werden?
Um diese – gerade für die rundfunkrechtliche Praxis sehr bedeutsame – Streitfrage beantworten zu können, muss man sich zunächst über den genauen dogmatischen Ursprung des Strukturprinzips der Staatsfreiheit des Rundfunks klar werden (A.). Denn erst daran anknüpfend kann gesagt werden, wie weit der Grundsatz *inhaltlich* reicht (B.). Sodann gilt es der Frage nachzugehen, welche Personen in dem rundfunkspezifischen Verbotssinne überhaupt „den Staat" repräsentieren (C.). Zuletzt werden quantitative Eckdaten für die Gremienbesetzung öffentlich-rechtlicher Rundfunkanstalten mit Staatsvertretern herausgearbeitet und in diesem Zusammenhang untersucht, ob der *status quo* verfassungsrechtlichen Anforderungen genügt (D.). Die gewonnenen Ergebnisse werden sodann zusammengefasst und für einen allgemeinen Ausblick fruchtbar gemacht (E.).

A. Grundlagen des Prinzips der Staatsfreiheit des Rundfunks

I. Das Zusammenspiel der Staatsfreiheit des Rundfunks mit der funktionalen Interpretation der grundrechtlichen Rundfunkfreiheit

Der dogmatische Ursprung des verfassungsrechtlichen Strukturprinzips der Staatsferne des Rundfunks ist umstritten. Bevor das Meinungsspektrum im Einzelnen dargestellt wird, gilt es jedoch Folgendes festzuhalten: Nur wer die grundrechtliche Rundfunkfreiheit (zumindest auch) in einem objektiv-institutionellen Sinne deutet, kann die Einordnung der Herkunft des Grundsatzes der Staatsfreiheit überhaupt als Problem erkennen. Denn wenn man sie klas-

nehmigungsvorbehalte, staatliches Rederecht und Kooperationsformen auf dem verfassungsrechtlichen Prüfstand, Berlin 1981, S. 11 f.; *Ossenbühl*, Rundfunkfreiheit und Rechnungsprüfung, Frankfurt a.M. 1984, S. 34.

sisch-liberal als ein Abwehrrecht gegen den Staat versteht, bedeutet grundrechtlicher Schutz nichts anderes als die Staatsfreiheit des Mediums.[5]

Die Rundfunkfreiheit gemäß Art. 5 Abs. 1 Satz 2 GG wird jedoch nach der ständigen Rechtsprechung des Bundesverfassungsgerichts primär in einem funktionalen Sinne interpretiert – Rundfunkfreiheit sei eine der Freiheit der Meinungsbildung in ihren subjektiv- und objektivrechtlichen Elementen *dienende* Freiheit; der Rundfunk Medium und Faktor eines solchermaßen verfassungsrechtlich geschützten freien Kommunikationsprozesses.[6]

Dies zugrunde gelegt bleiben sonach drei verschiedene Anknüpfungspunkte für die Herkunft des Prinzips der Staatsfreiheit: der Grundsatz der Gewaltenteilung, das Demokratieprinzip sowie das rundfunkspezifische Vielfaltsgebot.[7]

II. Der Gewaltenteilungsansatz

Die Idee des insbesondere von *Kewenig*[8] und – wenngleich etwas vorsichtiger – auch von *Jarass*[9] vertretenen Gewaltenteilungsansatzes zur Begründung der Staatsferne des Rundfunks entsteht in einer „Grauzone" zwischen Verfassungsrecht und Verfassungspolitik. Ihr liegt die Realanalyse zugrunde, dass der Idealtyp der „checks and balances" von Staatsgewalten in der Verfassungspraxis nicht realisiert ist.[10] Denn *idealiter* solle das Parlament (als Ganzes) das Regierungshandeln überwachen und damit zu einer Mäßigung der Machtbefugnisse der Regierung beitragen. Doch *realiter* verbündeten sich Regierung und die sie tragende Mehrheitsfraktion im Parlament zu einer Interessenseinheit, so dass die wahre Kontrollfunktion lediglich von der parlamentarischen Opposition ausgehe.[11] Und diese sei wegen der Relevanz der ihr *de facto* übertragenen Aufgabe für das Staatsganze in besonderem Maße schutz- und unterstützungsbedürftig. Denn wirksam sei eine Kontrolle nur, wenn sie die Öffentlichkeit erreiche. Doch Öffentlichkeitswirksamkeit könne auch die beste Opposition nicht alleine herstellen. Hierfür brauche sie die Hilfe der „Veröffentlicher", mithin der Medien, insbesondere der Massenmedien, also neben der Presse vor allem des Rund-

---

5 Vgl. *Gersdorf*, Grundzüge des Rundfunkrechts. Nationaler und europäischer Regulierungsrahmen, München 2003, Rdnr. 131, Fn. 181.

6 BVerfGE 12, S. 205 (260); 57, S. 295 (320); 74, S. 297 (323).

7 Vgl. *Gersdorf*, Staatsfreiheit des Rundfunks in der dualen Rundfunksordnung der Bundesrepublik Deutschland, Berlin 1991, S. 50 f.

8 *Kewenig*, Zu Inhalt und Grenzen der Rundfunkfreiheit, Berlin 1978, S. 65.

9 *Jarass* (Fn. 4), S. 17.

10 *Kewenig* (Fn. 8), S. 65.

11 *Jarass* (Fn. 4), S. 41.

funks. Aus diesem Grunde müssten die Massenmedien frei von Einflüssen der Regierung und der sie stützenden Parlamentsmehrheit bleiben. Denn nur der von Machteinflüssen befreite Rundfunk könne die Opposition bei der ihr zugewiesenen Kontrollfunktion effektiv unterstützen.[12]

III. Der demokratietheoretische Ansatz

Vor allem *Gersdorf*[13] leitet das Strukturprinzip der Staatsfreiheit des Rundfunks hingegen aus demokratietheoretischen Erwägungen ab. So trifft die bundesdeutsche Verfassung in Art. 20 Abs. 1 GG die Grundentscheidung zugunsten einer (repräsentativen) Demokratie, bei der alle Staatsgewalt vom Volke ausgeht. Damit das mit derart viel Macht ausgestattete Volk diese aber auch sinn- und verantwortungsvoll ausüben kann, bedürfe es – ausgehend von der unbestreitbaren Erkenntnis, dass kein Mensch allwissend ist – einer umfassenden und freien öffentlichen Meinungsbildung. Dabei habe sich, eben dem Demokratiegebot folgend, dieser Meinungs- und Willensbildungsprozess „von unten nach oben", also vom Volk zu den Staatsorganen und nicht etwa umgekehrt von den Staatsorganen zum Volk zu vollziehen.[14] Weil aber Rundfunk in diesem gesellschaftlichen Kommunikationsprozess eine maßgebliche Mittler- und Faktorfunktion innehabe, müsse er frei von staatlicher Einflussnahme sein. Ähnlich argumentiert *Herzog*.[15] Wenn und weil es Sinn von Art. 5 Abs. 1 Satz 2 GG, ja des ganzen Art. 5 GG sei, die freie Entstehung einer öffentlichen Meinung und damit auch des Staatswillens zu garantieren, wäre es „absolut undenkbar", der jeweiligen Regierung und der sie tragenden Parlamentsmehrheit in einem Staatsrundfunk das Mittel zur Perpetuierung ihres eigenen demokratischen Mandats in die Hand zu geben.

IV. Der vielfaltsbezogene Ansatz

Das Bundesverfassungsgericht vertritt seinerseits einen vielfaltsbezogenen Ansatz zur Herleitung des Grundsatzes der Staatsfreiheit des Rundfunks. Bereits im 1. Rundfunkurteil aus dem Jahre 1961 führten die Karlsruher Richter aus, dass der Rundfunk als modernes Instrument der Meinungsbildung weder dem Staat

---

12 *Kewenig* (Fn. 8), S. 65; *Jarass* (Fn. 4), S. 17.

13 *Gersdorf* (Fn. 7), S. 58 ff.

14 *Gersdorf* (Fn. 5), Rdnr. 133.

15 *Herzog*, in: Maunz/Dürig/Herzog (Hrsg.), Grundgesetz Kommentar (Losebl. Stand Feb. 2004), München, Art. 5 Abs. 1, Abs. 2 Rdnr. 213.

noch einer gesellschaftlichen Gruppe ausgeliefert werden dürfe.[16] Der Aussage liegen zweierlei Erkenntnisse zugrunde: Zum einen war dies als Antwort auf die jüngere Geschichte zu verstehen, in der der Rundfunk während der Herrschaft der Nationalsozialisten gleichgeschaltet und zu Propagandazwecken missbraucht wurde.[17] Zum anderen erkannte das Gericht schon frühzeitig die (besondere) Mittler- und Faktorstellung des Rundfunks im Kommunikationsprozess. Da Art. 5 GG in seiner Hauptfunktion die freie individuelle und öffentliche Meinungsbildung schütze, folge daraus, dass das Medium aufgrund seiner exponierten Stellung diesem Pluralitätsgebot nur effektiv dienen könne, wenn weder der Staat noch einzelne gesellschaftliche Kräfte diesen Vermittlungsprozess steuern und kontrollieren können.

V. Stellungnahme

Der von *Kewenig* und *Jarass* unternommene Versuch, das Prinzip der Staatsfreiheit des Rundfunks aus dem Gedanken der Gewaltenteilung abzuleiten, stellt sich bei näherer Betrachtung als nicht ganz überzeugend dar. Denn er ließe, konsequent zu Ende gedacht, einen (sogar ganz erheblichen) Einfluss der *Opposition* auf den Rundfunk zu. Zwar ist es sicherlich zutreffend, dass aus machtlimitierenden Erwägungen heraus die Regierung und nicht etwa die Opposition kontrolliert werden muss. Dies kann aber umgekehrt keine Legitimation für einen – überspitzt formuliert – „Oppositionsfunk" nach sich ziehen. Ferner steht dieser staatstheoretische Ansatz auch in gewisser Diskrepanz zur Rundfunkwirklichkeit. Denn es kann kaum geleugnet werden, dass das Massenmedium Rundfunk tendenziell seine klassisch meinungsbildende Funktion zugunsten zunehmender Boulevardisierung verliert. Wenn man Rundfunk aber primär unter dem Aspekt der Gewaltenteilung betrachtet, verkennt man seine häufig nur banale Stellung in der sozialen Realität.

Ähnlich verhält es sich mit dem von *Gersdorf* und *Herzog* vertretenen demokratietheoretischen Begründungsansatz. Denn auch er geht von der wenig lebensnahen Prämisse aus, dass im Rundfunk überwiegend meinungsrelevante Programme dargeboten werden. Ferner lassen sich dogmatische Bedenken nicht ausräumen. Denn einerseits wird die Mitwirkung einzelner gesellschaftlicher Gruppen als „verfassungsrechtlicher Normalfall" bezeichnet, andererseits sei von Verfassungs wegen sicherzustellen, dass einzelne gesellschaftliche Gruppen keinen beherrschenden Einfluss auf den Rundfunk ausüben können.[18] Wenn

16 BVerfGE 12, S. 205 (262).

17 Zu dieser historischen Komponente bereits oben Einleitung und eingehend *Ricker/ Schiwy*, Rundfunkverfassungsrecht, München 1997, D. Rdnr. 1 ff.

18 *Gersdorf* (Fn. 5), Rdnr. 133.

man allerdings den Ursprung der Staatsfreiheit des Mediums im Demokratieprinzip sieht, ist es nicht verständlich, weshalb die Verfassung eine *gesellschaftliche* Dominanz des Rundfunks (zwingend) verbieten soll.

Damit erscheint der vielfaltsbezogene Ansatz der Rechtsprechung vorzugswürdig. Für ihn spricht des Weiteren, dass er nicht notwendig von der Prämisse ausgeht, dass Rundfunk sich primär mit informativen, insbesondere politischen Inhalten befasst. Zwar mag auch bei Zugrundelegung des Diversifikationsansatzes unter Pluralität insbesondere eine Vielzahl von Meinungen im Sinne von gesellschaftlich relevanten Äußerungen zu verstehen sein. Doch ist dies nicht notwendig so, weshalb auch Unterhaltungsangebote ohne größere Auslegungsnot unter die Vielfaltsmaxime gefasst werden können. Ferner kann der Ansicht der Rechtsprechung nicht entgegengehalten werden, dass sie in unzulässiger Weise Einflüsse durch den Staat mit solchen durch gesellschaftliche Kräfte gleichsetze.[19] Denn unter Zugrundelegung des funktionalen Verständnisses der Rundfunkfreiheit ist allein die Gewährleistung umfassender Meinungsvielfalt maßgeblich. Ob Gefahren hierfür vom Staat oder von gesellschaftlichen Gruppen ausgehen, spielt dabei keine Rolle.

Darüber hinaus sind beide staatstheoretischen Begründungsansätze, die das Prinzip der Staatsferne des Rundfunks konsequenterweise in einem apodiktischen Sinne verstehen, letztlich nicht frei von inneren Widersprüchen. Denn Rundfunkfreiheit ist (primär) „dienende" Freiheit. Daraus leitet das Bundesverfassungsgericht aber die Pflicht des Staates ab, diese grundrechtliche Freiheit aktiv auszugestalten[20]:

„Um dies [scil. das Ziel der Darbietung umfassender Information im Rundfunk] zu erreichen, sind materielle, organisatorische und Verfahrensregelungen erforderlich, die an der Aufgabe der Rundfunkfreiheit orientiert und deshalb geeignet sind zu bewirken, was Art. 5 Abs. 1 GG gewährleisten will."

Die Realisierung der Rundfunkfreiheit ist also bedingt durch die Schaffung einer rechtlichen Rahmenordnung.[21] Unabhängig davon, *welche* Staatsgewalt für die Schaffung dieser Rahmenordnung zuständig ist, gilt es an dieser Stelle festzuhalten, dass es sich dabei jedenfalls um eine *staatliche* Gewalt handeln muss. Mit anderen Worten: Grundrechtliche Rundfunkfreiheit ist ohne den Staat nicht denkbar.

---

19 So aber *Gersdorf* (Fn. 5), Rdnr. 133.

20 BVerfGE 57, S. 295 (320).

21 *Jarass*, in: Jarass/Pieroth (Hrsg.), Grundgesetz für die Bundesrepublik Deutschland Kommentar, 7. Aufl., München 2004, Art. 5 Rdnr. 44.

Das bedeutet: Die Rundfunkanstalten sind vom Gesetzgeber als Anstalten des öffentlichen Rechts geschaffen worden und mithin „Geburten" des Staats. Sie verdanken diesem also ihre Existenz. Wenn man das Prinzip der Staatsferne des Rundfunks aber als Dogma verstünde, hätte dies zur Folge, dass der Staat mit dem Schöpfungsakt seine Schuldigkeit getan hätte; von nun an hätte er sich – anschaulich formuliert – aus der „Erziehung seines Kindes" herauszuhalten. Dabei darf aber umgekehrt nicht außer Betracht gelassen werden, dass der Staat zweifellos die Gewalt innehat, über den Fortbestand seiner Institution zu befinden und damit gewissermaßen „sein Kind zu töten".[22] Dies geschieht nach allgemeinen verwaltungsrechtlichen Grundsätzen durch einen *actus contrarius* der Gründungsinstitution; ein Selbstauflösungsrecht steht der Rundfunkanstalt jedenfalls nicht zu.[23] Dieser staatlichen Vernichtungskompetenz steht auch nicht die dem öffentlich-rechtlichen Rundfunk zugebilligte Bestands- und Entwicklungsgarantie[24] entgegen. Denn diese ist grundversorgungsakzessorisch und bezieht sich mithin auf den öffentlich-rechtlichen Rundfunk in seiner Gesamtfunktion. Nicht hingegen sichert die Verfassung den Bestand einer konkreten Rundfunkanstalt *ad infinitum*.[25] Das heißt also: Der Staat hätte die Möglichkeit, eine bestimmte Anstalt (ganz) aufzulösen, solange er nur hinreichenden Ersatz zur Aufrechterhaltung der verfassungsrechtlich gebotenen Grundversorgung bereitstellt.

Darüber hinaus darf man nicht die Augen vor der Tatsache verschließen, dass mit der dem Staate zustehenden Frage des „Ob" notwendig auch über das „Wie" der Rundfunkanstalt entschieden wird. Denn wenn der Staat eine Anstalt des öffentlichen Rechts errichtet, dann macht er dies nicht nur an sich, sondern in einer bestimmten Art und Weise. Mit anderen Worten: Regelungen insbesondere betreffend die Organisationsverfassung sind Gegenstand des zulässigen

---

22 Ähnlich drastisch die Formulierung bei *Herrmann/Lausen*, Rundfunkrecht, 2. Aufl., München 2004, § 9 Rdnr. 37: „Bei der Rundfunkanstalt offenbart sich die staatliche Trägerschaft vor allem bei Geburt und Tod...".

23 *Herrmann/Lausen* (Fn. 22), § 9 Rdnr. 45.

24 BVerfGE 83, S. 238 (298) und eingehend *Degenhart*, in: Dolzer/Vogel/Graßhof (Hrsg.), Bonner Kommentar zum Grundgesetz (Losebl. Stand Nov. 2004), Heidelberg, Art. 5 Abs. 1, Abs. 2 Rdnr. 800 ff.

25 So eindeutig *Herrmann/Lausen* (Fn. 22), § 9 Rdnr. 49. Missverständlich hingegen BVerfG 83, S. 238 (298), wo von der „Bestands- und Entwicklungsgarantie für den WDR" die Rede ist. Auch hier meint das Gericht in Wahrheit aber die grundversorgungsabhängige Funktionsgarantie des öffentlich-rechtlichen Rundfunks an sich (und nicht etwa gerade die des WDR), wenn (S. 299) ausgeführt wird, dass Bestands- und Entwicklungsgarantie nichts anderes bedeute „als die Sicherung der Voraussetzungen, die die Grundversorgung der Bevölkerung möglich machen".

staatlichen Schöpfungsaktes.[26] Diese geben dann aber gleichzeitig die weitere Entwicklung der Rundfunkanstalt vor.

Nach alledem fällt auf, dass zwischen Staatsfreiheit des Rundfunks einerseits und Staatsverantwortung für den Rundfunk andererseits ein erhebliches Spannungsverhältnis besteht. Denn mit dem Staat muss sich derjenige, der die Freiheit garantieren soll, gleichzeitig aus der Materie herauszuhalten, deren Freiraum er zu schaffen hat. Ein Handlungsgebot ist also letztlich durch ein Handlungsverbot einzulösen, wodurch ein (nicht nur sprachlicher) Widerspruch entsteht.[27] Der Staat nimmt demnach in der deutschen Rundfunkordnung – mit den Worten *Dittmanns* – eine „geradezu paradoxe Rolle" ein.[28] All dies führt zu der Erkenntnis, dass der Grundsatz der Staatsfreiheit des Rundfunks nicht in einem apodiktischen Sinne verstanden werden darf.

B. Inhalt des Prinzips der Staatsfreiheit des Rundfunks

I. Die These vom Beherrschungs- und Auslieferungsverbot

Die Reichweite des Prinzips der Staatsfreiheit des Rundfunks ist eng verbunden mit der jeweiligen Haltung zu der Frage, woraus sich dieser Strukturgrundsatz ableiten lässt. Soeben wurde herausgearbeitet, dass der zutreffende Ansatzpunkt für seinen Ursprung das rundfunkspezifische Vielfaltsgebot ist. Ferner wurde gezeigt, dass die geforderte Staatsferne in einem Spannungsverhältnis zur staatlichen Verantwortung für den Rundfunk steht. Daraus erhellt, dass das Prinzip der Staatsfreiheit eher *restriktiv* zu interpretieren ist. In diesem Sinne äußert sich auch die Rechtsprechung des Bundesverfassungsgerichts[29]:

---

26 Ebenso *Herrmann/Lausen* (Fn. 22), § 9 Rdnr. 37.

27 *Rossen*, Freie Meinungsbildung durch den Rundfunk. Die Rundfunkfreiheit im Gewährleistungsgefüge des Art. 5 Abs. 1 GG, Baden-Baden 1988, S. 313 spricht von einer „Unschärferelation" in Bezug auf die Grenzlinie zwischen Ausgestaltung und Eingriff, die unverkennbar sei. Noch deutlicher *Ricker/Schiwy* (Fn. 17), D. Rdnr. 6, die ausführen, dass dem Staat auf dem Gebiet des Rundfunkwesens zwei unterschiedliche Aufgaben zukämen, die „janusköpfig" erschienen.

28 *Dittmann*, Die Neuen Medien in der Verfassungsordnung. Teledienste und Mediendienste als Teil einer bipolaren Medienordnung, in: Classen/Dittmann/Fechner/Gassner/Kilian, „In einem vereinten Europa dem Frieden der Welt zu dienen...". Liber amicorum Thomas Oppermann, Berlin 2001, S. 762.

29 BVerfGE 90, S. 60 (88); ebenso bereits BVerfGE 12, S. 205 (262).

„Der Rundfunk darf weder dem Staat noch einer gesellschaftlichen Gruppe ausgeliefert werden.“

Aus der rundfunkspezifischen Diversifikationsmaxime folgt also (lediglich), dass der Rundfunk weder vom Staat noch von einer gesellschaftlichen Gruppe dominiert werden darf. Nicht hingegen ist dem Staat Einfluss auf den Rundfunk *per se* verboten; bis diesseits der Beherrschungsgrenze ist er zulässig.[30] Es gibt mit anderen Worten von Verfassungs wegen kein (generelles) „Einmischungs- und Beeinträchtigungsverbot“.[31] Daraus folgt: Wann und wie viel Staatseinfluss verfassungsrechtlich (noch) zulässig ist, lässt sich nicht pauschal, sondern nur abwägend und auf den Einzelfall bezogen beantworten. Erst wenn die Einmischung durch den Staat so stark ist, dass der Rundfunk von ihm gleichsam beherrscht wird, wandelt sich das im Ansatz zulässige Staatshandeln um in ein unzulässiges. Das Problem ist also bei Lichte betrachtet *quantitativer* Natur.

II. Das Spannungsfeld zwischen staatlichen Einwirkungsbefugnissen und anstaltlicher Programmautonomie

Zur Annäherung an die Problematik, welches Staatshandeln im konkreten Einzelfall (noch) zulässig ist, erscheint es folglich geboten, zunächst äußere „Pflöcke“ im Sinne von *jedenfalls* nicht überwindbaren Grenzen zu setzen. In die eine Richtung wurde die diesbezügliche Vorarbeit bereits geleistet: Wenn und weil der Grundsatz der Staatsfreiheit des Rundfunks nicht in einem absoluten Sinne zu verstehen ist, lässt sich aus dem Strukturprinzip zumindest kein *vollständiges* Handlungsverbot für den Staat ableiten. Doch auch der entgegengesetzte Eckpfeiler scheint nach ständiger Rechtsprechung festzustehen: Jedenfalls ist es dem Staat verboten, Einfluss auf das *Programm* der Rundfunkanstalten zu nehmen. Mit den Worten des Bundesverfassungsgerichts[32]:

„Rundfunkfreiheit ist in ihrer hier zunächst wesentlichen Bedeutung Programmfreiheit im Sinne eines Verbots nicht nur staatlicher, sondern jeder fremden Einflussnahme auf Auswahl, Inhalt und Ausgestaltung der Programme.“

Der Kernbereich der Rundfunkfreiheit – wenn man so will: der subjektivrechtliche Abwehrgehalt des Art. 5 Abs. 1 Satz 2 GG – besteht also in der Pro-

30 Vgl. *Gersdorf* (Fn. 5), Rdnr. 143.

31 Kritisch dazu *Gersdorf* (Fn. 5), Rdnr. 142 ff.; *ders.* (Fn. 7), S. 90 ff.

32 BVerfGE 59, S. 231 (258).

grammfreiheit der Rundfunkveranstalter. Und zwar insoweit umfassend; staatlicher Einfluss ist sowohl auf die Auswahl wie auch auf den Inhalt und die Ausgestaltung der Programme verboten.[33] Und noch weitergehend: Der Grundsatz der Staatsfreiheit schützt nicht nur vor unmittelbaren, sondern auch vor versteckten und subtilen Einflussnahmen auf das Programm:

„Art. 5 Abs. 1 Satz 2 GG schützt insoweit nicht nur vor unmittelbaren Einflüssen auf Auswahl, Inhalt und Gestaltung der Programme, sondern ebenso vor einer Einflussnahme, welche die Programmfreiheit mittelbar beeinträchtigen könnte.“[34]

Das bedeutet zusammengefasst: Staatlicher Einfluss auf den Rundfunk ist zwar nicht schlechterdings verboten, er darf aber jedenfalls die Programmfreiheit der Rundfunkanstalten nicht beeinträchtigen. Um diese Erkenntnisse nun aber auf das Problem fokussieren zu können, inwieweit staatliche Vertreter in die Aufsichtsgremien der öffentlich-rechtlichen Rundfunkanstalten entsandt werden dürfen, muss man sich zunächst darüber klar werden, an wen sich der Grundsatz der Staatsferne des Rundfunks konkret richtet. Dies soll im Folgenden untersucht werden.

---

33 BVerfGE 59, S. 231 (258 ff.). Die Programmfreiheit der Rundfunkveranstalter gilt (natürlich) auch im Verhältnis zum Bürger. So scheiterte etwa ein Antrag vor dem Verwaltungsgericht Mainz (AZ: 4 L 476/04.MZ), dem Zweiten Deutschen Fernsehen im Wege einer einstweiligen Anordnung aufzugeben, am 14.05.2004 die Sendung „heute“ um 12.00 Uhr und das „Mittagsmagazin“ um 13.00 Uhr auszustrahlen. Hintergrund für dieses (leicht absurde) Verfahren war die Befürchtung des Antragsstellers, dass aufgrund der Erfahrungen der Vergangenheit – etwa anlässlich der Beerdigung der Königin *Juliane* der Niederlande oder der Hochzeit des niederländischen Kronprinzen – die Gefahr bestehe, das Zweite Deutsche Fernsehen entschließe sich am 14.05.2004 zu einer Liveberichterstattung über die Hochzeit des dänischen Kronprinzen und lasse deshalb die Regelsendungen ausfallen. Das Gericht trat dem jedoch entgegen und führte aus, der Rundfunkteilnehmer habe – auch im Hinblick auf die grundgesetzlich verbürgte Informationsfreiheit – generell keinen Anspruch auf eine bestimmte Programmgestaltung oder gar auf die Ausstrahlung einer bestimmten Fernsehsendung. Der Rundfunk müsse lediglich die Informationsfreiheit des Einzelnen in der Hinsicht berücksichtigen, dass er diesem den Empfang der Sendungen gestatten müsse. Die ebenfalls grundgesetzlich garantierte Rundfunkfreiheit gewährleiste hingegen, dass Auswahl, Inhalt und Gestaltung des Programms Sache des Rundfunkveranstalters sei.

34 BVerfGE 73, S. 118 (183).

C. Die Adressaten des Prinzips der Staatsfreiheit des Rundfunks

Bislang wurde im Rahmen des rundfunkverfassungsrechtlichen Strukturprinzips der Staatsfreiheit stets undifferenziert vom Staat als dessen Adressat gesprochen. Doch wer ist in diesem Kontext eigentlich „der Staat"? Denn klar ist: Staatsfreiheit des Rundfunks bedeutet die Freiheit des Rundfunks von Personen, die den Staat repräsentieren. Auch im rundfunkverfassungsrechtlichen Kontext ist der Staat also kein abstraktes Gebilde, kein menschenleeres Neutrum. Staat existiert dort, wo man ihm das Handeln von und durch Menschen zurechnet, weil man es ihm an diesen Stellen wertend zurechnen kann beziehungsweise muss. Es geht also mit anderen Worten darum zu untersuchen, welche *Personen* auf Grund welcher Eigenschaft(en) im Rundfunk grundsätzlich „nichts verloren" haben.[35]

I. Vertreter der Exekutive

Zweifellos bezieht sich das Prinzip der Staatsferne des Rundfunks primär auf Vertreter der Exekutive.[36] Hierunter fallen Repräsentanten der Staatsregierung[37] sowie der Ministerialverwaltung.[38] Problematisch ist, ob unter die Exekutive auch Beamte und Angehörige des öffentlichen Dienstes zu subsumieren sind. Bei Beamten dürfte dies aufgrund ihrer Weisungsgebundenheit wohl generell, aber jedenfalls dann zu bejahen sein, wenn sie „Regierungsnähe" aufweisen.[39] Da aber auch bei Angehörigen des öffentlichen Dienstes „Loyalitätskonflikte" auftreten können, dürften auch sie grundsätzlich der Exekutive im Sinne der Staatsfreiheit des Rundfunks zuzurechnen sein.[40]

Des Weiteren stellt sich in diesem Kontext die Frage, ob es im Rahmen der Besetzung binnenpluraler Aufsichtsgremien nur verboten ist, dass die genannten

---

35 Vgl. zum Ganzen *Held/Sankol*, Staatsfreiheit der Aufsichtsgremien öffentlich-rechtlichen Rundfunks – Ein Überblick über Rechtsprechung und Literatur (Arbeitspapiere des Hans-Bredow-Instituts Nr. 12), S. 9 ff.

36 BVerfGE 73, S. 118 (182); *Gersdorf* (Fn. 5), Rdnr. 145; *Hoffmann-Riem*, Rundfunkaufsicht zwischen Staatsfreiheit und Staatseinfluss. Zu den Entwürfen der CDU-Fraktion im Sächsischen Landtag über das Zweite Gesetz zur Änderung des Gesetzes über den privaten Rundfunk und neue Medien in Sachsen vom 20. April 1994 und vom 18. August 1995, Berlin 1995, S. 23.

37 *Hoffmann-Riem* (Fn. 36), S. 30.

38 *Gersdorf* (Fn. 7), S. 104.

39 Mit dieser Tendenz (wohl) auch *Starck*, Rundfunkfreiheit als Organisationsproblem. Zur Zusammensetzung der Rundfunkgremien, Tübingen 1973, S. 42.

40 Vgl. SächsVerfGH, AfP 1998, S. 205 (208).

Staatsvertreter die jeweiligen Ämter *selbst* bekleiden, oder ob für einen Verstoß auch die Benennung eines Dritten durch einen Staatsvertreter genügt. Richtigerweise dürfte auch letzteres mit dem Prinzip der Staatsfreiheit des Rundfunks kollidieren. Denn es macht im Ergebnis keinen Unterschied, ob staatliche Funktionsträger selbst die Ämter bekleiden oder sich nur genehme und (faktisch) weisungsgebundene Repräsentanten aussuchen.

II. Vertreter der Legislative

Das Bundesverfassungsgericht hat mehrfach herausgestellt, dass sich das Prinzip der Staatsfreiheit des Rundfunks auch auf die Legislative erstreckt.[41] Adressaten sind damit grundsätzlich die (Bundes- und Landes-) Parlamente sowie ihre Unterorgane.[42]

Streitig ist insoweit, ob hiervon die parlamentarische Opposition auszunehmen ist. *Jarass* bejaht dies – seiner aus dem Gewaltenteilungsgrundsatz herrührenden Ableitung des Strukturprinzips der Staatsfreiheit des Rundfunks folgend – mit dem Argument, die Opposition stelle im Parlament eine Art „Vertreter der Öffentlichkeit" dar.[43] *Gersdorf* hingegen – vom demokratietheoretischen Interpretationsansatz ausgehend – ist der Meinung, dass auch die parlamentarische Opposition als Teil der Legislative trotz ihrer institutionell bedingten Unabhängigkeit von der Regierung in den Anwendungsbereich des Grundsatzes der Staatsfreiheit des Rundfunks falle.[44] Auch wenn man *Gersdorf* bei der Herleitung des Strukturprinzips nicht folgen mag, ist ihm doch *insoweit* beizupflichten. Denn von der bundesverfassungsgerichtlich vorgegebenen Diversifikationsmaxime aus betrachtet macht es keinen Unterschied, ob die Legislative in Gestalt der parlamentarischen Mehrheitsfraktion(en) oder der Opposition handelt. Maßgeblich kann demnach nur sein, dass weder Vertreter der Regierungsfraktion(en) noch solche der parlamentarischen Opposition *beherrschenden* Einfluss auf den Rundfunk gewinnen dürfen.

Problematischer ist die Situation hingegen, wenn die Parlamente über einen Benennungsvorschlag zu entscheiden haben, den die gesellschaftlich relevanten Gruppen im Sinne der binnenpluralen Anstaltsorganisation, etwa durch eine Kandidatenliste, vorbereitet haben. Das Oberverwaltungsgericht Lüneburg erkannte hierin in einer – allerdings schon etwas älteren – Entscheidung keinen

---

41 BVerfGE 73, S. 118 (182); 83, S. 238 (323); 90, S. 60 (89 f.).

42 BVerfGE 83, S. 238 (324).

43 *Jarass* (Fn. 4), S. 41 f.

44 *Gersdorf* (Fn. 7), S. 105; unrichtig hingegen das auf *Gersdorf* Bezug nehmende Zitat bei *Held/Sankol* (Fn. 35), S. 10.

Verstoß gegen das Prinzip der Staatsfreiheit des Rundfunks.[45] Dem sind jedoch Teile der Literatur mit Recht entgegengetreten.[46] Denn nur wenn die gesellschaftlich relevanten Gruppen selbst und definitiv über ihre Vertreter entscheiden, ist es gerechtfertigt, den jeweiligen Mandatsträger als solchen „seiner" Gruppierung zu bezeichnen. Andernfalls steht er in einem zu großen Abhängigkeitsverhältnis zum Staat.

Auf einem ganz anderen Blatt steht, inwieweit der Grundsatz der Staatsfreiheit des Rundfunks bei der legislativen Entscheidung über die Festlegung der gesellschaftlich relevanten Gruppen für ein pluralistisch besetztes Gremium greift. In diesem Kontext hat das Bundesverfassungsgericht aber den weiten Gestaltungsspielraum des Gesetzgebers betont, der erst an der Schwelle grober Verzerrung ende.[47] Diese (namentlich: Willkür-)Schwelle dürfte in keiner der einschlägigen Regelungen überschritten sein.[48]

III. Vertreter der Judikative

Inwieweit Vertreter der Judikative vom Prinzip der Staatsfreiheit des Rundfunks erfasst werden, war bisher kaum Gegenstand von Rechtsprechung und rechtswissenschaftlicher Diskussion.[49] Aufgrund ihrer richterlichen Unabhängigkeit dürfte einer Entsendung von Vertretern der rechtsprechenden Gewalt in den Rundfunk aus rundfunkverfassungsrechtlicher Sicht nichts entgegenstehen.[50]

IV. Vertreter der Kommunen

Nach Auffassung des Bundesverfassungsgerichts zählen zum Staat im rundfunkspezifischen Verbotssinn auch die Gemeinden beziehungsweise Gemeindeverbände.[51] Zwar genießen sie das Recht der Selbstverwaltung, doch seien sie als Träger öffentlicher Gewalt eben auch „Staat". Die Literatur ist ebenfalls weitge-

45 OVG Lüneburg, DÖV 1979, S. 170 (172) m. Anm. v. *Kewenig*, S. 174 f.

46 *Ricker/Schiwy* (Fn. 17), D. Rdnr. 25; ähnlich *Gersdorf* (Fn. 7), S. 190 ff. in Bezug auf die Besetzung der Landesmedienanstalten.

47 BVerfGE 83, S. 238 (335).

48 Vgl. nur beispielhaft die sehr differenzierte Norm des § 14 Abs. 2, Abs. 3 SWR-StV.

49 *Held/Sankol* (Fn. 35), S. 13.

50 Ebenso *Jarass* (Fn. 4), S. 41; a.A. *Gersdorf* (Fn. 7), S. 112. Eine ganz andere, hier aber nicht interessierende Frage ist, inwieweit die Beteiligung eines Richters am Rundfunk mit den Vorgaben des Deutschen Richtergesetzes vereinbar ist.

51 BVerfGE 73, S. 118 (191); 83, S. 238 (330).

hend der Meinung, dass bei der Entsendung von Kommunalvertretern das Prinzip der Staatsfreiheit des Rundfunks tangiert wird.[52]

Die Auffassung der herrschenden Meinung erscheint nicht ganz überzeugend. Denn den Gemeinden steht von Verfassungs wegen gemäß Art. 28 Abs. 2 GG das Recht zur kommunalen Selbstverwaltung zu, weshalb die undifferenzierte Zuordnung zur grundsätzlich weisungsgebundenen Staatsebene bedenklich erscheint. Nicht umsonst dürfte das Bundesverfassungsgericht in der 6. Rundfunkentscheidung die – wohlgemerkt: 25-prozentige – kommunale Beteiligung an einer Rundfunkbetriebsgesellschaft letztlich doch nicht für verfassungswidrig erklärt haben.[53]

V. Vertreter sonstiger „staatsnaher" Institutionen

Seltener diskutiert und im Einzelnen umstritten ist die Zuordnung etwa der Rechnungshöfe, Sozialpartner, Berufskammern und Hochschulen zum Staat im rundfunkspezifischen Sinne. Nach Auffassung *Gersdorfs* seien aufgrund ihrer Funktionen sowohl die Berufskammern wie auch die Rechnungshöfe Adressaten des Prinzips der Staatsfreiheit des Rundfunks.[54] Zumindest in Bezug auf die Mitglieder der Rechnungshöfe dürfte dies allerdings den Vorgaben des Bundesverfassungsgerichts widersprechen. So führten die Karlsruher Richter in der 8. Rundfunkentscheidung explizit aus, dass bei der gesetzgeberischen Entscheidung, welche Mitglieder in die fachlich und politikfrei zu besetzende Kommission zur Ermittlung des Finanzbedarfs der Rundfunkanstalten (KEF) in Frage kämen, solche der Landesrechnungshöfe „wegen ihrer Unabhängigkeit von Parlament und Regierung" nicht ausgeschlossen seien.[55] Demgegenüber seien Vertreter der Sozialpartner nach Auffassung *Hoffmann-Riems* – gleichviel, ob auf Arbeitgeber- oder Arbeitnehmerseite – typischerweise parteinah und also dann vom Prinzip der Staatsfreiheit des Rundfunks betroffen, wenn man die politischen Parteien als Adressaten dieses Strukturgrundsatzes erachtet.[56] Ähnlich unterfielen nach Ansicht *Ricker/Schiwys* unter anderem die Hochschulen dem

---

52 *Schuster*, Meinungsvielfalt in der dualen Rundfunkordnung, Berlin 1990, S. 147 f.; *Verheugen*, Wesen und Wirken der Rundfunk-Gremien in Deutschland, in: Berg (Hrsg.), Rundfunk-Gremien in Deutschland. Namen, Organe, Institutionen, 2. Aufl., Berlin 1999, S. 122; a.A. hingegen *Jarass* (Fn. 4), S. 41.

53 BVerfGE 83, S. 238 (330 f.).

54 *Gersdorf* (Fn. 7), S. 112 f.

55 BVerfGE 90, S. 60 (103).

56 *Hoffmann-Riem* (Fn. 36), S. 31. Zur Einordnung der politischen Parteien sogleich unten B.VI.

„halbstaatlichen Bereich", weshalb ihr Einfluss im Rundfunk zumindest verfassungsrechtlich bedenklich sei.[57] Jedenfalls nicht dem Staat im rundfunkspezifischen Sinne zugerechnet werden die Kirchen und auch nicht die Landesmedienanstalten.[58]

Ähnlich wie bereits bei den Kommunen gilt es meines Erachtens auch an dieser Stelle daran zu erinnern, dass sich die hier genannten Institutionen trotz vordergründiger Staatsnähe typischerweise durch Selbstverwaltungskompetenzen auszeichnen. Deshalb erscheint es auch hier vorzugswürdig, diese Einrichtungen grundsätzlich nicht der klassischen Staatsseite zuzuschlagen.[59]

VI. Insbesondere: Vertreter der politischen Parteien

Seit jeher umstritten und von großer praktischer Bedeutung ist, ob auch die politischen Parteien zu den „staatlichen" Vertretern gehören und also Adressaten des Strukturprinzips der Staatsfreiheit des Rundfunks sind.[60] Hintergrund für die problematische Einordnung der politischen Parteien ist deren Zwitterstellung: Auf der einen Seite haben sie Einfluss auf die *staatliche* Willensbildung, auf der anderen Seite sind sie in der Bevölkerung verwurzelt und wirken folglich an der *gesellschaftlichen* Meinungs- und Willensbildung mit.[61]

Das Bundesverfassungsgericht vertritt bei dieser Streitfrage eine wenig theoretisierende Auffassung. So lasse sich der Einfluss der im Parlament vertretenen politischen Parteien vom staatlichen Einfluss der Mehrheitsparteien kaum unterscheiden.[62] Im Übrigen differierten die Interessen der politischen Parteien und diejenigen der Aufsichtsgremien des öffentlich-rechtlichen Rundfunks, da Parteien den Willen der Bürger beeinflussen wollten, während der Rundfunk den Prozess der freien Meinungsbildung gerade zu schützen hätte. Tendenziell dürfte man diese Äußerungen so zu verstehen haben, dass politische Parteien – soweit es um das rundfunkspezifische Prinzip der Staatferne geht – der staatlichen Sphäre zuzuordnen sind. Diese Rechtsprechung wird im Schrifttum von

---

57 *Ricker/Schiwy* (Fn. 17), D. Rdnr. 24.

58 *Held/Sankol* (Fn. 35), S. 13.

59 Hinsichtlich der Hochschulen im Ergebnis ebenso *Gersdorf* (Fn. 7), S. 111, der indes auf deren im grundrechtlichen Bereich wurzelnde Aufgabenstellung verweist.

60 Vgl. *Held/Sankol* (Fn. 35), S. 10.

61 Grundsätzlich zur Einordnung der Parteien im Staatsgefüge *Maurer*, Staatsrecht I: Grundlagen, Verfassungsorgane, Staatsfunktionen, 3. Aufl., München 2003, § 11 Rdnr. 1 ff.

62 BVerfGE 73, S. 118 (165).

Herrmann/Lausen[63], *Ricker/Schiwy*[64] und *Hesse*[65] begrüßt. Insbesondere wird auch hier „praxisnah" betont, dass sich in einem parlamentarischen Staat der Einfluss der jeweiligen Mehrheitsparteien von einem staatlichen Einfluss kaum unterscheiden lasse.

Andere Stimmen in der Literatur versuchen zu differenzieren. So will *Lerche* Parteienvertreter, die nicht zugleich Mitglieder des Parlaments oder eines sonstigen Staatsorgans sind, solchen Mitgliedern dann gleichstellen, wenn sie von den Staatsorganen *entsandt* werden.[66] Und *Gersdorf* unterscheidet danach, wer konkret das Parteimitglied mandatiert. So sei es rundfunkverfassungsrechtlich unproblematisch, wenn die Entsendung durch die parteiinternen Gremien selbst geschehe und nicht etwa durch die in den Parlamenten gebildeten Fraktionen. Denn die Fraktionen seien Teile der gesetzgebenden Körperschaft und mit den Parteien gerade nicht identisch.[67]

Meines Erachtens bedarf es zur Lösung dieser Problematik einer weitergehenden Differenzierung. Soweit die unmittelbaren Staatsvertreter aus Exekutive und Legislative betroffen sind, dürfte es sich in aller Regel zugleich um Parteimitglieder handeln. Doch spielt dies bei Lichte betrachtet gar keine Rolle mehr, da die Zuordnung dieser Personen zum Staat bereits aus ihrer amtlichen Funktion resultiert. Soweit die gesellschaftlich relevanten Gruppen für sich Vertreter in die Gremien entsenden, *kann* es sich bei den Benannten zwar auch um Parteimitglieder handeln. Dies ist aber nicht typischerweise so. Des Weiteren werden diese Personen in der Regel nicht *wegen* ihrer Parteimitgliedschaft benannt, so dass es nicht sachgerecht erscheint, sie auf Grund ihrer dann nur „zufälligen" Parteizugehörigkeit der Staatsseite zuzuschlagen.[68] Das Problem spitzt sich also letztlich auf die Frage zu, ob man den Parteien ein *eigenes* Entsenderecht einräumen soll. Zwar hat das Bundesverfassungsgericht entschieden, dass einer politischen Partei kein Anspruch auf Mitgliedschaft in einem Rundfunkrat zustehe.[69] Doch ist dieser Rechtsprechung entgegenzuhalten, dass die politischen Parteien ihren Schwerpunkt im gesellschaftlichen und nicht im staatlichen Be-

---

63 *Herrmann/Lausen* (Fn. 22), § 7 Rdnr. 84.

64 *Ricker/Schiwy* (Fn. 17), D. Rdnr. 29.

65 *Hesse*, Rundfunkrecht. Die Organisation des Rundfunks in der Bundesrepublik Deutschland, 3. Aufl., München 2003, 4. Kap. Rdnr. 81.

66 *Lerche*, Landesbericht Bundesrepublik Deutschland, in: Bullinger/Kübler (Hrsg.), Rundfunkorganisation und Kommunikationsfreiheit. Landesberichte und Generalbericht der Tagung für Rechtsvergleichung 1979 in Lausanne, Baden-Baden 1979, S. 77.

67 *Gersdorf* (Fn. 7), S. 187.

68 Offen lassend *Knothe*, Die neuen Institutionen des Rundfunkstaatsvertrages zwischen Rechtsaufsicht und Staatsfreiheit, Bargstedt 2000, S. 108.

69 BVerfGE 60, S. 53 (67).

reich haben.[70] Aufgrund der deutschen „Parteiendemokratie“ muss dann allerdings gefolgert werden, dass es sich bei den politischen Parteien um besonders relevante gesellschaftliche Gruppierungen handelt. Deshalb sollte ihnen grundsätzlich der Zugang zu den Aufsichtsgremien der öffentlich-rechtlichen Rundfunkanstalten nicht verwehrt werden. Weil aber umgekehrt die Grenzen zwischen Staats- und Parteieneinfluss zugegebenermaßen fließend sind, gilt es, zumindest in quantitativer Hinsicht Zurückhaltung zu wahren. Es sollte also die Anzahl der von den Parteien in die Aufsichtsgremien der öffentlich-rechtlichen Rundfunkanstalten entsandten Vertreter eher gering gehalten werden.

D. Quantitative Eckdaten für die Gremienbesetzung öffentlich-rechtlicher Rundfunkanstalten mit Staatsvertretern

I. Die programmbezogene Funktion des (Haupt-)Aufsichtsorgans Rundfunkrat

Die öffentlich-rechtlichen Rundfunkanstalten verfügen in der Regel über drei Organe: den Intendanten, den Rundfunkrat[71] sowie den Verwaltungsrat. Dabei obliegt dem Intendanten die Programmverantwortung, doch sieht er sich der (inhaltlichen) Kontrolle durch den Rundfunkrat ausgesetzt.[72] Dem Verwaltungsrat sind hingegen überwiegend wirtschaftliche und technische Befugnisse zugewiesen.[73] Wenn und weil allerdings die Mitwirkung staatlicher Vertreter in den Rundfunkgremien umso problematischer ist, je größer der Einfluss des betreffenden Organs auf das *Programm* ist,[74] stellt sich die Frage nach der Staatsfreiheit des Rundfunks vor allem bei der Zusammensetzung des Rundfunkrats.[75]

---

70 So ausdrücklich *Maurer* (Fn. 61), § 11 Rdnr. 16.

71 So die Bezeichnung des Gremiums in den meisten Rundfunkanstalten. Beim Zweiten Deutschen Fernsehen nennt sich das Aufsichtsgremium „Fernsehrat“ (§ 19 Nr. 1 ZDF-StV), beim Deutschlandradio „Hörfunkrat“ (§ 19 Nr. 1 DLR-StV).

72 *Gersdorf* (Fn. 5), Rdnr. 330.

73 *Gersdorf* (Fn. 5), Rdnr. 342.

74 Vgl. BVerfGE 73, S. 118 (182 f.) und deutlich *Held/Sankol* (Fn. 35), S. 17.; zu den Hintergründen siehe auch schon oben B.II.

75 Nicht ganz in diesen Zusammenhang passt deshalb die Entscheidung des Bayerischen Verfassungsgerichtshofs vom 16. Februar 1989, BayVBl. 1989, S. 303 ff. Das Gericht hatte darüber zu befinden, ob die „Beherrschungsgrenze“ erreicht sei, wenn im *Verwaltungsrat* des Zweiten Deutschen Fernsehens vier von neun Mitgliedern dem Staat zuzu-

Denn dessen Kompetenzen sind – mit Unterschieden im Detail – programmbezogener Natur. Besonders drastisch kommt dies in Fällen zum Ausdruck, in denen das Gesetz dem Gremium ein Weisungsrecht gegenüber dem Intendanten zubilligt.[76] Des Weiteren hat der Rundfunkrat den Intendanten aber auch zu beraten; er überwacht die gesetzlichen Programmregelungen und erlässt Programmrichtlinien.[77] Und selbst wenn man in den letztgenannten Maßnahmen nur einen mittelbaren Programmbezug sehen mag, ändert dies nichts daran, dass das Strukturprinzip der Staatsfreiheit des Rundfunks Platz greift. Denn für das Bundesverfassungsgericht spielt es – wie dargelegt[78] – im Ansatz keine Rolle, ob der staatliche Programmeinfluss unmittelbarer oder lediglich mittelbarer Natur ist.

II. Die generelle Zulässigkeit von Staatsvertretern in den Rundfunkräten

Von diesen Vorgaben ausgehend verwundert die zur Gremienbesetzung der öffentlich-rechtlichen Rundfunkanstalten ergangene höchstrichterliche Rechtsprechung. So hat das Bundesverfassungsgericht sowohl im 1. Fernsehurteil[79] als auch in der Entscheidung zum WDR-Gesetz[80] judiziert, dass in den jeweiligen Rundfunkkontrollorganen ein „angemessener Anteil" beziehungsweise eine „begrenzte Zahl" von Staatsvertretern zulässig sei. Warum dies, wenn doch aus dem Strukturprinzip der Staatsfreiheit des Rundfunks ein Verbot auch nur mittelbarer Programmbeeinflussung durch den Staat resultiert?

---

rechnen seien. Vordergründig lag hier bereits deshalb ein Verstoß vor, weil die Bayerische Verfassung den Anteil der von der Staatsregierung und dem Landtag in die Kontrollorgane entsandten Vertreter gem. Art. 111a Abs. 2 S. 3 auf ein Drittel beschränkt. Da indes von den vier staatlichen Vertretern drei auf die Länder und einer auf den Bund entfielen, sei nach Ansicht der Richter der Staatseinfluss wegen der heterogenen staatlichen Interessenstruktur „föderalistisch gebrochen" und deshalb nicht beherrschender Natur. Da aber der Verwaltungsrat – wie dargelegt – kaum programmliche Funktionen innehat, erscheint es bereits zweifelhaft, den Grundsatz der Staatsfreiheit an dieser Stelle überhaupt anzuwenden. Wenn man dies jedoch tun mag, ist das Argument einer „föderalistischen Brechung" wenig überzeugend. Denn zum einen ist es so allgemein gültig, dass es ebenso beim Rundfunkrat verfangen würde, zum anderen ließe sich damit angesichts der Heterogenität der Länderinteressen auch ein noch höherer Staatseinfluss rechtfertigen.

76 Etwa § 15 Abs. 2 Satz 2 SWR-StV.

77 Vgl. beispielsweise § 15 Abs. 2 Satz 1 SWR-StV.

78 Siehe oben B.II.

79 BVerfGE 12, S. 205 (263).

80 BVerfGE 83, S. 238 (330).

Ein Kuriosum: das Gericht begründet diese (eigentlich) in sich widersprüchliche Rechtsprechung nicht näher. Entsprechend drastisch fällt auch die Kritik des Schrifttums aus. So bezeichnet *Gersdorf* die höchstrichterlichen Judikate an dieser Stelle als „fragwürdig", nachdem er explizit das Fehlen eines „(dogmatisch tragfähigen) Rechtfertigungsgrundes" beklagt hat. Konsequenz dessen sei, dass jede „auch nur so geringe" Beteiligung des Staates an einer öffentlich-rechtlichen Rundfunkanstalt verfassungsrechtlich unzulässig sei.[81] Ähnlich äußert sich *Knothe* im Hinblick auf die staatsfern zu besetzende KEF, der die insoweit zur Staatsfreiheit vorgetragenen Gründe des Gerichts für „überzeugend" hält und feststellt, dass deswegen die Akzeptanz von Mitgliedern des Staates in den Rundfunkkontrollorganen nicht passe.[82]

Meines Erachtens rührt diese kaum zu leugnende Inkonsequenz des Bundesverfassungsgerichts daher, dass die Richter die bereits skizzierte[83] Widersprüchlichkeit zwischen Staatsfreiheit des Rundfunks einerseits und Staatsverantwortung für den Rundfunk andererseits erkannt haben, sich aber scheuen, den Konflikt offen beim Namen zu nennen. Würden sie nämlich das Dilemma eingestehen, bräche ein Grundpfeiler der rundfunkverfassungsrechtlichen Judikatur weg; ein wenig wünschenswerter „Dammbruch" wäre die nahe liegende Folge. Des Weiteren dürfte die Öffnung der Aufsichtsgremien des öffentlich-rechtlichen Rundfunks für Staatsvertreter auch schlicht eine Konzession an die verfassungsrechtliche Realität sein. Denn das bundesrepublikanische Gemeinwesen ist – aus demokratietheoretischer Sicht: erfreulicherweise – „politisiert". Es wäre also lebensfremd zu glauben, Rundfunk könnte tatsächlich völlig staatsfrei, völlig außerhalb politischer Diskussionen und Begehren veranstaltet werden.

III. Prozentuale Vorgaben für die „Staatsbank" in den Rundfunkräten

Wenn man im Folgenden also die Vorgaben der höchstrichterlichen Rechtsprechung zugrunde legt – staatliche Vertreter sind in den Aufsichtsgremien der öffentlich-rechtlichen Rundfunkanstalten in begrenzter Anzahl zulässig, aber nur bis diesseits der Beherrschungsgrenze – stellt sich nunmehr die entscheidende Frage, welche Quote in den Rundfunkräten auf die Staatsbank entfallen darf. Dabei muss nach allgemeiner Ansicht die Zahl der Staatsvertreter jedenfalls unterhalb der absoluten Mehrheit liegen.[84] *Schuster*[85] hält nur einen Anteil von

---

81 *Gersdorf* (Fn. 5), Rdnr. 144.

82 *Knothe* (Fn. 68), S. 107.

83 Siehe oben A.V.

84 Nachweise bei *Held/Sankol* (Fn. 35), S. 15.

„deutlich unter 50 Prozent" für zulässig, *Degenhart*[86] erachtet in Anlehnung an Art. 111a Abs. 2 Satz 3 BayVerf ein Drittel für „sachgerecht", und *Jarass*[87] will gar nur einen Anteil von „weniger als einem Drittel" zulassen.

Aus meiner Sicht ist insofern eine weitergehende Differenzierung angezeigt. Richtig ist sicherlich, dass der Anteil der Staatsvertreter unterhalb von 50 Prozent liegen muss, da im Falle einer absoluten Mehrheit von einer Beherrschung der jeweiligen Anstalt durch den Staat auszugehen ist. In dem Bereich unterhalb der 50-Prozent-Schwelle sollte hingegen zwischen den unmittelbaren Staatsvertretern und den Vertretern der „Zwittergebilde" Parteien unterschieden werden. So dürfte es aufgrund der besonderen Stärke des Staateinflusses angezeigt sein, die *unmittelbaren* Staatsvertreter tatsächlich auf eine Quote von weniger als einem Drittel zurückzudrängen. Sachgerecht erscheint – in Anlehnung an den Gedanken einer Sperrminorität bei einer Aktiengesellschaft – ein Anteil von (höchstens) einem Viertel.[88] Darüber hinaus muss es den politischen Parteien als gesellschaftlich (besonders) relevanten Gruppen gestattet sein, ihrerseits Vertreter in die Gremien zu entsenden. Wegen der fließenden Übergänge zum (mittelbaren) Staatseinfluss sollte dieser Anteil aber – wie dargelegt[89] – gering sein. Eine „Parteienquote" von (weiteren) zehn Prozent dürfte nach Abwägung der besonderen Bedeutung dieser Gruppierungen einerseits und der gebotenen Zurückhaltung andererseits angemessen zu sein. Auf die unmittelbare Staatsbank fielen somit 25 Prozent, auf die mittelbare Staats- (meint: Parteien-)Bank weitere zehn Prozent. Damit stünden dem Staat im weiteren Sinne insgesamt 35 Prozent der Sitze zu, wobei Vertreter der Kommunen, Universitäten, Kammern und so weiter wie dargestellt nicht eingeschlossen sind. Damit ist der höchstrichterlichen Rechtsprechung Genüge getan, wonach staatliche Vertreter zwar einerseits keinen beherrschenden Einfluss auf die Anstalten gewinnen, sie aber andererseits in begrenzter Anzahl in den Aufsichtsgremien repräsentiert sein dürfen. Zudem wird durch den hier vorgeschlagenen Weg das besonders praxisrelevante Problem der Gremienbesetzung mit Parteienvertretern auf transparente Art und Weise gelöst.

---

85 *Schuster* (Fn. 52), S. 151.

86 *Degenhart* (Fn. 24), Rdnr. 773.

87 *Jarass* (Fn. 4), S. 49.

88 Ähnlich die Forderung des RTL-Justiziars *Kresse*, zitiert nach: epd/Kirche und Rundfunk Nr. 64 vom 16. August 1995, S. 8: „20 bis maximal 25 Prozent".

89 Siehe oben C. VI.

IV. Zur Vereinbarkeit der derzeitigen Gremienbesetzung in den einzelnen Rundfunkanstalten mit den entwickelten Vorgaben

Im Folgenden geht es nun um die Prüfung, ob die Gremienbesetzung der *jeweiligen* Rundfunkanstalten mit den ausgearbeiteten Grundsätzen im Einklang steht.

Besonders groß ist die Staatsbank beim Deutschlandradio, wo von den 40 Mitgliedern des Hörfunkrats allein 16 von den Ländern und drei vom Bund entsandt werden.[90] Auch wenn darüber hinaus keine weitergehende Bennennung durch die politischen Parteien vorgesehen ist, dürfte diese Art der Besetzung im Lichte der Staatsfreiheit des Rundfunks kaum mehr vertretbar sein. Beim 77-köpfigen Fernsehrat des Zweiten Deutschen Fernsehens findet man insbesondere eine bedenklich große Anzahl an Parteienvertretern vor.[91] Während sich die unmittelbare Staatsquote mit 19 Vertretern von Bund und Ländern (gerade) noch im zulässigen Rahmen bewegen dürfte – es handelt sich hierbei fast exakt um ein Viertel der Sitze –, erscheinen die weiteren zwölf von den politischen Parteien zu benennenden Mitglieder unter Zugrundelegung der hier vertretenen Zehn-Prozent-Grenze zu hoch gegriffen. Demgegenüber weist der Westdeutsche Rundfunk mit 13 vom Landtag gewählten Vertretern bei einer Gesamtzahl von 43 Mitgliedern des Rundfunkrats wiederum eine (etwas) zu große unmittelbare Staatsbank auf – auch wenn nur neun davon einem Parlament angehören dürfen.[92] Vorbildlich ist hingegen die Zusammensetzung des Rundfunkrats beim Norddeutschen Rundfunk: Dort dürfen von den 58 Gremiumsmitgliedern maximal elf von den politischen Parteien entsandt werden – weitere unmittelbare Staatsvertreter sind gar nicht vorgesehen.[93] Bei den übrigen öffentlich-rechtlichen Rundfunkanstalten bewegen sich die Staatsquoten weitgehend zwischen den hier skizzierten Beispielsfällen.[94]

---

90 § 21 Abs. 1 DLR-StV.

91 Vgl. § 21 Abs. 1 ZDF-StV.

92 § 15 Abs. 2 WDR-Gesetz. Zur Problematik, dass auch dann hinreichender Staatseinfluss vorliegt, wenn die staatlichen Vertreter eine ihnen genehme Person nur benennen, siehe oben C. I.

93 § 17 Abs. 1 NDR-StV.

94 Eine instruktive Übersicht über die Besetzung der Aufsichtsgremien der jeweiligen öffentlich-rechtlichen Rundfunkanstalten findet sich bei *Held/Sankol* (Fn. 35), S. 30 ff.

E. Zusammenfassung/Ausblick

Die vorliegenden Untersuchungen haben gezeigt, dass der Grundsatz der Staatsferne des Rundfunks seinen Ursprung im mediumsspezifischen Vielfaltsansatz hat. Daraus resultiert die Erkenntnis, dass es sich bei diesem Strukturprinzip nicht um ein unumstößliches Dogma handelt. Dem Staat ist es lediglich verboten, den Rundfunk zu beherrschen; weniger gravierende Einwirkungen sind hingegen zulässig. Soweit es um die Frage des Adressatenkreises des in Rede stehenden Strukturprinzips geht, erweist sich insbesondere die Einordnung der politischen Parteien als problematisch. Nach hier vertretener Auffassung sollten diese zunächst von den unmittelbaren Staatsvertretern aus Bund und Ländern unterschieden werden. Bei der für die Praxis maßgeblichen Frage, welche Quoten konkret bei der Besetzung der Aufsichtsgremien zulässig sind, erscheint es angemessen, den direkten Staatsvertretern ein Viertel der Sitze zuzubilligen, den Parteien ein darüber hinausgehendes weiteres Zehntel. Vertreter der Kommunen, Hochschulen oder Kammern sollten hingegen gar nicht – also auch nicht mittelbar – der Staatsseite zugeschlagen werden.

Unter diesen Prämissen zeigt sich im Hinblick auf die jeweiligen Rundfunkanstalten ein gemischtes Bild. Insbesondere beim Deutschlandradio und beim Zweiten Deutschen Fernsehen ist die Staatsbank in verfassungsrechtlich bedenklicher Weise aufgebläht. Gesetzgeberische Korrekturen sind insofern zu erinnern. Bei den meisten anderen öffentlich-rechtlichen Rundfunkanstalten ist der über die Aufsichtsgremien vermittelte Staatseinfluss hingegen noch vertretbar. Insbesondere beim Norddeutschen Rundfunk wird dem Prinzip der Staatsfreiheit sogar in deutlicher Weise Rechnung getragen.

Auf einem ganz anderen Blatt steht freilich die Frage, ob die im Kontext zur Gremienbesetzung ergangene pragmatische Rechtsprechung nicht auch auf andere rundfunkrechtliche Konstellationen übertragen werden sollte. Hingewiesen sei insofern vor allem auf das Verfahren zur Festsetzung der Rundfunkgebühr, das nach Auffassung des Bundesverfassungsgerichts deshalb staatsfrei zu organisieren sei, weil die Gefahr eines mittelbaren Staatseinflusses auf das Programm der Rundfunkanstalten über den goldenen Zügel der Finanzen bestehe.[95] Wenn man sich dem hingegen die Großzügigkeit des gleichen Gerichts bei der Besetzung der Aufsichtsgremien der Anstalten vor Augen hält und zudem in Rechnung stellt, dass im Falle der Gremienbesetzung der Staatseinfluss wesentlich programmbezogener ist als bei der Rundfunkfinanzierung, lassen sich gewisse Friktionen in der höchstrichterlichen Rechtsprechung nicht leugnen. Viel-

95 Vgl. BVerfGE 90, S. 60 (88 ff.).

leicht ist es mehr als 60 Jahre nach den Propagandareden *Goebbels'* ganz generell an der Zeit, dem Staat auch im Rundfunkwesen nicht mehr mit tiefstem Misstrauen zu begegnen.

Die Vertrags- und Geschäftsbeziehungen des Staatlichen Hörfunks und Fernsehens der ehemaligen DDR mit der Nippon Hôsô Kyôkai (NHK) und japanischen Privatsendern – ein Beitrag zur deutsch-japanischen Rundfunkgeschichte

Albrecht Rösler

unter Mitarbeit von *Shigehiro Fukuda*, Osaka-Ikeda

Themenstellung

In diesem Beitrag wird erstmals der Versuch unternommen, die Zusammenarbeit zwischen dem staatlichen Hörfunk und Fernsehen der ehemaligen Deutschen Demokratischen Republik (DDR) und japanischen Rundfunksendern nachzuzeichnen. Welche strategischen Interessen verfolgten die ungleichen Partner? Welchen medienpolitischen, wirtschaftlichen und administrativen Restriktionen unterlag die Zusammenarbeit? Am Beispiel des Rundfunks (Hörfunk und Fernsehen) sollen ferner kulturpolitische Aspekte der deutsch-deutschen Konkurrenz gegenüber Japan illustriert werden. Grundlage der Untersuchung bilden die überlieferten DDR-Akten im Deutschen Rundfunkarchiv (DRA) Potsdam/Babelsberg, welche die Entwicklung der Geschäftsbeziehungen des DDR-Hörfunks und -Fernsehens für den Zeitraum von etwa 1964 bis 1990 im Wesentlichen vollständig dokumentieren.[1] Eine mit der Beschränkung auf den DDR-Aktenbestand verbundene Verengung der Perspektive musste in Kauf genommen. Es bleibt künftigen Arbeiten vorbehalten, japanische Quellen, die sich weitgehend im Verfügungsbereich der NHK und japanischer Privatsender befinden dürften, zu erschließen.

Terminologisch ist darauf hinzuweisen, dass in der DDR der Begriff „Rundfunk" offiziell nur für den Hörfunk verwendet wurde. Im Folgenden wird

---

1 Die Materialrecherche wurde im Januar 2002 durchgeführt. Zum Aktenbestand des Archives: DRA (Hrsg.): Das Schriftgut des DDR-Hörfunks. Eine Bestandsübersicht. Zusammengestellt und bearbeitet von Ingrid PIETRZYNSKI unter Mitarbeit von Alexander GREGULETZ, Frankfurt a.M./Babelsberg 2002; sowie DRA (Hrsg.): Das Schriftgut des DDR-Fernsehens. Eine Bestandsübersicht. Zusammengestellt und bearbeitet von Sabine SALHOFF, Frankfurt a.M./Babelsberg 2001.

der in der DDR mit „Rundfunk“ umschriebene Komplex als „Hörfunk“ bezeichnet. Etwas anderes gilt nur für die Wiedergabe offizieller Bezeichnungen (z.B. „Staatliches Komitee für Rundfunk“), für Originalzitate aus DDR-Akten und für entsprechende Quellennachweise. Im Übrigen werden in diesem Beitrag unter „Rundfunk“ gemäß dem üblichen Sprachgebrauch in der Bundesrepublik Deutschland Hörfunk und Fernsehen verstanden.[2]

Bei der Wiedergabe japanischer Personennamen wird in diesem Beitrag der Familienname vor dem Vornamen aufgeführt. Dies gilt jedoch nicht im Rahmen von Originalzitaten aus deutschen Quellen.

A. Grobstruktur der DDR-Rundfunkorganisation und ihrer internationalen Verbindungen

Aus dem in der DDR im Jahre 1952 errichteten „Staatlichen Rundfunkkomitee“ gingen im September 1968 das „Staatliches Komitee für Rundfunk“ sowie das „Staatliches Komitee für Fernsehen“ hervor.[3] Diese beiden beim Ministerrat der DDR angesiedelten Gremien waren bis November 1989 die zentralen Leitungsorgane des Hörfunks bzw. Fernsehens der DDR.[4] Im Gegensatz dazu fiel die Sendetechnik, einschließlich der Studiotechnik, in die Zuständigkeit des Ministeriums für Post- und Fernmeldewesen. Strukturprinzip für die Hörfunk- und Fernsehorganisation war der „demokratische Zentralismus“, der den Rundfunk zu einem Instrument der Sozialistischen Einheitspartei Deutschlands (SED) machte. Bis zum Ende der SED-Herrschaft war Heinz ADAMECK Vorsitzender des „Staatlichen Komitees für Fernsehen“.[5]

---

2 „Rundfunk“ als Oberbegriff für Hörfunk und Fernsehen wurde in der Bundesrepublik Deutschland durch die Rechtsprechung des Bundesverfassungsgerichts (BVerfG) zur offiziell üblichen Terminologie (BVerfGE 12, S. 205 (226) – „Erstes Fernsehurteil“ vom 28. Februar 1961).

3 Für einen Überblick zur Entwicklung des Rundfunks in der DDR vgl. Konrad DUSSEL: Deutsche Rundfunkgeschichte, 2. Aufl., Konstanz 2004, S. 131-185 m.w.N.

4 Der „Deutsche Fernsehfunk (DFF)“, der 1972 in „Fernsehen der DDR“ umbenannt wurde, hieß ab März 1990 bis zu seiner Auflösung wieder „Deutscher Fernsehfunk“. Die Fernseh-Institution der DDR während des SED-Regimes wird im Folgenden auch als „DDR-Fernsehen“ bezeichnet.

5 Heinz ADAMECK (geb. 1921), 1954-1968 Intendant des „Deutschen Fernsehfunks“; seit 1968 Vorsitzender des Staatlichen Komitees für Fernsehen (Rücktritt am 21.11.1989), Mitglied des Zentralkomitees der SED.

Seit 1960 nahm die DDR als Mitglied der „Intervision", der als Unterorganisation der „Internationalen Rundfunk- und Fernsehunion" (OIRT) vor allem die Rundfunkinstitutionen der realsozialistischen Staaten angehörten,[6] am internationalen Programmaustausch teil. Mit der „Europäischen Rundfunkunion" (EBU), d.h. damals der Vereinigung der westeuropäischen Rundfunkanstalten, stand die DDR-Rundfunkorganisation seit den 1960er Jahren im Nachrichtenaustausch. Beim Programmaustausch mit dem Westen richtete sich das Import-Interesse der DDR – im Rahmen der durch die Devisenknappheit vorgegebenen Grenzen – auf die „besten humanistischen Werke der Film- und Fernsehkunst".[7] Aus der Sicht Ostberlins waren die öffentlichen Rundfunkanstalten der westlichen Länder im internationalen Programmaustausch, der seit den frühen 1980er Jahren eine zunehmende Kommerzialisierung erfuhr, „natürliche Verbündete" des DDR-Fernsehens.[8] Beim Austausch überwogen die DDR-Importe. Langjähriger Direktor für Internationale Verbindungen beim „Staatlichen Komitee für Fernsehen" und damit auch unmittelbar zuständig für die Beziehungen zu den japanischen Fernsehsendern war Dr. Kurt OTTERSBERG[9]. Der Bereich „Programmaustausch und Film" wurde von Dr. Hans-Joachim SEIDOWSKY geleitet.[10] Nach der deutschen Wiedervereinigung wurden der DDR-Hörfunk und das DDR-Fernsehen im Rahmen der nun geltenden Länderzuständigkeit nach der Vorgabe des Einigungsvertrages als „gemeinschaftliche staatsunabhängige,

6 Die OIRT (*Organisation Internationale de Radiodiffusion et Télévision)*, mit Sitz in Prag, wurde durch Zusammenschluß mit der Europäischen Rundfunkunion (European Broadcasting Union – EBU) im Januar 1993 aufgelöst.

7 Kurt OTTERSBERG: DDR-Fernsehen für internationale Kooperation, in: Rundfunk und Fernsehen OIRT 1986/2, S. 6-8 (7).

8 Kurt OTTERSBERG im Gespräch mit Nina GRUNENBERG: DDR-Biographien (1) – Der Fernsehdirektor, in: Die ZEIT vom 20.6.1986.

9 Kurt OTTERSBERG (geb. 1928), Studium der Geschichte, Dr. phil, Dozent an der Humboldt-Universität; seit 1964 Direktor für Internationale Verbindungen des „Deutschen Fernsehfunks"/„Fernsehen der DDR". Im Bereich des Hörfunks („Rundfunk") war die *Hauptabteilung(HA) Internationale Verbindungen* (Leiter in den 1980er Jahren: Fred GÜNZEL) die zentrale Stelle zur Koordinierung der Beziehungen mit ausländischen Rundfunkinstitutionen. Die HA war dem Stellvertretenden Komiteevorsitzenden für Internationale Beziehungen (in den 1980er Jahren: Rolf WEIßBACH) unterstellt.

10 Hans-Joachim SEIDOWSKY war nach der deutschen Wiedervereinigung zeitweise Mitgeschäftsführer des privaten Unternehmens „High Definition Oberhausen Atelier-Betriebsgesellschaft (HDA)" und wechselte dann als Leiter für Internationale Filmverkäufe (zuständig für die Gemeinschaft Unabhängiger Staaten [GUS] und Polen) zu „BetaFilm Berlin", einem Unternehmen der Kirch-Gruppe (Volker LILIENTHAL, Klinik am Tropf. Die HDO-Studios in Oberhausen: Ein Potemkinsches Dorf, Evangelischer Pressedienst – epd medien Nr.61, 8. August 1998 = http://www.epd.de/medien/1998/61leiter.htm – Zugriff Mai 2005).

rechtsfähige Einrichtung“ bis Ende 1991 fortgeführt, um sie „nach Maßgabe der föderalen Struktur des Rundfunks durch gemeinsamen Staatsvertrag“ der betreffenden Länder entweder „aufzulösen oder in Anstalten des öffentlichen Rechts einzelner oder mehrerer Länder überzuführen“.[11] Die Auflösung der Länderkette des DDR-Hörfunks und -Fernsehens erfolgte zum 31. Dezember 1991. Zu einem Übergang von Verbindlichkeiten der ehemaligen DDR-Rundfunkorganisation aus früheren Vertragsbeziehungen mit japanischen Rundfunksendern auf Mitglieder innerhalb der Arbeitsgemeinschaft der öffentlich-rechtlichen Rundfunkanstalten der Bundesrepublik Deutschland (ARD) ist es offenbar nicht gekommen.

B. Die Beziehungen zwischen dem Hörfunk/Fernsehen der DDR und der Nippon Hôsô Kyôkai (NHK)

I. Die politischen Rahmenbedingungen

Die Entwicklung der Zusammenarbeit zwischen dem DDR-Rundfunk und japanischen Sendern wurde durch die politischen Beziehungen zwischen der DDR und Japan wesentlich beeinflusst.[12] Das Hauptaugenmerk japanischer Außenpolitik richtete sich gegenüber den beiden deutschen Staaten auf die Pflege des Verhältnisses zur Bundesrepublik Deutschland. Ein offizielles kulturpolitisches Interesse Japans gegenüber der DDR entwickelte sich seit der Aufnahme diplomatischer Beziehungen 1973 und nahm in der Folge erheblich zu. War das von der SED verordnete Japan-Bild bis in die 1960er Jahre hinein ganz überwiegend negativ besetzt, zeigte sich Ostberlin seit Beginn der 1970er Jahre an der Intensivierung der politischen und wirtschaftlichen Beziehungen mit Tokyo zuneh-

11 Artikel 36 Absatz 1 Satz 1; Absatz 6 Satz 1 Vertrag zwischen der Bundesrepublik Deutschland und der Deutschen Demokratischen Republik über die Herstellung der Einheit Deutschlands (Einigungsvertrag) vom 31.8.1990 (BGBl. II S. 899).

12 Überblick der kulturellen Beziehungen DDR-Japan z.B. bei Hans-Dieter JÄGER (1982-1988 Botschafter der DDR in Tokyo), Japan und Ostberlin, in: Japanisch-Deutsches Zentrum Berlin (Hrsg.), Berlin-Tôkyô im 19. und 20. Jahrhundert, 1997, S. 339-342. Der Wandel des offiziellen Japan-Bildes in den DDR-Medien lässt sich – was hier nicht Gegenstand der Betrachtung ist – etwa anhand der im DRA Potsdam/Babelsberg erschlossenen Hörfunkprogramme nachweisen. Die erste japanische Hörspielwoche im DDR-Hörfunk fand im Sommer 1984 statt. Zur dramaturgischen Betreuung der Produktion ausgewählter japanischer Hörspiele: „Kulturspiegel“ vom 12.8.1984, DRA R Record 13650.

mend stark interessiert. In den 1980er Jahren bemühte sich die ostdeutsche Kulturpolitik gegenüber Japan aus dem Schatten der Bundesrepublik herauszutreten. Die DDR sollte in den japanischen Massenmedien nicht länger als diffuser Bestandteil eines durch die Bundesrepublik repräsentierten Gesamtdeutschlands wahrgenommen werden. Im Rahmen der politisch und devisenbedingt begrenzten Spielräume galt es, strategische Partnerschaften mit japanischen Rundfunksendern aufzubauen, um die DDR in der japanischen Öffentlichkeit als einen erfolgreichen, für den Weltfrieden engagierten ‚sozialistischen' Staat mit eigener kultureller Identität präsentieren zu können. Zugleich sollte der schwierige Programmexport nach Japan als Devisenquelle voll erschlossen werden. Die Entwicklungsmöglichkeiten der Zusammenarbeit zwischen dem DDR-Hörfunk/Fernsehen und japanischen Rundfunksendern, insbesondere der NHK, fanden ihre Grenzen freilich nicht zuletzt darin, dass Japan von der SED bis zuletzt zu den „imperialistischen Staaten" gerechnet wurde.

II. Die frühe Phase vor dem Abschluss förmlicher Kooperationsvereinbarungen

Die Zusammenarbeit von DDR-Hörfunk und NHK geht wohl auf das Jahr 1964 zurück, als ein erster Austausch von Musikprogrammen und entsprechender Angebote einsetzte. Zu den ersten substanziellen Kontakten zwischen DDR-Funktionären und Vertretern der NHK auf dem Gebiet des Fernsehens kam es im Sommer 1970 während des Japan-Besuches einer hochrangigen Delegation des „Staatlichen Komitees für Fernsehen". Zweck der Reise war u.a. die Besichtigung und Auswahl von Filmen und Fernsehprogrammen sowie die Kontaktaufnahme mit der NHK und kommerziellen Fernsehsendern, um die bestehenden losen Kontakte zu intensivieren und zu normalisieren.[13] Zur Bedeutung und Perspektive einer künftigen rundfunkpolitischen und -geschäftlichen Verbindung des DDR-Fernsehens nach Japan führt der Reisebericht aus:

„Japan als imperialistische Großmacht, ist – sowohl vom außenpolitisch/auslands-informatorischen Aspekt – für die DDR von großem Interesse und sollte daher stärker und intensiver sowie kontinuierlicher von uns beobachtet bzw. bearbeitet werden. Das trifft ganz besonders auf dem Gebiet des Films und des Fernsehens zu.

Die NHK wie auch die anderen japanischen Fernsehgesellschaften sind auf das modernste technisch ausgerüstet, verfügen über ein ausgezeichnetes wissenschaftliches Leitungs- und Führungssystem und spielen für uns – abgesehen von den auslandsinformatorischen Möglichkeiten für die DDR in Japan, sowohl als

---

13 HA Internationale Verbindungen v. 9.9.1970, Bericht über eine Dienstreise nach Japan in der Zeit vom 12. Juli bis 2. August 1970 (DRA F Ordner Nr. 92).

Programmarkt (z.B. für Kriminalfilme, Serienfilme usw.) als auch als Studienobjekt zum Kennenlernen des Welthöchststandes – eine bedeutende Rolle. Bei der Durchsetzung der Konzeption der japanischen Monopolbourgeoisie zur Entwicklung des ökonomischen Potentials als Voraussetzung zur Vergrößerung des politischen Einflusses spielt NHK offensichtlich auf ideologischem Gebiet eine Hauptrolle.“

Offensichtlich in Verkennung des Handlungsspielraums der NHK – Japan hatte die DDR damals noch nicht diplomatisch anerkannt - unterbreitete die Ostberliner Delegation einen vorbereiteten Vertragsentwurf über eine Kooperation zwischen dem „Deutschen Fernsehfunk“ (DFF) und der NHK, der von japanischer Seite als verfrüht zurückgewiesen wurde.[14] Nach dem zitierten Bericht erklärten die Japaner der deutschen Delegation, dass die „NHK nach seinen Satzungen alle Verträge einem entsprechenden Parlamentsausschuss zur Bestätigung unterbreiten müsse, da NHK neben den Fernsehgebühren auf Regierungszuschüsse angewiesen sei. Es wurde ihrerseits aber klar zum Ausdruck gebracht, daß die Zusammenarbeit auf der Basis dieses Vertragsentwurfes erfolgen könne, als wenn es bereits einen offiziellen Vertrag gäbe“.[15]

Auch im Bereich des Hörfunks lehnte die NHK bis 1978 förmliche Verhandlungen zum Abschluss eines Kooperationsabkommens mit dem DDR-Rundfunk ab, da sie die bestehende Kooperation für ausreichend erachtete.

In der Folge des Japanbesuches 1970 kam es zwischen dem DDR-Fernsehen und der NHK noch ohne eine formelle vertragliche Grundsatzvereinbarung zu weiteren Kontakten, wobei das Jahr 1972 (Winterolympiade von Sapporo) einen ersten Höhepunkt brachte.[16]

---

14 Zum Vergleich: Der Norddeutsche Rundfunk (NDR), zuständig für die Asien-Berichterstattung der ARD, etablierte 1971 einen Fernsehkorrespondenten in Tokyo. Die NHK schloß am 31. August 1987 mit dem NDR ein „Kooperations-Memorandum“ *(Kyôryoku Oboegaki)* und mit der ARD am 11. November 1988 ein förmliches Kooperationsabkommen *(Kyôryoku Kyôtei)*. Seit 1974 unterhält das Zweite Deutsche Fernsehen (ZDF) ein Korrespondentenstudio in Tokyo. Das Kooperationsabkommen zwischen ZDF und NHK datiert vom 11. Juli 1989 (NHK-*Nenkan* [Jahrbuch] 2003, S. 739).

15 HA Internationale Verbindungen vom 9.9.1970 Bericht über eine Dienstreise nach Japan in der Zeit vom 12. Juli bis 2. August 1970 (DRA F Ordner Nr. 92).

16 1972 besuchten insgesamt 12 NHK-Mitarbeiter (3 Produktions- und 1 Chefproduktionsleiter, 2 Sprecher, 2 Kameraleute, 2 Regisseure, 2 Techniker) die Abteilungen des DDR-Fernsehens (DFF) „Internationale Verbindungen“ sowie „Produktion“. Im selben Jahr reisten 16 DFF-Angehörige der „HA Sport“ als Berichterstatter zur Olympiade nach Sapporo (Übersicht über Besuche beim DDR-Fernsehen 1972, Reisen von DDR-F-Mitarbeitern ins Ausland 1972 [16.5.1973] (DRA F Ordner Nr. 92). Das DDR-Fernsehen importierte im gleichen Jahr 2 NHK-Programme und NHK übernahm 3 DDR-Produktionen („Sandmann“, „Wetterbericht“, „Werbestreifen“). Darüber hinaus bezog das DDR-Fernsehen 5 japanische Filme und exportierte 4 Filme nach Japan.

Ende der 1970er Jahre mehrten sich auch die Berichte über Japan im DDR-Hörfunk.[17]

Seit 1973 nahm die DDR, worauf noch einzugehen ist, regelmäßig mit Beiträgen an dem internationalen „Japan-Preis" der NHK teil; zunächst im Hörfunk, dann auch im Fernsehen. Aus den überlieferten Akten ergibt sich ferner, dass die NHK spätestens seit 1973 Fragebögen an das DDR-Fernsehen versandte.[18] Solche standardisierten Anfragen zu aktuellen Themen (z.B. 1986 zur Praxis der Berichterstattung über Gewaltverbrechen im Fernsehen und des Schutzes von Persönlichkeitsrechten[19]) verschickte die NHK seit den 1950er Jahren an die öffentlichen bzw. staatlichen Rundfunkanstalten der wichtigsten Rundfunkländer. Seit 1975 erhielt das NHK-Forschungsinstitut für Radio- und Fernsehkultur die Broschüre „Rundfunk-Theorie und Praxis" der DDR-Hörfunkorganisation zugesandt.[20]

III. Die Kooperationsbeziehungen auf der Grundlage der Abkommen über die Zusammenarbeit im Fernsehen (1978/86) und Hörfunk (1979)

1. *Die Grundsatzvereinbarungen*

(1) Mehr noch als im Bereich des Hörfunks war die NHK in der zweiten Hälfte der 1970er Jahre geneigt, zu einer vertraglichen Grundsatzvereinbarung mit dem DDR-Fernsehen zu gelangen. Es war die Zeit einer allgemeinen Annäherung zwischen Japan und der DDR und einer entsprechenden Intensivierung der gegenseitigen politischen und wirtschaftlichen Kontakte.[21] Am 6. Juli 1978 erfolg-

17 Über Japan berichtete Sonderkorrespondent Thomas SILBERSTEIN, der zwischen 1977 und 1979 mehrmals Japan bereiste, sowie der ADN-Korrespondent.

18 Beispiel 1973: Anfrage nach der für Internationale Beziehungen zuständigen Abteilung im DFF sowie nach den üblichen Leistungsentgelten – (NHK, YOSHIDA Tadashi an Dr. Kurt OTTERSBERG, Direktor Internationale Verbindungen des Deutschen Fernsehfunks, vom Juli 1973 (DRA F Ordner Nr. 92).

19 *Questionnaire on Consideration for Human Rights in Broadcasting*, Dezember 1986 – u.a. verschickt an den Direktor für Internationale Verbindungen des Fernsehens der DDR (DRA F Ordner Nr.93).

20 Als wohl erster japanischer Rundfunk- und Medienwissenschaftler besuchte ISHIKAWA Akira (damals Mitarbeiter im *NHK-Radio and TV Culture Research Institute)* 1973 den DDR-Rundfunk zur Materialrecherche im Rahmen eines Forschungsprojekts über Rundfunkorganisationen in Europa.

21 So hielt sich 1978 eine japanische Parlamentariergruppe mit dem Präsidenten des Oberhauses YASUI Ken zu einem offiziellen Besuch in der DDR auf (DDR-Fernsehen, Interview Thomas SILBERSTEIN/Ken YASUI, gesendet am 30.6.1978 (DRA Potsdam, Hörfunk Record 37491). Die politischen und kulturellen Beziehungen zwischen der

te in Ostberlin die Unterzeichnung einer Vereinbarung zwischen dem Staatlichen Komitee für Fernsehen und der NHK über die Zusammenarbeit auf dem Gebiet des Fernsehens.[22] Die Vereinbarung entsprach jenen Abkommen, welche die NHK bereits mit anderen ausländischen Rundfunkanstalten, darunter auch fünf Sendern „sozialistischer" Staaten, geschlossen hatte.[23] Der Vertrag sah eine zweijährige Laufzeit vor, wobei eine automatische Verlängerung um jeweils zwei weitere Jahre erfolgen sollte, falls eine der beiden Seiten nicht vorher kündigte. Nach Abschluss des Fernseh-Abkommens zeigte sich die NHK nun auch bereit, eine vertragliche Zusammenarbeit im Hörfunk einzugehen. Der Vertrag zwischen dem „Staatlichen Komitee für Rundfunk" und der NHK wurde 6. Juni 1979 in Tokyo unterzeichnet.[24] Das Hörfunkabkommen sah insbesondere den Austausch von Musik- und Hörspielprogrammen sowie die gegenseitige Unter-

---

DDR und Japan wurden auf deutscher Seite durch diverse staatliche Einrichtungen, „gesellschaftliche Organisationen" und sonstigen Gruppierungen (z.B. der „Parlamentarischen Freundschaftsgruppe DDR-Japan", Vorsitzender in der DDR: Hans MODROW, mit einem Pendant in Japan) getragen.

22 Unterzeichner: Heinz ADAMECK; HASHIMOTO Tadamasa *(General Managing Director NHK)*, im Beisein des japanischen Botschafters NAKAO Kanji. Das Abkommen ist im Anhang dieses Beitrages abgedruckt. Die Vertragsverhandlungen, die von der DDR-Botschaft in Tokyo unterstützt wurden, hatten sich wegen Meinungsverschiedenheiten in Urheberrechtsfragen (Artikel 6) verzögert. Die NHK hatte darauf bestanden, daß etwaige Urheber- und Lizenzrechte, die an abgegebenen Sendematerialien für Autoren und sonstige Sendeberechtigte entstehen würden, nicht – wie von Ostberlin gefordert - von der Station abzugelten waren, die diese Materialien verwendete und demgemäß die betreffende Lizenz benötigte, sondern von jener Seite, von der die betreffenden Materialien stammten. Die deutsche Seite lenkte schließlich ein, um den vor allem durch das DDR-Außenministeriums nachdrücklich gewünschten Vertrag mit der NHK nicht scheitern zu lassen: „In dem Kompromißgespräch am Tage der Unterzeichnung sind wir uns mit der japanischen Seite darüber einig geworden, daß wir uns grundsätzlich nur freie Werke übergeben werden können und daß in den Fällen, wo wir die Rechte nicht erwerben wollen oder können, Sondervereinbarungen getroffen werden. Dies ist zwar im Vertrag nicht normiert, geht jedoch aus dem Verhandlungsprotokoll eindeutig hervor." (HA Ökonomie – Justitiar SCHULZ an Gen. Prof. Dr. KAUL Chefjustitiar vom 6. März 1979, Vereinbarung zwischen dem Staatlichen Komitee für Fernsehen beim Ministerrat der DDR und Nippon Hoso Kyokai über die Zusammenarbeit auf dem Gebiete des Fernsehens – rechtsverbindlich ab 6.7.1978 (DRA R Archivbox Nr. 5182).

23 Botschaft der DDR in Japan – Politische Abteilung – , Tokyo, 14.6.78: Vermerk über ein Gespräch in der Internationalen Abteilung von NHK am 7.6.1978 (DRA F Ordner Nr. 92).

24 Unterzeichner: Rolf WEIßBACH, Stellvertreter des Vorsitzenden des Staatlichen Komitees für Rundfunk; NHK-Vizepräsident FUJISHIMA Katsuki (WEIßBACH berichtete über seine Japanreise im DDR-Hörfunk [bit – DT 64 – Informationsmagazin für Studenten], ausgestrahlt am 7.8.1979 [DRA R Record 2436]).

stützung von Korrespondenten vor und enthielt eine dem Fernseh-Abkommen entsprechende zeitliche Gültigkeitsregelung.

(2) Der Fernseh-Kooperationsvertrag (1978) wurde am 22. April 1986 in Ostberlin durch eine Vereinbarung für den Zeitraum 1986 bis 1989 ersetzt.[25] Das revidierte Abkommen regelte folgende Gegenstände und Formen der Zusammenarbeit:

> „– Gegenseitige Unterstützung von Korrespondenten und Kameragruppen
>
> – Austausch von Fernsehprogrammen und Programmaterialien auf kommerzieller und nichtkommerzieller Grundlage
>
> – Förderung von Koproduktionsvorhaben
>
> – Austausch von Materialien zur Verbesserung der Fernseharbeit
>
> – Jährliche Treffen auf Leitungsebene und Filmbesichtigungen in Tokio und Berlin.“[26]

In der Konkurrenz mit den japanischen Privatsendern war die NHK unter ihrem Präsidenten KAWAHARA Masato (1982-1988) vor allem daran interessiert, die bis dahin vernachlässigte Berichterstattung über die „sozialistischen“ Staaten zu institutionalisieren bzw. zu profilieren und dabei die Übermittlungsdauer der Nachrichtenbeiträge zu verkürzen. Zu diesem Zweck war die NHK im Mai 1983 der OIRT als assoziiertes Mitglied beigetreten. Insgesamt erfreute sich die DDR in diesen Jahren international zunehmender Beachtung und die japanische Me-

---

25 Unterzeichner: Heinz ADAMECK und NHK-Generaldirektor SHIMA Keiji. Die NHK-Delegation hatte zuvor Peking, Moskau und Prag (Sitz der OIRT) besucht und dort über den Ausbau des Nachrichtenaustausches mit den betreffenden Sendern verhandelt. Die japanische Fassung des Fernsehabkommens wurde im Juni 1986 in Ostberlin unterzeichnet. Die NHK vertrat dabei ONO Yoshikuni, Stellv. Direktor für Internationale Verbindungen (HA Internationale Verbindungen – Büro für Internationale Gäste, Aufenthaltsplan, 17.6.1986, DRA F Ordner Nr. 93). Der Text des Fernsehabkommens von 1986 konnte im DRA Babelsberg nicht ermittelt werden, wohl aber Hinweise der „HA Rechts- und Vertragswesen im DDR-Außenministerium“ zum Vertragsentwurf (HA Rechts- und Vertragswesen Hausmitteilung an Abteilung Journalistische Beziehungen, Vereinbarung zwischen DDR-Fernsehen und dem japanischen Fernsehen, 11. April 1986; DRA F Ordner Nr. 93).

26 HA Internationale Verbindungen Sektor A/A/A/ Vermerk über ein Gespräch des Staatlichen Komitees für Fernsehen beim Ministerrat der DDR, Genossen H. ADAMECK mit Herrn Keiji SHIMA, Generaldirektor der Japanischen Rundfunk- und Fernsehgesellschaft Nippon Hoso Kyokai (NHK), am 22. April 1986 in Berlin, S. 2, Berlin, den 14.4.1986 (DRA F Ordner Nr. 65).

dien begannen sich, nicht zuletzt aufgrund der Erfolge von DDR-Athleten bei internationalen Sportwettkämpfen, stärker für das Land zu interessieren. Außerdem wünschte die NHK Koproduktionen mit dem DDR-Fernsehen (etwa zur 750-Jahrfeier Berlins, 1987) und schließlich bestand auch ein gegenseitiges Interesse an der Verstärkung des Austausches von Kinderprogrammen und fernsehdramatischen Produktionen, zumal beide Seiten damals bestrebt waren, ihre allgemeine Importquote in diesen Bereichen zu steigern.[27] Die Chancen für den Programmexport nach Japan wurden allerdings auf Ostberliner Seite angesichts der ernüchternden Erfahrungen seit Abschluss des ersten Fernsehabkommens mit der NHK (1978) sehr zurückhaltend eingeschätzt.[28] Der wirtschaftliche Nutzen des revidierten Kooperationsvertrages für das DDR-Fernsehen wurde im Übrigen dadurch begrenzt, dass die vereinbarte gegenseitiger Unterstützung auf japanischer Seite nur die NHK selbst und nicht auch deren Tochtergesellschaften betraf, die auf rein kommerzieller Grundlage arbeiteten. Dies galt insbesondere für das Unternehmen „NHK Enterprise", das einen Großteil der für den Austausch interessanten Programme produzierte und seine Dienstleistungen gegenüber ausländischen Fernsehgesellschaften nur gegen harte Devisen anbot.

2. *Die Entwicklung der Zusammenarbeit in der Praxis*

a) *Die Zusammenarbeit zwischen dem DDR-Fernsehen und der NHK*

Obwohl man sich in Ostberlin, wie noch zu zeigen ist, darum bemühte, auch mit kommerziellen japanischen Fernsehsendern langfristige Arbeitsbeziehungen aufzubauen, war man doch bis Mitte der 1980er Jahre vorrangig an der Zusammenarbeit mit der NHK interessiert. Zwar erkannte man bei der NHK im Vergleich zu den japanischen Privatsendern die „direktere Vertretung der staatlichen Politik Japans", die mit der eigenen Tendenz nicht ohne weiteres harmonierte. Andererseits war man davon überzeugt, dass – wie ein Bericht 1982 – ausführte, die NHK „eine große Arbeit auch auf dem Gebiet der Popularisierung

---

27 1986 stammten rund 60 Prozent aller gesendeten Programme des DDR-Fernsehens aus eigener Produktion. Bei den Importen sollte vor allem die Qualität erhöht werden. Bei der NHK lag die Importquote bei 5 Prozent.

28 „Absehbar nur Spitzenprogramme oder sehr landesspezifische, informatorische Produktionen. Lange Besichtigungs- und Entscheidungszeiten, höchste Anforderungen an techn.[ische] Qualität [...]. Angebotene Spitzenprogramme wie „Bach" und „Bach – Stationen eines Lebens" dennoch durch NHK abgelehnt." (Export, Stand der Zusammenarbeit mit NHK Japan, 21.4.1986 (DRA F Ordner Nr.65).

der kulturellen Errungenschaften der DDR“ leiste.[29] Setzte die SED-Kulturpolitik in den 1980er Jahren allgemein darauf, u.a. durch den selektiven Rückgriff auf Motive der deutschen Nationalkultur (Luther, Bach, Händel, Preussen, Weimarer Klassik) eine eigene DDR-Identität zu begründen, so vermutete man gerade bei der NHK ein besonderes Interesse an entsprechenden bildungsbezogenen Produktionen.

aa) Zur praktischen Umsetzung des Fernseh-Abkommens von 1978

(1) Auch auf der Grundlage des 1978 geschlossenen Kooperationsvertrages ließ sich der Verkauf von DDR-Fernsehprogrammen an die NHK nicht substantiell voranbringen. [30] Bis März 1980 wurde nur 1 kurze DDR-Produktion von der NHK direkt übernommen (gegenüber 7 importierten japanischen Programmen).[31] 1982 und 1983 fand überhaupt kein Programmaustausch mit der NHK statt. 1984 wurden drei und 1985 zwei publizistische Programme von der NHK übernommen.[32] Mochte man für den geringen Programmexport des DDR-Fernsehens auch teilweise den „politischen Status“ und die Programmpolitik der NHK verantwortlich machen,[33] so lag doch ein maßgeblicher Grund gerade auch in den hohen technischen Qualitätsanforderungen der NHK.[34] In Einzelfäl-

29 Bericht über den Aufenthalt einer Delegation des Staatlichen Komitees für Fernsehen beim Ministerrat der DDR unter der Leitung seines Vorsitzenden, Genossen Heinz ADAMECK, in Japan 17. bis 25. September 1982, S. 8 (DRA F Ordner Nr.96).

30 Zu den DDR-Programmverkäufen an die NHK vgl. die Übersicht im Anhang dieses Beitrages.

31 NHK-Übernahme: „Von Elbflorenz nach Königstein“ (10 Minuten); DDR-Import: 1 publizistischer Beitrag, 1 Naturserie, 3 Spielfilme. Im Jahre 1981 übernahm das DDR-Fernsehen nach einer Filmbesichtigung in Tokyo von japanischen Spielfilmproduzenten (insbesondere TOHO und SOSHIKO) 14 Spielfilme „für Wochenendplätze bzw. [das] Jahresendprogramm“. Das Filmwesen der DDR übernahm 11 Spielfilme (Bereich Programmaustausch und Film, Dr. H.-J. Seidowsky/Koll. R. Paul, Reisebericht, Berlin 2.4.1981), (DRA F, Ordner Nr. 95).

32 Export - Stand der Zusammenarbeit mit NHK Japan, 21.4.1986, DRA F Ordner Nr. 65).

33 „Information zur Zusammenarbeit mit NHK“, 21.3.1980 (DRA F Ordner Nr. 92).

34 So heißt es in einer Notiz aus dem Jahre 1980, dass „bedingt durch die anderen technischen Parameter (525-Zeilen-System, 16 mm Film) und die enormen Qualitätsansprüche, sich die Verkaufsbedingungen für uns sehr schwierig gestalten [...] Für uns – so unsere Erfahrung – lassen sich Verkäufe in diesem fernöstlichen Land fast nur über Zwischenhändler realisieren.“ (Stand der Beziehungen zu japanischen TV-Stationen und Zwischenhändlern, 22.2.80 (DRA F Ordner Nr. 97). Die weiteren Aussichten des DDR-Programmexports werden 1986 so beschrieben: [...] „absehbar nur Spitzenprogramme oder sehr landesspezifische, informatorische Produktionen. Lange Besichti-

len waren es auch unterschiedliche Preisvorstellungen, die eine Übernahme attraktiver DDR-Programme durch die NHK erschwerten oder verhinderten.[35] Zudem gab es – laut einer Aktennotiz vom Sommer 1990 – „seit jeher [...] von NHK die Bestrebungen, Programmeinkäufe vom DFF mit evtl. Koproduktionen zu verrechnen."[36] Dies wurde jedoch von Ostberlin stets abgelehnt.

(2) Die NHK war bei Abschluss des Fernseh-Abkommens 1978 daran interessiert gewesen, vom DDR-Fernsehen aktuelle außenpolitische Reportagen von internationalen Brennpunkten (wie z.B. aus Äthiopien und dem südlichen Afrika) zu erhalten, zu denen die NHK selbst keine Drehgenehmigung erhielt. DDR-Fernseh-Chef ADAMECK erklärte sich dazu gegenüber der NHK unter der Bedingung bereit, „daß die Filmmaterialien, ohne daß die politische Sicht der DDR akzeptiert werden müsse, in ihrer Grundaussage nicht entstellt werden dürften." Im Übrigen setze eine kontinuierliche Zusammenarbeit eine gut funktionierende Informationsstrecke DDR-Fernsehen – NHK voraus.[37]

(3) Der eindeutige Schwerpunkt des NHK-Kooperationsinteresses lag auf der Entsendung eigener Kameragruppen zur Berichterstattung in die DDR. So wurden zwischen 1974 und 1983 von der NHK insgesamt 18 Reportagen in der DDR produziert.

(4) Zu intensiveren Arbeitskontakten zwischen Mitarbeitern des DDR-Fernsehens und der NHK kam es erstmals anlässlich des Japan-Besuches des

---

gungs- und Entscheidungszeiten, höchste Anforderungen an techn. Qualität [...]" (Export – Stand der Zusammenarbeit mit NHK Japan, 21.4.1986, DRA F Ordner Nr. 65).

35 So zuletzt nach der „politischen Wende" 1989/90 im Falle der „Aktuellen Kamera", an deren regelmäßiger Überspielung die NHK längerfristig interessiert war (dazu noch im Folgenden). Unterschiedliche Preisvorstellungen verzögerten z.B. die Übernahme des „Kaukasischen Kreidekreises", den NHK für sein Bildungsprogramm erwerben wollte (Naonori KAWAMURA [Producer, Drama Division, NHK Tokyo] an Direktor Export/Import/Programmaustausch 13. Januar 1984, DRA F Ordner Japan Verträge 1983-1987)

36 J. LINDEMANN 23.8.1990, Verkäufe Export-Import nach Japan, (DRA F Ordner Nr.65).

37 BERICHT über den Aufenthalt von Tadamasa HASHIMOTO, General Managing Director von Nippon Hoso Kyokai (NHK) Japan vom 5.-8.7.1978 (Anlage des Schreibens Dr. Kurt OTTERSBERG an Ministerium für Auswärtige Angelegenheiten Gen. FRITSCH, Leiter der Abteilung Journalistische Beziehungen vom 11.8.1978, DRA F Ordner Nr. 92).

DDR-Staatsratsvorsitzenden Erich HONECKER vom 28. bis 30. Mai 1981,[38] der auch in den japanischen Massenmedien erhebliche Aufmerksamkeit fand. Während des HONECKER-Besuches in Japan leistete die NHK der Berichterstattergruppe des DDR-Fernsehens, die nur über ein knappes Devisenbudget verfügte, großzügige logistische Unterstützung. Dabei konnten die deutschen Partner auch Erfahrungen mit ungewohnten Arbeitsformen bei der NHK machen.[39] Beide Seiten betrachteten die Zusammenarbeit während des Staatsbesuches als Impuls für eine künftig verstärkte Kooperation. Tatsächlich scheint es später zu ähnlich engen und für Ostberlin konkret nutzbringenden Arbeitsbeziehungen mit der NHK nicht wieder gekommen zu sein.[40] Für das Jahr 1986 ist der Aufenthalt eines DDR-Fernsehteams zur Berichterstattung über den offiziellen Besuch von Günter MITTAG (u.a. Sekretär des SED-Zentralkomitees für Wirtschaft) anlässlich der 15. Tagung der gemeinsamen Wirtschaftsausschüsse in Japan dokumentiert.[41]

---

38 In Vorbereitung auf den bevorstehenden Staatsbesuch, der zwischen dem X. SED-Parteitag und den Volkskammerwahlen im Juni 1981 lag, thematisierte etwa die am 12.5.1981 gesendete Hörfunk-Reportage „Tokioter Abend – Berichte und Gespräche über Tokio und Japan“ (Dauer: 2:37 h, DRA R Record 30346) verschiedenste Aspekte aus Politik, Wirtschaft und Kultur Japans In Nagasaki sprach HONECKER von der DDR als „einem deutschen Staat, der die Lehren aus der Geschichte gezogen“ habe und verwies dabei auf eine symbolische Nähe zwischen den kriegszerstörten Städten Hiroshima, Nagasaki und Dresden. In den DDR-Medien war man bemüht, die Politik der „friedlichen Koexistenz“, für die der Staatsratsvorsitzende in Japan warb, in Verbindung zu bringen mit dem Verzicht kriegerischer Gewaltanwendung in der Japanischen Verfassung.

39 „Die Denk- und Arbeitsweise bei NHK ist völlig anders als im DDR-F: Es gibt endlos lange Debattierrunden, an denen sich alle Mitarbeiter einer Abteilung beteiligen und deren Ergebnisse in den Computer eingegeben werden können. Dieser Prozeß ist für uns oft qualvoll lange, er ersetzt in verschiedenen Berufssparten die dort nicht stattgefundene gründliche Arbeitsausbildung, die in Japan oft nur als „Anlernling“ erfolgt. Diese Methode erschwert Flexibilität und macht plötzliche Umstellungen [...] oft sehr schwer. [...] Der Kampf der Gewerkschaften hat zu einigen Errungenschaften geführt, die sich als außerordentlich erschwerend für unsere Berichterstattung auswirkten, so z.B. das Prinzip „Ein Handgriff – ein Mann“. Das bedeutet in der Praxis z.B., daß wir den Tonhebel [...] nicht bedienen durften, ebenso mit allen anderen technischen Einrichtungen. Diese Frage wurde von den Gewerkschaften mit Argusaugen betrachtet [...]. („Reisebericht Berichterstattergruppe STAATSBESUCH JAPAN“, S. 4; Ulrich MAKOSCH, Chefredaktion AK; (DRA F Ordner Nr. 92).

40 Über die Zusammenarbeit zwischen dem DDR-Fernsehen und der NHK während des Staatsbesuches von Ministerpräsident NAKASONE Yasuhiro in der DDR (Januar 1987) sind den überlieferten Rundfunkakten keine konkreten Angaben zu entnehmen.

41 Die betreffenden Überspiele erfolgten jeweils über Satellit durch die NHK (Chefredaktion AK Olaf DIETZE vom 14.7.1986; DRA F, Ordner Nr. 95).

bb) Zur praktischen Umsetzung des revidierten Fernseh-Abkommens 1986-1989

Trotz aller praktischen Probleme blieb der Austausch von Fernsehmaterialien auf kommerzieller und nichtkommerzieller Grundlage auch weiterhin ein beiderseitiges Anliegen. Ein bedeutender Schritt im Rahmen der allgemeinen NHK-Politik zur Internationalisierung ihrer Nachrichtenberichterstattung war die offizielle Eröffnung des NHK-Korrespondentenbüros in Ostberlin am 23. April 1986. Der Nachrichtenaustausch begann aus Anlass des 11. SED-Parteitages im selben Monat.

NHK-Produktionen in der DDR, für die weiterhin grundsätzlich das NHK-Europabüro in Paris bzw. die Tokioter Zentrale maßgeblich verantwortlich blieb,[42] wurden auch in der Folgezeit durch bürokratische Hemmnisse behindert. So musste der NHK-Korrespondent für Filmberichte zunächst die Genehmigung der DDR-Botschaft in Tokyo einholen und danach dem DDR-Fernsehen das Vorhaben erneut, verbunden mit der Bitte um die Stellung einer Kameragruppe bzw. von Kameragruppen-Betreuern, auseinandersetzen. Die Bitte der NHK, sich zukünftig auf Verhandlungen mit dem DDR-Fernsehen beschränken zu dürfen, wurde im Juli 1987 offiziell abgelehnt.[43]

Auf der Grundlage der Kooperationsvereinbarung von 1986 war die NHK stark daran interessiert, eine eigene Berichterstattung über den DDR-Spitzensport aufzubauen.[44] Im Herbst 1986 äußerte die NHK den Wunsch einer Koproduktion über Portraits ausgewählter DDR-Athleten (Produktionszeitraum Sommer/Herbst 1987).[45] Hierzu beabsichtigte die NHK ein eigenes Produktionsteam mit eigener Aufnahmetechnik in die DDR zu schicken, während das

---

42 Dass man im Übrigen auch weiterhin vornehmlich an einer Realisierung der Projekte in der DDR durch die Tokioter NHK-Zentrale und das NHK-Büro Paris, nicht aber durch das NHK-Büro in Bonn interessiert war, machten die Verantwortlichen des DDR-Fernsehens im September 1989 einer Delegation von „NHK-Enterprise" deutlich. (Aktenvermerk über den Aufenthalt einer Delegation von NHK Tokio unter Leitung von Herrn Hiroshi URUMA, 1. Vizepräsident von NHK Enterprise, vom 25. bis 27. September 1989 in der DDR, DRA F Ordner Nr. 65).

43 Direktor für Internationale Verbindungen an NHK-Generalbüro für Europa, Naher Osten, Afrika stellv. Direktor Herrn Hiroshi URUMA, 10.7.1986 (DRA F Ordner Nr.93).

44 Nach NHK-Quotenerfolgen bei den Olympischen Spielen von Los Angeles 1984 (NHK-Reichweite: 48 Prozent; konkurrierende Privatsender: 4,3 bzw. 3,9 Prozent), deren Eröffnungsfeier die NHK mit dem neuen HDTV-Verfahren aufgezeichnet und gesendet hatte, richtete sich die NHK-Programmpolitik allgemein auf den Ausbau der Sportprogramme.

45 HA Internationale Verbindungen Sektor A/A/A Information über das Gespräch mit der Japanischen NHK-Delegation am 29.10.1986 beim DDR-Fernsehen Internationale Verbindungen, 3.11.1986 (DRA F Ordner Nr. 93).

DDR-Fernsehen die organisatorischen und produktionstechnischen Vorbereitungen übernehmen sollte. Daraus entstand eine Dokumentation über den Sport und die staatliche Sportförderung in der DDR.[46]

Bis zur politischen Wende im November 1989 kam es zu einer Reihe weiterer Projekte, in denen die Partner in unterschiedlicher Form zusammenwirkten: So erhielt der Mitarbeiter des DDR-Fernsehens Günter NERLICH im August 1987 ein Stipendium (5 Mio. Yen) der Hôsô Bunka Foundation (HBF) zur Produktion zweier Dokumentarfilme über Japan.[47] Dabei sorgte die NHK für die erforderlichen staatlichen Filmgenehmigungen und leistete organisatorische Unterstützung. Im November 1988 reiste eine Kameragruppe des DDR-Fernsehens nach Tokyo zu Dreharbeiten für einen Portraitfilm über Kammersänger Peter SCHREIER sowie einen Bericht der „Aktuellen Kamera" über das Japan-Gastspiel des Dresdner Kreuzchores und Mitgliedern der Dresdner Philharmonie.[48] Im gleichen Monat hielt sich eine vierköpfige DDR-„Jugendmediendelegation" auf Einladung des Japanischen Außenministeriums in Japan auf, wo sie u.a. auch die NHK besuchte.[49] Bis zum Ende der SED-Herrschaft führte die NHK in Ostberlin Dreharbeiten zu weiteren Projekten durch: eine Dokumentation über „historische Stadtbilder" für eine Sendung des NHK-Erziehungs-

---

46 Der 45-minütige Beitrag „Superstars für Calgary – Ostdeutschland" wurde von der NHK im Februar 1988 gesendet. Dem Bericht des Presseattachée der DDR-Botschaft in Tokyo zufolge handelte es sich um „ein realistisches Bild über den DDR-Sport und die DDR. (obwohl, wie allgemein in Japan üblich, durchgängig die Bezeichnung Ostdeutschland verwandt wurde – Anm.: auch die BRD wird generell mit Westdeutschland bezeichnet)." [Einschaetzung der Sendung der japanischen staatlichen Fernsehgesellschaft NHK am 13.2.1988, 21.45 – 22.30 Uhr, „Superstars fuer Calgary – Ostdeutschland", Tokio, 2. März 1988, DRA F Ordner Nr. 94)].

47 Günter NERLICH, Reisebericht, 7.1.1988, DRA F Ordner Nr.93. Die beiden Dokumentationen thematisierten die „Hintergründe der japanischen Wirtschaftserfolge" sowie den „Ausbildungsgang der Kinder vom Kindergarten bis zur Universität". Der zweite Film sollte in Hiroshima gedreht werden, da sich „die politischen Aussagen der Sendung hier besser realisieren" ließen. Es gelang, zwei japanische Familien zu finden, „die auch die notwendige politische Haltung zum Frieden und zur Atomfrage" besaßen. (Günter NERLICH, Reisebericht, Vorbereitung einer Filmproduktion in Japan mit den Mitteln der Hoso Bunka Foundation, Berlin, den 7.1.1988, S. 4). Geplanter Produktionsbeginn war März/April 1988.

48 DRA F Ordner Nr. 95; Reisebericht vom 14.11.1988.

49 Die Reise, an denen u.a. ein Vertreter des DDR-Jugendradios sowie des DDR-Jugendfernsehens teilnahmen, fand im Rahmen des Jugendaustausches beider Länder statt, der beim HONECKER-Besuch 1981 vereinbart worden war. Aufgrund dieser Vereinbarung bereisten bis Ende 1988 insgesamt etwa 50 deutsche und japanische Jugendliche bzw. Jugendvertreter das jeweilig andere Land (Chefredaktion Jugendfernsehen vom 12.12.1988, Reisebericht DRA F Ordner Nr. 95).

programms[50] sowie Aufnahmen für den geschichtlichen Beitrag „Der letzte Kaiser“ (Japans und Preussens Verfassung), wobei auch DDR-Wissenschaftler interviewt wurden.[51] Am 29. April 1989 kam es dann noch zu einer NHK-Live-Übertragung Ostberlin-Paris-Tokyo aus dem Ostberliner „VEB Kombinat Automatisierungsanlagenbau“.[52]

Die wohl letzte offizielle Begegnung von NHK-Vertretern und DDR-Fernsehfunktionären im alten System fand im September 1989 während eines Besuches von NHK-Generaldirektor URUMA Hiroshi in Ostberlin (25.-27.9.1989) statt.[53]

cc) Ausklang: die „politische Wende“ in der DDR

Der Umbruch in der DDR und der Systemwechsel in Mittel- und Osteuropa zogen auch in Japan das lebhafte Interesse der Massenmedien auf sich. Im Februar 1990 trat das Bonner NHK-Studio an das DDR-Fernsehen heran und bat um Informationen über die neue Fernsehstruktur, die es zur Vorbereitung eines Berichts über die Veränderungen der DDR-Medienlandschaft benötigte.[54] Ende

50 Im Juni 1988 (HA Internationale Verbindungen Redaktion Auslandsinformation, Abschlußbericht vom 30.6.1988 (DRA F Ordner Nr. 94, Japan, Schriftwechsel mit NHK, 1987-1990).

51 Ende März/Anfang April 1989 (HA Internationale Verbindungen, Abschlußbericht, Berlin, den 16.4.1989 (DRA F Ordner Nr. 94). Geplanter Sendetermin war der 8. Mai 1989).

52 In einer Vorabkalkulation für dieses Programm errechnete das DDR-Fernsehen für die eigenen technisch-organisatorischen Aufwendungen einen Betrag von rund 136.000 sfr., zuzüglich 52.000 sfr. Lizenzkosten (Übernahme von Sendungen des DDR-F) und 188.000 sfr. (Ausstrahlung eines Sonderprogramms aus der DDR) (Telex an NHK-Tokyo und NHK-Büro Paris vom 2.11.1988, DRA F Ordner Nr. 94).
Im Jugendradio DT 64 wurden am 21.01.1989 aktuelle Produktionen aus der japanischen Hitparade, die von der NHK stammten, ausgestrahlt (DRA R Record 19515).

53 Mit einer Anfrage vom Oktober 1989 bat NHK das DDR-Fernsehen, NHK-Mitarbeiter bei der Recherche in der DDR für zwei spezielle Dokumentarserien *(„Specials“)* zu unterstützen („45 Jahre nach Jalta“; ‚Über den Welt-Kommunismus‘). Der erste Film sollte bereits bis Dezember 1989 fertiggestellt werden (Übersetzung eines Telex vom 18.10.1989/NHK Paris (DRA F Ordner Nr. 94). Wahrscheinlich für die Herstellung derselben NHK-Serie, in der es u.a. um die Entstehung der „sozialistischen“ Staaten ging (geplante Ausstrahlung April 1990) bat die NHK das DDR-Fernsehen, ihren Produzenten bei vorbereitenden Recherchen zur DDR-Geschichte zu unterstützen (Telegramm Toshio ENDO/Executive Vize President/NHK Tokyo an Dr. Kurt Ottersberg, DRA F Ordner Nr. 94).

54 Die Anfrage richtete sich auf die Zahl der Zuschauer und angemeldeten TV-Geräte, die Gebührenhöhe (nachdem nun die staatlichen Zuschüsse entfallen waren) sowie die letz-

Dezember 1989 übermittelte der Chef der NHK-Nachrichtenabteilung dem neuen Vorsitzenden des „Staatlichen Komitees für Fernsehen" beim DDR-Ministerrat Hans BENTZIEN den Wunsch, ab Januar 1990 die „Aktuelle Kamera" regelmäßig in den ausländischen Nachrichten des NHK-Satellitenfernsehens auszustrahlen. Damit sollte den japanischen Zuschauern die Möglichkeit geboten werden, die ost- und westdeutschen Nachrichten zu vergleichen. Die NHK berief sich dabei auf den „Geist" des 1986 unterzeichneten Kooperationsabkommens.[55] Die Ostberliner Forderung von 750 US-Dollar pro Sendung (davon ein Drittel für technische Gebühren, der Rest für Lizenzgebühren) entsprach auf Jahresbasis einer Gesamtsumme von 270.000 Dollar. Die NHK wies dieses Angebot als überteuert zurück. Man wies darauf hin, dass der junge NHK-Satellitenkanal mit seinen gerade zwei Mio. Zuschauern nur über ein schmales Budget verfüge und im Übrigen die ZDF-Nachrichten die NHK „almost nothing" kosteten. Nach dem Scheitern der Preisverhandlungen endeten die täglichen Nachrichtenüberspiele des DDR-Fernsehens an die NHK am 25. März 1990.[56]

b) *Die Kooperation von DDR-Hörfunk und NHK*

Die Beziehungen des DDR-Hörfunks zur NHK umfassten den Austausch von Musik- und Hörspielprogrammen sowie der Beteiligung an dem von der NHK veranstalteten „Japan-Preis".

Zwischen 1962 und 1982 wurden insgesamt 8 japanische Hörspiele im DDR-Hörfunk gesendet, die wahrscheinlich auf Produktionen der NHK zurückgingen.[57] Klassische Musik übermittelte der DDR-Rundfunk beispielsweise in den Jahren 1984 und 1985 im Gesamtumfang von rund eintausend Minuten an

te Ausstrahlung des „Schwarzen Kanals" von Eduard von SCHNITZLER., Videotext-Message von NHK/Studio Bonn, vom 5.2.1990, DRA F Ordner Nr. 94.

55 Fernschreiben YAMAKA Yoshitaka an Hans BENTZIEN, 27.12.1989, DRA F Ordner Nr. 94.

56 Das letzte NHK-Angebot, das von Ostberlin abgelehnt wurde, belief sich auf 27.000 US-Dollar (Lizenz- und technische Gebühren) für 36 Sendungen „Aktuelle Kamera" (Zeitraum 10. Dezember 1989 bis 21. Januar 1990) sowie weitere 50.000 US-Dollar (Lizenz- und Technikgebühren) für ein Jahr „Aktuelle Kamera" ab 22. Januar 1990 (Fernschreiben, 19.01.1990 (Yoshio SUZUO, Chief Producer Satellite Channel NHK-Tokyo an Roland PAUL /Direktor Export und Import DDR-Fernsehen) und Fernschreiben vom 10.01.1990 (SUZUO an PAUL) DRA F Ordner Nr. 94).

57 „ANHANG Bisherige japanische Hörspielsendungen im DDR-Rundfunk" (DRA R Archivbox 5182).

die NHK und erhielt von dieser im Gegenzug rund 500 Minuten. Auch gab es eine Zusammenarbeit in der Funkdramatik.[58]

Mitte der 1980er Jahre war man in Ostberlin über den Entwicklungsstand der Hörfunkkooperation mit der NHK keineswegs zufrieden. Die maßgeblichen Gründe für das – vermeintlich – geringe japanische Interesse sah man zum einen in der allgemeinen NHK-Präferenz für das Fernsehen, zum anderen aber auch in der pro-westlichen Politik der japanischen Regierung.[59] Im Übrigen blieb für den DDR-Hörfunk die eigene Profilierung gegenüber der Bundesrepublik im NHK-Programm bis zuletzt ein ungelöstes Problem. Bei den dominierenden Musikprogrammen – so eine Notiz aus dem Jahre 1985 – werde das ost- und westdeutsche Programm stets vermischt und erscheine „als (Gesamt)-Deutsch." Auch in der Deutschen Redaktion von „Radio Japan" herrsche „großer Einfluß seitens der BRD", so dass für eventuelle Deutsch-Programme aus der DDR wenig Chancen bestünden.[60]

c) *Konkretion: Die Teilnahme des Hörfunks und Fernsehens der DDR am „Japan-Preis" der NHK*

Anlässlich des 40. Jahrestages des japanischen Rundfunks und der 2. Weltkonferenz der Rundfunkorganisationen für Hörfunk und Fernsehen im Jahre 1965 hatte die NHK den „Japan-Preis", einen zunächst zwei-, dann alljährlichen interna-

58 Im Oktober 1982 besuchte der Leiter der NHK-Hörspielabteilung den DDR-Rundfunk (HA Internationale Verbindungen EINSCHÄTZUNG Stand der Zusammenarbeit mit dem Rundfunk in Japan – NHK, 11.6.1985). Auf die im Jahre 1984 im DDR-Rundfunk veranstaltete Woche des japanischen Hörspiels wurde bereits hingewiesen.

59 „Der Rechtsruck der Regierung Nakasone ist auf militärischem und wirtschaftlichem Gebiet zu spüren [...] Im Zusammenhang damit gibt es auch immer größere Schwierigkeiten bei den Einreisen von Journalisten aus sozialistischen Ländern. Es muß sehr früh ein detaillierter Arbeitsplan für den Journalisten eingereicht werden, für den die Partnerorganisation – NHK – die volle Garantie übernehmen muß. Beispiel: Th.[omas] Silberstein." (HA Internationale Verbindungen, 2.9.1985, Vermerk über ein Gespräch mit dem DDR-Presseattaché in Japan, Gen. Uwe KÜHNEL, im IPZ, am 2.9.1985 (DRA R Archivbox Nr. 5182) An anderer Stelle heißt es: „Die sich unter der Regierung Nakasone vollzogene Rechtsentwicklung findet auch in den Medien ihren Niederschlag. Sichtbar ist auch ein Nachlassen der japanischen Aktivitäten in der Zusammenarbeit. Dabei ist zu berücksichtigen, daß NHK den Beziehungen zum Fernsehen die dominierende Rolle zumißt.[...]" (HA Internationale Verbindungen EINSCHÄTZUNG Stand der Zusammenarbeit mit dem Rundfunk in Japan – NHK, 11.6.1985, DRA R Archivbox Nr. 5182).

60 HA Internationale Verbindungen Vermerk über ein Gespräch mit dem DDR-Presseattachée in Japan, Gen. Uwe KÜHNEL, im IPZ, am 2.9.1985 (DRA R Archivbox 5182).

tionalen Wettbewerb für Bildungsprogramme (Hörfunk/Fernsehen) gestiftet. Teilnahmeberechtigt waren und sind alle Rundfunkorganisationen mit direkter oder assoziierter Mitgliedschaft in der „Internationalen Fernmeldeunion" (International Telecommunication Union – ITU). Die letzte Einladung an das DDR-Fernsehen erging zum 18. „Japan-Preis", der im April 1991 vergeben wurde.

Über die langjährige Teilnahme des DDR-Hörfunks an diesem Wettbewerb, in dessen Hörfunk-Jury erstmals 1975 ein DDR-Vertreter mitwirkte, resümiert eine Aktennotiz Mitte der 1980er Jahre:

„Wir nehmen am Japan-Preis-Wettbewerb seit 1973 teil, mit 1-2 Beiträgen v. Kinderradio/Schulfunk. [...] Unsere Beteiligung gehört zu den wenigen Aktivitäten gegenüber unserer Partner-Station NHK, die uns außer Musik- und Hörspiel-Austausch möglich ist [...] in den vergangenen Jahren haben wir niemals einen der Preise oder den Japan-Preis gewonnen. Unsere Beiträge waren inhaltlich sehr gehaltvoll, aber in der Form nicht interessant oder rundfunk-spezifisch genug. [...] Gewinner von Preisen innerhalb des Wettbewerbs waren dagegen die Rundfunk- und Fernsehstationen UDSSR, Ungarn, der CSSR, Polens und Yugoslawiens [...]".[61]

1987 wurde erstmals ein Vertreter des DDR-Fernsehens – der Chefredakteur für populärwissenschaftliche Programme, Dieter WILKENDORF – von der NHK in die Jury des „Japan-Preises" (Fernsehen) berufen.[62] Der Berichterstatter sah die Bedeutung seiner Teilnahme in der Jury vor allem:[63]

„– im Ausweis der sich allgemein entwickelnden internationalen Beziehungen unseres DDR-Fernsehens,

– in der Repräsentanz unseres Landes im Sinne der Friedenspolitik und der aktiven Politik der Weltoffenheit unseres Staates,

---

61 Notiz „Betr. Unsere Teilnahme am Japan-Preis" vom 18.3.1985 (DRA R Archivbox 5182).

62 Dieter WILKENDORF, Reisebericht vom 28.10.-12.11.1987 über die Teilnahme in der Jury zum „16. Japan-Preis" in Tokio. (DRA F Ordner Nr. 94). Der Jury gehörten Vertreter folgender Länder an: Australien, DDR, Großbritannien, Japan (3) Kenia, Mexiko, Monaco, Norwegen, Sri Lanka, Ungarn, USA (2) VR China. Zur Charakterisierung der Gremienarbeit heißt es: „Das politische Klima in der Jury und im gesamten Beobachterkollektiv würde ich als eine Atmosphäre im Sinne der Ideologie ‚bürgerlicher Humanismus' bezeichnen. Es gab weder – bis auf Einzelfälle – Angriffe auf bestehende gesellschaftliche Realitäten, noch deutlichere Anzeichen auf antikommunistische Angriffe. Die Grundatmosphäre war deutlich von Friedenspositionen bestimmt und von einem allgemeinen Erziehungsanliegen im Sinne bürgerlicher Persönlichkeitsentwicklung. [...]".

63 Dieter WILKENDORF, Reisebericht vom 28.10.-12.11.1987 über die Teilnahme in der Jury zum „16. Japan-Preis" in Tokio, S. 2. (DRA F Ordner Nr. 94).

– in der Auswahl unseres Staates im Hinblick auf die BRD, deren Vertreter eine große Aktivität in Bezug auf die Verbindungen zu Japan und seinem Fernsehen, vor allem NHK, entwickelten,

– in der Erweiterung des traditionellen Kreises der Auswahl der Jury-Mitglieder und der Erweiterung der Vertretung sozialistischer Länder (bisher nur Ungarn),

– in der Möglichkeit, vor anderen leitenden Vertretern auf dem Gebiet des Erziehungs- und Fernsehwesens unsere Positionen ins Gespräch zu bringen und Möglichkeiten für eine weitere Zusammenarbeit zu erschließen, wenn es die Leitung für angemessen hält. [...]".

Den Angeboten der „Japan-Preis"-Leihbibliothek,[64] die gemäß einem Grundanliegen des Wettbewerbs qualitative Maßstäbe für den internationalen Programmaustausch setzen sollten, konnten allerdings weder die OIRT, noch die Funktionäre des DDR-Hörfunks und -Fernsehens viel abgewinnen, wie die „HA Internationale Verbindungen (Hörfunk)" 1979 feststellte:

„[...] für uns rentiert es sich nicht, da wir mit den nichtsozialistischen Beiträgen nichts anfangen können. DDR-Fernsehen ist der gleichen Meinung. Zu Studienzwecken kann man sich die einzelnen Beiträge bestellen."[65]

Es entbehrt nicht einer tieferen Ironie, dass ein Jahrzehnt später gerade die Reportage des DDR-Fernsehens über den Fall der Mauer am 9. Novembers 1989 mit dem „Japan-Preis" der NHK ausgezeichnet wurde.

C. Die Beziehungen des DDR-Fernsehens zu japanischen Privatsendern

Neben den Beziehungen zur NHK erlangten die Verbindungen zwischen dem DDR-Fernsehen und japanischen Privatsendern, namentlich NTV und TV-Asahi, in den 1980er Jahren an Bedeutung.

---

64 Für den Europäischen Raum übertrug die NHK dem Bayerischen Rundfunk 1974 die Einrichtung der Japan-Preis-Bibliothek.

65 HA Internationale Verbindungen – Einschätzung zum Stand der Zusammenarbeit mit Nippon Hoso Kyokai, 30.5.1979, DRA Archivbox Nr. 5182.

I. Die Zusammenarbeit mit Nippon Televison Network (NTV)

Früher als andere japanische Privatsender hatte sich NTV um die Aufnahme von Kontakten zu Fernsehorganisationen ‚sozialistischer' Staaten bemüht.[66] Im Beisein von NTV-Präsident KOBAYASHI Yosoji[67] wurde am 27. Oktober 1980 in Ostberlin ein Kooperationsabkommen zwischen dem „Staatlichen Komitee für Fernsehen" und dem japanischen Privatsender unterzeichnet.[68] Ergänzt wurde der Vertrag durch eine Sondervereinbarung zur Durchführung einer größeren öffentlichen DDR-Filmschau in Tokyo. Das Kooperationsabkommen sah neben dem kommerziellen Aktualitätenaustausch u.a. gemeinsame Koproduktionen, die gegenseitige Unterstützung bei der Programmproduktion sowie bei der Durchführung von Satellitenüberspielen vor. Für die Ostberliner Strategie, sowohl mit dem Staatlichen Fernsehen NHK als auch mit der größten kommerziellen Anstalt NTV vertragliche Beziehungen einzugehen, waren folgende Überlegungen maßgeblich:

„Trotz existierenden Abkommens konnte in der Arbeit mit NHK hinsichtlich des Programmaustausches kein wesentlicher Erfolg verzeichnet werden. Eine Änderung dieser Situation ist auch in den kommenden Monaten nicht zu erwarten. NHK ist dem gegenüber stets interessiert, Kameragruppen zur Berichterstattung in die DDR zu entsenden [...] Erfolgversprechender scheint die Zusammenarbeit mit NTV zu werden. Es ist gelungen [...] eine Sondervereinbarung zu unterzeichnen, die die Durchführung einer Woche mit Programmen aus der DDR in Japan vorsieht. [...] Das Hauptinteresse von NTV an einer Zusammenarbeit mit dem DDR-F[ernsehen] besteht offensichtlich in der Suche nach Möglichkeiten einer exklusiven aktuellen politischen Berichterstattung über die DDR. [...] NTV hat in der Vergangenheit beim DDR-F keine Reportagen produziert, jedoch in Zusammenarbeit mit dem Reisebüro der DDR im März 1980 eine sehr positive DDR-Reportage ausgestrahlt und im September eine ähnlich

66 Bereits seit 1975 unterhielt NTV vertragliche Kooperationsbeziehungen mit dem Ungarischen Staatsfernsehen (MTV).

67 KOBAYASHI Yosoji: (1913-1999); Rechtsstudium an der Tokyo Universität; 1936 im Innenministerium *(Naimushô)* tätig; 1958-63 Stellvertretender Minister des Inneren, danach Manager in der Privatwirtschaft: Vizepräsident der Yomiuri Shimbun, ab Mai 1970 Präsident von NTV; 1975-78 Präsident des Verbandes der Privatsender Japans; seit Ende Juni 1981 Vorsitzender des Verwaltungsrates und Präsident der Yomiuri-Shimbun; Präsident der japanischen UNESCO-Sektion, Mitglied des Instituts de France, Korresp. Mitglied der Akademie der Schönen Künste der DDR, Träger internationaler Auszeichnungen, u.a. des Bundesverdienstkreuzes der Bundesrepublik Deutschland; Ehrendoktor der Humboldt-Universität. Zu einem ersten Kontakt zwischen KOBAYASHI und OTTERSBERG kam es im Frühjahr 1980 anlässlich der II. Weltkonferenz der Hörfunk- und Fernsehgesellschaften in Tokyo.

68 Abdruck des Vertragstextes im Anhang.

geartete in der DDR produziert. Angesichts der durch den Präsidenten von NTV in Berlin bekundeten Kooperationsbereitschaft scheint eine gute Basis für den Ausbau der Kontakte mit NTV gegeben zu sein, was mit NHK nicht in gleichem Maße wahrscheinlich ist."[69]

Die Initiative zur Vereinbarung der DDR-Filmwoche war von KOBAYASHI ausgegangen, der eine ausgeprägte Sympathie gegenüber der DDR und deren Landeskultur hegte. KOBAYASHI war in seiner Zeit als NTV-Präsident vielleicht der bestvertraute Ansprechpartner des DDR-Fernsehens in Japan. Er zeigte dabei auch durchaus Sinn für große symbolische Gesten.[70] Allerdings kam auch mit NTV kein größerer Programmaustausch zustande. Zwischen 1980 und 1982 erwarb das DDR-Fernsehen von dem japanischen Privatsender 1 Dokumentarfilm und 1 Unterhaltungsprogramm, bis 1987 insgesamt nur 5 Programme. Der japanische Sender übernahm mindestens bis 1987 trotz regelmäßiger Angebote überhaupt keine DDR-Produktionen.[71] Aus Sicht des DDR-Fernsehens ging es gegenüber NTV vor allem darum, „das bekannte japanische Interesse an der Exklusiv-Live-Übernahme wichtiger kultureller Veranstaltungen auszunutzen",[72] womit vor allem Konzert- und Opernaufführungen gemeint waren. Einen Höhepunkt in der Zusammenarbeit stellte der Japan-Besuch einer hochrangigen DDR-Fernseh-Delegation unter der Leitung von Heinz ADAMECK dar, der vom 17. bis 25. September 1982 auf Einladung des NTV-Präsidenten stattfand.[73] Anlass des Besuches war die Eröffnung der 1980 vereinbarten DDR-Filmsonderschau, die vom 24. September bis 6. Oktober im Audiovisuellen Zentrum der Japanischen Fernsehgesellschaften in Tokyo stattfand.[74] Die Tatsache, dass Fernsehchef ADAMECK auf Beschluss des Sekreta-

---

69 Stand und Probleme der Zusammenarbeit mit dem Japanischen Fernsehen (undatiert, vermutlich Anfang 1981), DRA F Ordner 97.

70 Auf Initiative des NTV-Präsidenten wurden dem DDR-Fernsehen durch den japanischen Botschafter im November 1981 fünfhundert Kirschbaumsetzlinge übergeben. Im Gegenzug schickte Ostberlin fünfhundert Linden an den NTV-Park, um in Tokyo einen Straßenzug „Unter den Linden" entstehen zu lassen. Die Linden wurden vom NTV-Präsidenten u.a. an den Gouverneur von Osaka übergeben (Information für die Gespräche mit Yosoji Kobayashi, Präsident der Nippon Television Network Corporation, DRA F Ordner Nr. 95) (DRA F Ordner Nr. 95).

71 Direktor Export – Import, Stand der Zusammenarbeit mit NTV, 20.5.1987 (DRA F Ordner Nr. 65) Zur Zusammenarbeit DDR-F – NTV (DRA F Ordner Nr. 97).

72 DRA F Ordner Nr. 95.

73 ADAMECK wurde begleitet vom Direktor für Internationale Verbindungen, Dr. Kurt OTTERSBERG, sowie Dr. H.-J. SEIDOWSKY, Leiter Programmaustausch und Film beim DDR-Fernsehen.

74 Veranstalter war die „Nippon Audio-Visual Library" (NAVL). Die Auswahl der DDR-Filme erfolgte im März 1981 durch einen japanischen Dokumentarfilmregisseur, einen

riates des Zentralkomitees der SED persönlich nach Tokyo angereist war, demonstrierte sowohl das kulturpolitische Gewicht, das Ostberlin dieser Veranstaltung zumaß, als auch die hohen deutschen Erwartungen in eine künftige Kooperation mit NTV und dessen einflussreichen Präsidenten. Im Vergleich mit der NHK – so meinte die DDR-Botschaft 1982 – sei „NTV nach wie vor zu besonderen Leistungen in der Zusammenarbeit bereit".[75] Die zweiwöchige Filmschau mit ihren rund eintausend Besuchern wurde zwar nicht als überwältigender, doch aber als beachtlicher Erfolg gewertet. Als Gegenstück zu dieser Veranstaltung wurde eine Woche mit Programmen von NTV in der DDR für Oktober 1983 vereinbart.[76] Es galt nun – wie der Reisebericht der DDR-Fernsehfunktionäre ausführt – nicht nur die „Positionen zu halten, sondern sogar in den japanischen Massenmedien kontinuierlich und planmäßig auf lange Perspektive hinaus auszubauen."[77] Die „wachsende Rolle der DDR in der politischen Arena, der klare politische Kurs unserer Partei- und Staatsführung, die ökonomische Stabilität und die reichen kulturellen Traditionen, die auf dem Territorium der DDR lebendig sind" schienen hierfür die geeignete Basis abzugeben. Folgt man der Darstellung in den überlieferten DDR-Fernsehakten, so entwickelte NTV-Präsident KOBAYASHI überaus kühne Visionen einer künftigen Zusammenarbeit mit dem DDR-Fernsehen. In seiner Ansprache zur Tokioter Filmschau hatte er darauf hingewiesen, dass die Japaner „bisher sehr wenig über die DDR, ihre großen Leistungen erfahren" hätten und „es an der Zeit sei, das zu korrigieren", zumal sich „auf dem Territorium der DDR die größten kulturellen Güter des deutschen Volkes" befänden.[78] Hierzu schlug der NTV-Präsident dem DDR-Fernsehen Kooperationsprojekte zu spektakulären kulturellen Ereignissen vor, wie etwa die Einladung führender DDR-Orchester im Bachjahr 1985, die Veranstaltung eines internationalen Bach-Symposiums in Japan sowie die Ausstellung

---

NAVL-Mitarbeiter. NTV übernahm einige der gezeigten Beiträge für sein Fernsehprogramm.

75 Botschaft der DDR in Japan, Politische Abteilung, Vermerk über ein Gespräch mit der Abteilung Internationale Beziehungen der Fernsehanstalt NTV am 23.3.1982, Tokyo, den 13.4.1982 (DRA F Ordner Nr. 95).

76 Botschaft der DDR in Japan – Politische Abteilung, 14.2.1983, Vermerk zu den Ergebnissen eines Japan-Aufenthaltes des Direktors für Programmaustausch beim Fernsehen der DDR, Gen. Dr. SEIDOWSKY, vom 2.2. bis 10.2.1983 (DRA F Ordner Nr. 93).

77 Bericht über den Aufenthalt einer Delegation des Staatlichen Komitees für Fernsehen beim Ministerrat der DDR unter der Leitung seines Vorsitzenden, Genossen Heinz Adameck, in Japan 17. bis 25. September 1982, S. 2 (DRA F Ordner Nr. 96).

78 Zitiert nach Bericht über den Aufenthalt einer Delegation des Staatlichen Komitees für Fernsehen beim Ministerrat der DDR unter der Leitung seines Vorsitzenden, Genossen Heinz Adameck, in Japan 17. bis 25. September 1982, S. 5 (DRA F Ordner Nr. 96).

von Kunstschätzen aus DDR-Museen in Tokyo.[79] Bei einem späteren Treffen 1983 mit dem Leiter für Programmaustausch und Film des DDR-Fernsehens SEIDOWSKY in Tokyo erläuterte KOBAYASHI angeblich seine Idee eines „gewaltigen DDR-Festivals 1985 in Japan". KOBAYASHI – so der Reisebericht SEIDOWSKYs – beabsichtige damit, „komplex im Bewußtsein der Bevölkerung Japans eine Wende von der BRD auf die DDR zu vollziehen." Der japanischen Bevölkerung solle gezeigt werden, dass die deutsche Kultur ihre eigentliche Heimat auf dem Territorium der DDR habe.[80] NTV bekundete darüber hinaus, ähnlich wie die NHK, das besondere Interesse, künftig regelmäßig eigene Kamerateams in die DDR zu entsenden, um über diese in Japan verstärkt zu informieren. Auf deutscher Seite erklärte man sich bereit zu prüfen, ob NTV-Programme in Zukunft im DDR-Fernsehen verwendet oder evt. auch anderen deutschsprachigen Fernsehanstalten angeboten werden könnten. Im Vergleich zu diesen ambitiösen Ideen entwickelte sich die Zusammenarbeit eher bescheiden. Dies galt, wie bereits erwähnt, insbesondere für den Programmaustausch. Im Oktober 1984 fand in Ostberlin eine NTV-Fernsehwoche mit 13 Filmen statt, an deren Eröffnung auch der neue NTV-Präsident TAKAGI und der japanische Botschafter in der DDR teilnahmen. Erst unter den veränderten politischen Verhältnissen erfolgte dann im Juni 1990 die Eröffnung des NTV-Büros in Ostberlin.

II. Die Zusammenarbeit des DDR-Fernsehens mit TV-Asahi

1. Kooperationsinteressen

Zu ersten Kontakten zwischen dem DDR-Fernsehen und TV-Asahi war es auf japanische Initiative im November 1981 gekommen, als der erste Vizepräsident des Privatsenders MIURA Kineji die DDR besuchte. Konkretere Verhandlungen zwischen dem DDR-Fernsehen und TV-Asahi wurden durch den Japan-Besuch der ADAMECK-Delegation im Herbst 1982 angebahnt. Das Interesse von TV-Asahi richtete sich vor allem auf den Bezug exklusiver Nachrichten sowie Live-

---

79 Bericht (S. 6) über den Aufenthalt einer Delegation des Staatlichen Komitees für Fernsehen beim Ministerrat der DDR unter der Leitung seines Vorsitzenden, Genossen Heinz Adameck, in Japan 17. bis 25. September 1982, S. 2 (DRA F Ordner Nr.96). Dementsprechend empfahl der Reisebericht, „das japanische Interesse an politischen und kulturellen Höhepunkten durch Direktangebote" (Festakt zum 100. Geburtstag Richard Wagners, Eröffnung der Semper-Oper) „oder anderen spektakulären kulturellen Ereignissen" zu berücksichtigen.

80 Bereich Programmaustausch und Film Dr. H.-J. SEIDOWSKY, Reisebericht Manila/ Tokyo vom 24.1. bis 11.2.1983, Berlin, den 13.2.1983, S.5, (Ordner DRA F Nr. 97).

Übertragungen aus der DDR (insbesondere Sport, daneben auch Politik).[81] Nachdem der in Tokyo präsentierte Ostberliner Entwurf eines Kooperationsabkommens von TV-Asahi „als zu konkret" zurückgewiesen worden war, kamen beide Seiten überein, einen durch den japanischen Partner aufgesetzten allgemein gehaltenen Vertragsentwurf während eines für Mai 1983 angesetzten Gegenbesuches des TV-Asahi-Präsidenten NAKAGAWA Eizô in der DDR zu unterzeichnen. Die Unterzeichnung eines konkreten Kooperationsabkommens erfolgte am 24. Oktober 1984 in Ostberlin.[82] Seit Ende 1983 bemühte sich der Wiener Korrespondent von TV-Asahi um eine Zweitakkreditierung für die DDR, die aber von den DDR-Behörden abgelehnt wurde, da nach ständiger DDR-Praxis im Ausland erstakkreditierten Journalisten lediglich der Status von Reisekorrespondenten zuerkannt wurde.[83]

Aus Ostberliner Sicht empfahl sich TV-Asahi als Partner des DDR-Fernsehens aus mehreren Gründen: der Privatsender hatte im März 1977 (damals noch unter der Bezeichnung: „Nippon Educational Television" – NET) die Übertragungsrechte für die von den meisten westlichen Staaten boykottierte Moskauer Olympiade 1980 erworben.[84] Bereits 1981 trat TV-Asahi als erster kommerzieller Sender der OIRT als assoziiertes Mitglied bei. Neben dem frühen Interesse an der Zusammenarbeit mit Rundfunkanstalten in den „sozialistischen" Ländern erschien die allgemeine „bügerlich-liberale politische Grundhaltung"

---

81 Bericht (S. 9) über den Aufenthalt einer Delegation des Staatlichen Komitees für Fernsehen beim Ministerrat der DDR unter der Leitung seines Vorsitzenden, Genossen Heinz Adameck, in Japan 17. bis 25. September 1982, S. 2 (DRA F Ordner Nr. 96).

82 Unterzeichner: DDR-Fernsehchef ADAMECK und TV-Asahi-Programmdirektor NARAI.

83 Information (19.10.1984) für ein Gespräch mit einer Delegation der japanischen Fernsehgesellschaft Asahi National Broadcasting Co., Ltd. – TV-Asahi unter Leitung von Herrn Junichi NARAI, Direktor für Programme, Information und Sport, am 24.10.1984 (DRA F Ordner Nr. 96).

84 Der Erwerb der Übertragungsrechte für die Moskauer Olympiade (Preis: 1,9 Mrd. Yen) bedeutete für TV-Asahi (NET) einen Triumph über die NHK, die bis dahin stets die Exklusivrechte für ausländische Sportgroßereignisse dieser Bedeutung erworben und die Materialien dann den kommerziellen Sendern zur Verfügung gestellt hatte. Nach Darstellung von SHIMA Keiji (1927-1996, NHK-Präsident 1989-91) hatte NET die Senderechte aufgrund der langjährigen persönlichen Kontakte von MIURA Kineji zu sowjetischen Regierungsstellen erhalten. Die Auseinandersetzung zwischen TV-Asahi und der NHK wurde schließlich unter Mitwirkung des damaligen Ministerpräsidenten ÔHIRA Masayoshi mit dem Ergebnis geschlichtet, dass der Privatsender neben seiner täglichen Olympia-Berichterstattung der NHK einen Teil der Bilder überließ, die dann in den NHK-Nachrichten gesendet wurden (SHIMA Keiji, *Shimageji Fûunroku – Hôsô to Kenryoku 40-Nen*, [Wind und Wolken, Keiji SHIMA – 40 Jahre Rundfunk und Macht] 1995, S. 40 ff.; NHK-*Nenkan* [Jahrbuch] 1981, S. 6).

des Asahi-Medien-Konzerns als weiteres Prae.[85] Die kritische Grundhaltung des Senders gegenüber der japanischen Regierung – so heißt es in einer Einschätzung (aus dem Jahre 1986 oder 1987) – artikuliere sich besonders in Sicherheits- und Verteidigungsfragen. Insgesamt stehe der Asahi-Konzern für die Erhaltung und Weiterführung des politischen Dialogs und entwickle hierzu entsprechende Aktivitäten.[86] Auch wenn man TV-Asahi nicht unbedingt zutraute, ein „objektives Bild" von der DDR in Japan zu vermitteln, so erhoffte sich die deutsche Seite bei Abschluss des Kooperationsabkommens 1983 doch jedenfalls finanziell einträgliche Geschäftsbeziehungen mit dem japanischen Partner:

„Die sowjetischen Genossen schätzen die Kontakte zu Asahi ebenfalls als korrekt und finanziell gewinnbringend ein. Nach ihrer Meinung versucht Asahi, von den mangelnden Aktivitäten von NHK in bezug auf die Berichterstattung aus sozialistischen Ländern zu profitieren und in diesem Sinne einen Nachholbedarf zu befriedigen. Wie Gen. Koroljow (Anmerkung: TSS) informierte, ist Asahi insbesondere an Beiträgen interessiert, die nicht das alltägliche Leben in einem sozialistischen Land, sondern die „exotischen" Besonderheiten widerspiegeln, so z.B. die mit hohem technischen Aufwand betriebene Berichterstattung aus einem kleinen Dorf im Kaukasus, in dem mehrere 100-jährige Bürger leben.

In diesem Sinne ist zu erwarten, daß das Interesse an der DDR sich ebenfalls weniger an der sozialistischen Gegenwart als vielmehr an bestimmten Klischees orientieren wird, die in Japan noch über die vergangene deutsche Geschichte, Traditionen und kulturelle Besonderheiten existieren."[87]

2. *Zur praktischen Umsetzung des Kooperationsabkommens*

(a) Förderung kultureller und sportlicher Veranstaltungen: Unter den Privatsendern Japans profiliert sich TV-Asahi traditionell u.a. als Organisator und Schirmherr nationaler wie internationaler kultureller und sportlicher Großveranstaltungen. Auch die Kooperation des Senders mit dem Fernsehen und anderen staatlichen Einrichtungen der DDR entfaltete sich vorrangig im Bereich der Kultur.

Hierzu führt eine Akteninformation aus dem Jahre 1986 oder 1987 aus: „Die Beziehungen mit der DDR konzentrierten sich bisher auf den Kulturbereich. ABC [Asahi Broadcasting Corporation] trat als Schirmherr des Gastspiels

---

85 Information über den Stand der Zusammenarbeit mit TV Asahi, 2.11.88, DRA F Ordner Nr. 96).

86 Kurzinformation zur Asahi Broadcasting Corporation (DRA F Ordner Nr. 96).

87 (Information für das Gespräch mit Eizo Nakagawa, Präsident von Asahi National Broadcasting Co. Ltd, S. 2; (DRA F Ordner Nr. 96).

der Deutschen Staatsoper Berlin 1983 sowie des Staatszirkus 1985 auf. Bisheriger Höhepunkt der Beziehungen war die Verleihung des „Grand Prix 85“ der ABC Symphony Hall, eines mit 3 Millionen Yen dotierten Preises für das beste Gastspiel, an den Thomanerchor, Gewandhausorchester sowie seine Solisten im Jahre 1985 [...] Die Verleihung des „Grand Prix 85“ war Anlaß für die Einladung des Aufsichtsratsvorsitzenden von ABC, Kiyoshi Hara, in die DDR durch den Minister für Kultur [...].“[88]

Im September 1984 hatte das DDR-Fernsehen vom Acht-Nationen-Cup der Leichtathletik aus Tokio berichtet, dabei konnte gegenüber TV-Asahi „der Preis für die Lizenz von 100.000 US-Dollar auf 4.000 US-Dollar heruntergehandelt werden.“[89]

Ebenfalls auf Einladung des DDR-Kulturministers hielten sich im Juni 1987 führende Vertreter von TV-Asahi in der DDR auf.[90]

(b) Unterstützung von Kameragruppen: Während das DDR-Fernsehen bis Ende 1986 drei Sportprogramme an TV-Asahi verkaufen konnte, lag der Schwerpunkt der Zusammenarbeit bis zum Fall der Mauer bei der Unterstützung von Asahi-Berichterstattern und -Kamerateams in der DDR, z.B. bei der Beantragung von Einreisevisen und Drehgenehmigungen sowie der Organisation der Dreharbeiten.

Im September 1988 drehte ein Produktionsteam von TV-Asahi die Dokumentation „Maihime“ das Berlin des MORI Ôgai in Ostberlin.[91] Es handelte sich um eine deutsch-deutsch-japanische Koproduktion. TV-Asahi plante zu diesem Zeitpunkt weitere Dreharbeiten in der DDR über den Hochleistungssport, die deutsch-deutschen Beziehungen, das Berlin der 1920er Jahre, die Berliner Mauer, die Kulturgeschichte der Elbe sowie über Potsdam. Am 4. und 5. November 1988 hielt sich TV-Asahi-Präsident TASHIRO Kikuo anlässlich der Fertigstellung der Dreharbeiten zum „Tanzmädchen“ in Ostberlin auf, wo er DDR-Athleten für deren Teilnahme am Internationalen Leichtathletikwettbewerb in Tokyo (8.10.1988) dankte.

---

88 Kurzinformation zur Asahi Broadcasting Corporation (verfasst 1986 oder 1987), S. 2/3, DRA F Ordner Nr. 96.

89 ASAHI NATIONAL BROADCASTING CO. (ASAHI TV), DRA F Ordner Nr. 96.

90 Es handelte sich um den Präsidenten von TV-Asahi Osaka, HARA Kiyoshi, sowie den Direktor für Internationale Zusammenarbeit, IMAMURA Ekizô (ASAHI NATIONAL BROADCASTING CO. [ASAHI-TV, ohne Datum), DRA F Ordner Nr. 96.

91 Auf der Grundlage des Tagebuchs des Militärarztes und Schriftstellers MORI Ôgai (1862-1922), der sich 1884-1889 zu einem Studienaufenthalt in Deutschland aufhielt. Die autobiographische Novelle „Das Tanzmädchen“ *(Maihime)* entstand 1889/1890.

(c) Nach der „politischen Wende“: Als erste ausländische Fernsehanstalt eröffnete TV-Asahi am 9. März 1990 ein Büro in Berlin-Adlershof mit direkter Berichterstattung nach Tokyo.[92] Aus den Akten des DDR-Fernsehens ergibt sich ferner, dass der japanische Sender 1990 u.a. Ausschnittmaterialien der Sendungen „ELF 99“, „Aktuelle Kamera“, „Klartext“ erwarb,[93] also von Programmen, die für die Berichterstattung über den politischen Systemwechsel in der DDR besonders attraktiv waren. Zu den Konditionen der Programmübernahme sind keine konkreten Informationen überliefert.

III. Die Zusammenarbeit des DDR-Hörfunks und -Fernsehens mit sonstigen japanischen Privatsendern

Auch gegenüber anderen japanischen Fernseh- und Filmgesellschaften bemühte sich das DDR-Fernsehen um die Aufnahme von Geschäftsbeziehungen, die wegen ihrer untergeordneten praktischen Bedeutung hier jedoch nur kurz zu erwähnen sind:

(1) Zu Beginn der 1980er Jahre trug der Leiter Programmaustausch des DDR-Fernsehens, SEIDOWSKY, auf seiner Japanreise zur Filmbesichtigung bei den größten japanischen Spielfilmproduzenten (15.03. – 31.03.1981) dem Sender „Kanal 12“ (Tokyo – heute: „TV-Tokyo“) das Interesse vor, „normale kommerzielle Beziehungen zu entwickeln“.[94] Soweit ersichtlich, ergaben sich hieraus jedoch keine nennenswerten geschäftlichen Kontakte.

(2) Im Bereich des Hörfunks kam es am 5. November 1987 in Ostberlin zwischen dem „Staatlichen Komitee für Rundfunk“ und FM Tokyo Broadcasting Co., Ltd (heute: „Tokyo FM Broadcasting Co., Ltd.“) zur Unterzeichnung eines „Kooperations-Protokolls“ über einen regelmäßigen nichtkommerziellen Austausch von Musikprogrammen aller Genres. Die Vereinbarung umfasste die Übermittlung von Konzertangeboten und Studioproduktionen rundfunkeigener

92 Die Eröffnung des TV-Asahi-Generalbüros für Westeuropa in Paris erfolgte im Mai 1990. Zum 1. Jahrestag der Maueröffnung organisierte der Sender mit Unterstützung des DFF einen Marathonlauf durch den Ost- und Westteil Berlins.

93 J. LINDEMANN 23.8.1990, Verkäufe Export-Import nach Japan (DRA F Ordner Nr. 65).

94 (Bereich Programmaustausch und Film, Dr. H.-J. SEIDOWSKY/Koll. R. PAUL, Reisebericht, Berlin 2.4.1981, DRA F Ordner Nr. 95).

Klangkörper; Angebote von Musikfestivals sowie die Zusendung von „Spitzenhits, Rock-, Pop- und Beatmusik aus der nationalen Produktion".[95]

Über die Umsetzung dieses Protokolls enthalten die überlieferten DDR-Hörfunkakten keine konkreten Informationen.

Anhang

I. Programmaustausch, Produktionen japanischer Sender in der DDR

1. Verkäufe des DDR-Fernsehens an die NHK[96]

Jahr	Exportierte Programme	Dauer	Bemerkungen
1969	„Kinderprogramm"	(*)	
1970-1978	Nur Angaben für 1972: „Sandmann", „Wetterbericht", „Werbestreifen"	(*)	u.a. Angebote von Brecht-Produktionen zum Brecht-Jahr 1978; NHK bekundete Interesse an Felsenstein-Inszenierung ‚Othello' (DDR-Preisangebot: 80.000 DM blieb von NHK unbeantwortet)
1979	„Von Elbflorenz bis Königstein"	10 Min.	
1980-1983	Keine Verkäufe		

95 Artikel 1 des Protokolls (DRA R Archivbox 5711); Unterzeichner: Achim BECKER und TSUDA Ryôichi.

96 Zusammengestellt aus: Japan 1972 (Import Export), DRA F Ordner Nr. 92, Stand der Beziehungen zu japanischen TV-Stationen und Zwischenhändlern, 22.2.1980 (DRA F Ordner Nr. 97); Export – Stand der Zusammenarbeit mit NHK Japan, 21.4.1986 (DRA F Ordner Nr. 65); J. LINDEMANN 23.8.1990, Verkäufe Export-Import nach Japan, (DRA F Ordner Nr.65); Von Abt. Export an HA Int. Verbindungen Koll. Ebert, 31.10.1989 (DRA F Ordner Nr.65), Übersicht der Programmverkäufe, 23.8.1990, DRA F Ordner Nr. 65.

1984	„Der Kaukasische Kreidekreis“	158 Min.	Verkauf an NHK International (28.000 DM), Ausstrahlung regional
1985	2 Programme: „Auf den Spuren des Elbe-Bibers“; „Der Vogel Greif“	30 bzw. 24 Min.	(11.400 DM)
1986	Keine Verkäufe		
1987	„Paulines zweites Leben“ (wurde synchronisiert)	91 Min.	
	Festkonzert Eröffnung 750 Jahre Berlin	110 Min.	
	Zwei Ausschnitte (Publizistik)	insges. 3 Minuten	(davon 1 Minute historischer Festumzug 750 Jahre Berlin kostenlos)
1988	„Der Kaukasische Kreidekreis“	3 Min.	Wiederholte Ausstrahlung eines Ausschnitts
	„Ansichtskarte: Wasserspiele Sanssouci“	15 Min.	Verkauf an „NHK-Enterprise“
	„Ansichtskarte: Lauschaer Glas“	15 Min.	Verkauf an „NHK-Enterprise“
	„Lieder zum Fest“ 1987	43 Min.	Verkauf an NHK über Pariser Büro
1989	Ausschnittmaterial: „Aktuelle Kamera“ und sonstige Publizistik	(*)	
1990	98 Sendungen „Aktuelle Kamera“	(*)	Tägliche Nachrichtenüberspiele enden am 25. März 1990 nach gescheiterten Preisverhandlungen
	20 Sendungen „Donnerstags-Gespräch“	(*)	
	Diverses Ausschnitt-Material	(*)	

(*) Dauer unbekannt

2. *Produktionen japanischer Privatsender in der DDR bis Ende 1987*[97]

Rundfunkgesellschaft	Datum	Thema
Mainichi TV	April 1986	XI. SED-Parteitag
TV-Asahi	April/Mai 1986	Gewandhausorchester (Recherche und Produktion)
Fuji-News (Bonn)	August 1986	„Staatsgrenze"
TBS, TV-Asahi, NTV, Fuji-TV	Januar 1987	Staatsbesuch Ministerpräsident NAKASONE in der DDR
NTV, TBS, Fuji-TV, Yomiuri TV; Mainichi-TV	Mai 1987	Tagung des Politisch Beratenden Ausschusses des Warschauer Paktes in Ostberlin
TV-Asahi	Juli 1987	750-Jahrfeier Berlin (Historischer Festumzug)
TV-Asahi	November 1987; [fortgeführt im September 1988]	„Das Tanzmädchen" (MORI Ôgai)

II. Kooperationsabkommen zwischen Japan und der DDR im Bereich Hörfunk und Fernsehen

1. *Vereinbarung zwischen dem Staatlichen Komitee für Fernsehen beim Ministerrat des Deutschen Demokratischen Republik und Nippon Hoso Kyokai über die Zusammenarbeit auf dem Gebiete des Fernsehens (1978)*[98]

Das Staatliche Komitee für Fernsehen beim Ministerrat der Deutschen Demokratischen Republik und Nippon Hoso Kyokai bekunden hiermit ihre Ansicht, die Zusammenarbeit auf dem Gebiete des Fernsehens zur Vertiefung des gegenseitigen Verständnisses zwischen den beiden Ländern zu verstärken. Zu diesem Zweck kommen beide Seiten überein, folgendes zu vereinbaren:

Artikel 1

Beide Seiten bieten sich auf Wunsch der anderen Seite Fernsehprogramme an (Programme und aktuelles Filmmaterial, im Folgenden „Programme" genannt).

---

97 Quelle: Produktionen weiterer japanischer Fernsehstationen, DRA F Ordner Nr. 97 (die Aufstellung aus dem Jahre 1988 ist undatiert, sie wurde vermutlich in der ersten Hälfte d.J. erstellt).

98 DRA F Ordner Nr. 92.

Für die angebotenen Programme bieten sich beide Seiten vorab Informationsmaterialien oder Programmlisten in englischer Sprache an, aus denen die Programme ausgewählt werden können, die für ihren entsprechenden Zuschauerkreis von Interesse sein können.

Auf Wunsch der einen Seite veranstaltet die andere Seite auf der Grundlage dieser Vereinbarung spezielle Angebotsvorführungen, ausgenommen ist davon aktuelles Filmmaterial.

Wichtiges Informationsmaterial über die angebotenen Programme zur Vorauswahl wird der anderen Seite vor diesen Besichtigungen übersandt.

Die gelieferten Programme sind mit Manuskripten oder Kommentaren in englischer Sprache versehen. Alle zwei Jahre tauschen beide Seiten Aufstellungen über die Anzahl der übernommenen Programme sowie über deren Ausstrahlungen aus.

Artikel 2

Die Programme werden der anderen Seite in Form von 16-mm-COMOPT-, COMMAG- oder SEPMAG-Positiv oder elektronischer Aufzeichnung entweder in Farbe oder schwarz-weiß zur Verfügung gestellt.

Artikel 3

Im Falle der Notwendigkeit einer Satellitenübertragung des/der von der jeweiligen Seite produzierten und/oder gesendeten Programmes/Programme wird jede Seite der anderen Unterstützung gewähren.

Artikel 4

Ob die Programmangebote kostenlos oder gegen Bezahlung erfolgen, wird vorab durch gegenseitige Übereinkunft in jedem einzelnen Fall entschieden.

Artikel 5

Die empfangende Seite kann die Programme nach eigenem Ermessen innerhalb ihres Landes verwenden, soweit nicht eine anderslautende schriftliche Vereinbarung getroffen wurde.

Die empfangende Seite ist jedoch nicht berechtigt, die gelieferten Programme zu kürzen oder in einer Weise zu verändern, die den Wert, die Aussage und den Inhalt der Programme verfälscht. Die empfangende Seite ist nicht berechtigt, Dritten zu gestatten, die gelieferten Programme ohne das schriftliche Einverständnis der entsendenden Seite zu verwenden.

Artikel 6

Die Abgeltung der Urheberrechte sowie anderer die angebotenen Programme betreffenden Rechte erfolgt grundsätzlich von der entsendenden Seite auf deren eigene Kosten.

Sollte jedoch die Klärung der Urheberrechte usw. Zahlungen durch die empfangende Seite erforderlich machen, hat die entsendende Seite der empfangenden Seite vorab die notwendigen Informationen und Angaben zur Verfügung zu stellen.

Artikel 7

Beide Seiten stellen sich gegenseitig nach eigenem Ermessen Informations- und Forschungsmaterialien zu Problemen der Planung und Leitung der Fernseharbeit zur Verfügung.

Artikel 8

Wenn notwendig, tauschen beide Seiten leitende Mitarbeiter zum Studium der Erfahrungen auf verschiedenen Gebieten der Fernseharbeit aus.

Die Reise- und Aufenthaltskosten für diese Mitarbeiter werden von der entsendenden Seite getragen oder auf der Basis der Gegenseitigkeit verrechnet.

Einzelheiten und Bedingungen hierzu werden vorab durch gegenseitige Absprachen in jedem speziellen Fall festgelegt.

Artikel 9

Jede Seite wird den Korrespondenten, Kameragruppen und Produktionsstäben der anderen Seite bei der Erledigung der Einreiseformalitäten durch die entsprechenden Institutionen Unterstützung erweisen sowie ihnen durch Zulieferung der notwendigen Informationen und anderer Dienstleistungen bei ihrer Filmarbeit behilflich sein.

Beide Seiten werden sich gegenseitig Rechnungen für die Kosten der Dienstleistungen zusenden und nach Erhalt der Rechnungen sofortige Bezahlung veranlassen.

Artikel 10

Einzelheiten zur Durchführung dieser Vereinbarung werden beide Seiten auf dem Korrespondenzwege erörtern.

Beide Seiten führen gegenseitig mit Vertretern der Leitung beider Seiten eine Zusammenkunft zur Beratung der weiteren Gestaltung der Zusammenarbeit durch.

Artikel 11

Diese Vereinbarung wird für die Dauer von zwei Jahren abgeschlossen und tritt mit dem Datum ihrer Unterzeichnung in Kraft. Sie verlängert sich jeweils um weitere zwei Jahre, wenn nicht eine der beiden Seiten mindestens drei Monate vor Ablauf der Gültigkeitsdauer die Vereinbarung schriftlich kündigt. Das gleiche trifft zu für die nächsten zwei Jahre der Verlängerung.

Artikel 12

Änderungen dieser Vereinbarung bedürfen der Schriftform und des gegenseitigen Einverständnisses.

Ausgefertigt und unterzeichnet am 6. Juli 1978 in Berlin in doppelter Ausführung in japanischer, deutscher und englischer Sprache, im Zweifelsfall ist die englische Version gültig, wobei alle Texte gleichermaßen gültig sind und jede Seite eine Kopie jeder Version erhält.

Für das Staatliche Komitee für Fernsehen beim Ministerrat Der Deutschen Demokratischen Republik	Für die Nippon Hoso Kyokai
Heinz ADAMECK	Tadamasa HASHIMOTO

2. *Abkommen zwischen dem Staatlichen Komitee für Rundfunk beim Ministerrat der Deutschen Demokratischen Republik und Nippon Hoso Kyokai über die Zusammenarbeit auf dem Gebiete des Rundfunks (1979)*[99]

Das Staatliche Komitee für Fernsehen beim Ministerrat der Deutschen Demokratischen Republik und Nippon Hoso Kyokai bringen hiermit ihre Absicht zum Ausdruck, die Zusammenarbeit auf dem Gebiete des Rundfunks zu verstärken, mit dem Ziel, das gegenseitige Verständnis zwischen beiden Ländern zu vertiefen.

Um diese Absicht zu verwirklichen, kommen beide Seiten überein, folgendes zu vereinbaren:

Artikel 1

Beide Seiten tauschen miteinander solche Programme aus, (die auch Programmaterialien miteinschließen und im nachfolgenden Text als „Programme" bezeichnet werden), die dazu beitragen können, das gegenseitige Verständnis und die Freundschaft zwischen den beiden Ländern zu fördern. Der Austausch der Programme erfolgt in Form von Tonbandaufnahmen, denen ein Manuskript oder Anmerkungen in englischer Sprache beigefügt werden.

99 Betrifft: Hörfunk; DRA R Archivbox 5182 und 5711.

Beide Seiten tauschen vorher Informationsmaterialien in Englisch aus, damit sie solche Programme auswählen können, die für das betreffende Hörer-Publikum von Interesse sind.

Artikel 2

Die zur Verfügung gestellten Programme werden grundsätzlich auf Magnetband mit einer Geschwindigkeit von 19 cm/s oder 38 cm/s aufgenommen.

Artikel 3

Beide Seiten widmen dem Austausch von Musik verschiedener Genres – auf der Grundlage von Musikangeboten – ihre Aufmerksamkeit.

Artikel 4

Die zur Verfügung gestellten Programme werden grundsätzlich gratis geliefert. Die entsendende Seite übernimmt die Kosten für das Umschneiden und den Transport der Programme. Ausnahmen bedürfen einer schriftlichen Vereinbarung.

Artikel 5

Die empfangende Seite kann die erhaltenen Programme in ihrem Land auf jede Weise nutzen, vorausgesetzt, daß die empfangende Seite diese Programme nicht auf solche Weise kürzt oder verändert, daß der eigentliche Sinn dieser Programme verzerrt wird.

Ohne schriftliches Einverständnis von der entsendenden Seite darf die empfangende Seite einer dritten Partei oder Parteien keine Erlaubnis zur Ausstrahlung der erhaltenen Programme oder zur anderweitigen Verwendung erteilen.

Artikel 6

In den Fällen, in denen eine Seite für die Ausstrahlung der Programme urheberrechtliche Verpflichtungen abgelten muß, soll die abgebende Seite im voraus davon in Kenntnis setzen. Die Abgeltung derartiger Verpflichtungen erfolgt von Fall zu Fall in gegenseitigem Einverständnis.

Artikel 7

Beide Seiten tauschen Überblicksmaterialien und Forschungsberichte über die Verwaltung, Programmgestaltung und Technik untereinander aus, oder stellen sie gegebenenfalls der anderen Seite zur Verfügung.

Artikel 8

Wenn erforderlich, kann jede Seite Mitarbeiter zu verschiedenen Antivitäten zu der anderen Seite entsenden. Alle Kosten für Reisen und Aufenthalt werden von der entsendenden Seite getragen.

Einzelheiten und andere entsprechende Bedingungen werden jeweils vorher durch gegenseitige Konsultationen festgelegt.

Artikel 9

Entsprechend ihrer Möglichkeiten soll jede Seite die Vorbereitung und Realisierung der journalistischen Tätigkeit von Korrespondenten und Reportergruppen, die zur Berichterstattung in den Partnerstaat einreisen, unterstützen. Das betrifft sowohl die organisatorische und technische Hilfe als auch die Bereitstellung von Informationen.

Beide Seiten stellen Rechnungen für alle durch irgendwelche Dienstleistungen entstandene Ausgaben aus. Bei Vorlegen der Rechnungen werden sofort die Zahlungen geleistet.

Artikel 10

Einzelheiten zur Durchführung dieses Abkommens werden beide Seiten auf dem Korrespondenzwege erörtern.

Alle zwei Jahre tauschen beide Seiten Tabellen aus, die die Anzahl und Häufigkeit der gesendeten Programme anzeigen und überprüfen, in welcher Form das Abkommen verwirklicht worden ist.

Artikel 11

Dieses Abkommen ist vom Tage seiner Unterzeichnung an für die Dauer von zwei Jahren gültig.

Das Abkommen ist automatisch für jeweils weitere zwei Jahre wirksam, vorausgesetzt, daß nicht eine Seite spätestens drei Monate vor Ablauf der Gültigkeitsdauer schriftlich erklärt, daß sie das Abkommen zu beenden wünscht.

Artikel 12

Änderungen zu diesem Abkommen bedürfen der Schriftform und des gegenseitigen Einverständnisses.

Ausgefertigt und unterzeichnet am 6. Juni 1979 in Tokio in doppelter Ausführung in japanischer, deutscher und englischer Sprache, im Zweifelsfalle ist die englische Version gültig, wobei alle Texte gleichermaßen gültig sind und jede Seite eine Kopie jeder Version erhält.

Rolf WEIßBACH

Für das
Staatliche Komitee für
Fernsehen beim Ministerrat
der Deutschen Demokratischen Republik

Katsuki FUJISHIMA

Für die
Nippon Hoso Kyokai

3. *Abkommen zwischen der Regierung der Deutschen Demokratischen Republik und der Regierung Japans über kulturelle und wissenschaftliche Zusammenarbeit*

Entwurf (Stand 29. Juli 1987)[100]
(Auszug)

Artikel 14

Die Abkommenspartner fördern und unterstützen die Zusammenarbeit zwischen den Institutionen des Rundfunks und Fernsehens, der Nachrichtenagenturen sowie der Journalistenverbände, die auf der Grundlage bereits angeschlossener und noch abzuschließender Vereinbarungen erfolgt.

4. *Abkommen zwischen dem Staatlichen Komitee für Fernsehen beim Ministerrat der Deutschen Demokratischen Republik und Nippon Television Network Corporation über die Zusammenarbeit auf dem Gebiet des Fernsehens (1980)*[101]

In dem Wunsch, die langjährige und freundschaftliche Zusammenarbeit zwischen den beiden Fernsehorganisationen zu vertiefen, sind das Staatliche Komitee für Fernsehen beim Ministerrat der Deutschen Demokratischen Republik, nachfolgend DDR-Fernsehen genannt, und die Nippon Television Network Corporation, nachfolgend NTV genannt, übereingekommen, das folgende Abkommen zu abzuschließen:

Artikel 1
Aktualitätenaustausch

Beide Seiten werden auf dem Gebiet des Aktualitätenaustausches zusammenarbeiten.

Der Versand des aktuellen Filmmaterials erfolgt auf Grundlage konkreter Bestellungen beider Seiten. Über Themen und Länge der Filme werden gesonderte Vereinbarungen getroffen.

Der Austausch von aktuellem Filmmaterial erfolgt auf kommerzieller Basis.

---

100 DRA F Ordner Nr. 97.

101 DRA F Ordner Nr. 95 sowie: Justitiar an Direktor für Internationale Verbindungen Gen.Dr. OTTERSBERG v. 15.5.1980, Vereinbarung mit der Nippon Television Network Corporation.

Die gegenseitig zur Verfügung gestellten Aktualitäten dürfen ausschließlich im Fernsehprogramm der empfangenden Seite ausgestrahlt und nicht für andere Zwecke benutzt werden.

Artikel 2
Zusammenarbeit auf dem Gebiet der Fernsehprogramme

Unterstützung bei der Programmproduktion
Beide Seiten gewähren sich auf Antrag der anderen Seite volle und kurzfristige Unterstützung bei der Programmproduktion. Alle Kosten für die Vorbereitung und Produktion der Sendung werden von Programmproduzenten getragen.

Satellitenübertragungen
Auf Antrag der anderen Seite leisten sich beide Seiten volle und kurzfristige Unterstützung bei der Durchführung von Satellitenüberspielen.

Alle Kosten für die Vorbereitung und/oder Produktion und für das Überspiel werden von der empfangenden Seite getragen. Die Grundlage dafür bilden die üblichen Materialkosten, Dienst- und andere Unterstützungsleistungen, auch die, welche von dritter Seite in Anspruch genommen werden.

Koproduktionen
Beide Seiten wählen geeignete Themen für Koproduktionen aus, die zu gegebener Zeit gemeinsam geplant und produziert werden. Alle Einzelheiten für die Koproduktion werden in jedem Falle gesondert vereinbart.

Artikel 3
Verkauf und Vertrieb
Programmaustausch

Beide Seiten bieten sich gegenseitig Programme an. Über jeden Verkauf bzw. Erwerb werden gesonderte Vereinbarungen getroffen. Dabei gelten die international üblichen Bedingungen.

Beide Seiten sind berechtigt, die empfangenen Materialien nach eigenem Ermessen zu verwenden. Sie können die Materialien kürzen, vorausgesetzt, daß dadurch Wert, Aussage und Inhalt des Werkes urheberrechtlich und künstlerisch nicht verändert werden.

Beide Seiten sind nicht berechtigt, ohne ausdrückliche Zustimmung der anderen Seite die empfangenen Materialien an Dritte weiterzugeben.

Die abgebende Seite informiert die empfangende Seite beim Verkauf der Materialien über urheberrechtliche Verpflichtungen. Die Abgeltung von Urheberrechten an Dritte erfolgt, soweit notwendig, grundsätzlich durch die Seite, von der das Werk gesendet wird. Die abgebende Seite muß die empfangende Seite bei der Zurverfügungstellung der Sendematerialien von den ihr urheber- und leistungsschutzrechtlich entstehenden Verpflichtungen unterrichten.

Schiedsklausel

Beide Parteien verpflichten sich grundsätzlich zur gütlichen Beilegung aller Konflikte, die aus den einzelnen kommerziellen Verträgen entstehen könnten. Sie verpflichten sich gleichzeitig unter Ausschluß des Rechtsweges zur Aufrechnung. Für den Fall, daß der Rechtsweg beschritten werden muß, gilt das Recht der DDR und das international anerkannte Schiedsgericht bei der Kammer für Außenhandel der DDR in Berlin mit der Schiedsgerichtsordnung vom 1.2.1975.

5. *Vereinbarung zwischen dem Staatlichen Komitee für Fernsehen beim Ministerrat der Deutschen Demokratischen Republik und der Asahi National Broadcasting Co., Ltd. über die Zusammenarbeit auf dem Gebiet des Fernsehens (1984)*[102]

Geleitet von dem Wunsch, die freundschaftliche Zusammenarbeit zwischen beiden Fernsehorganisationen zu vertiefen, sind das Staatliche Komitee für Fernsehen beim Ministerrat der Deutschen Demokratischen Republik, nachfolgend DDR-Fernsehen genannt, und die Asahi National Broadcasting Co., Ltd., nachfolgend TV-Asahi genannt, übereingekommen, die vorliegende Vereinbarung abzuschließen.

Artikel 1

Beide Seiten tauschen Fernsehprogramme in der Form von Filmen und Videobandaufzeichnungen aus.

Der Austausch umfaßt dramatische Produktionen, Kinderfilme, Unterhaltungs-, Kultur- und populärwissenschaftliche Programm.

Der Austausch erfolgt auf kommerzieller Basis entsprechend den international üblichen Preisen und Lieferbedingungen.

Wenn beide Seiten nur Teile von erhaltenen Programmen verwenden, hat dies nur zu geschehen, ohne den Wert, die gestalterische Wirkung und den Inhalt der Sendung zu verändern. Sie sind nicht befugt, ohne ausdrückliche Zustimmung des Partners die Programme an Dritte weiterzugeben.

---

102 Nach den handschriftlichen Anmerkungen zu diesem in den Akten einzig überlieferten Text der betr. Vereinbarung könnte es sich um einen Entwurf handeln. (DRA F Ordner Nr.96; DRA F Ordner Nr. 96).

Die abgebende Seite informiert die empfangende Seite beim Verkauf der Programme über bestehende urheberrechtliche Verpflichtungen. Die Abgeltung von Urheberrechten an Dritte erfolgt grundsätzlich durch die Seite, von der das Werk gesendet wird.

Beide Seiten informieren sich gegenseitig über die Verwendung und die Sendedaten der Programme.

Artikel 2

Beide Seiten tauschen nach eigenem Ermessen kostenlos aktuelle Kursujets über wichtige Ereignisse auf politischem, ökonomischem und kulturellem Gebiet sowie im gesellschaftlichen Leben ihrer Länder aus.

Dieser Austausch erfolgt sowohl auf dem Wege der Übersendung von Filmen als auch des elektronischen Überspiels.

Artikel 3

Beide Seiten gewähren Korrespondenten, Kameragruppen, Kommentatoren und Reportern der anderen Seite technische Beratung, Unterstützung bei der Beantragung von Einreisevisen und Drehgenehmigungen sowie Hilfe bei der Technik und Organisation der Dreharbeiten.

Die Preise für Dienstleistungen werden nach den durch die CIRAP (Comité International pour le Réglement de l`Aide et des Prestations) empfohlenen Tarifen berechnet.

Beide Seiten übersenden sich gegenseitig die Rechnungen entsprechend den erbrachten technischen Leistungen. Diese Rechnungen werden durch die andere Seite als gebilligt angesehen, wenn nicht innerhalb einer Frist von zwei Monaten nach ihrem Eingang Einspruch gegen sie erhoben wurde.

Sie werden am Ende jedes Jahres gegenseitig aufgerechnet. Die guthabende Seite empfängt bis zum 31. März des darauffolgenden Jahres den zu ihren Gunsten fälligen Betrag in transferierbaren Devisen zu dem Wechselkurs, der am Tage des Abschlusses der Konten bei ihrer Nationalbank gültig ist.

Artikel 4

Beide Seiten tauschen verantwortliche Mitarbeiter zum Studium der Erfahrungen der Partnerorganisation auf verschiedenen Gebieten der Fernseharbeit aus. Konkrete Festlegungen über diese Studienbesuche werden auf brieflichem Wege getroffen.

Artikel 5

Beide Seiten halten im Interesse der Fortführung und Weiterentwicklung ihrer Zusammenarbeit regelmäßigen Kontakt und führen auf der Ebene der Leitungen beider Fernsehorganisationen Verhandlungen über die weitere Gestaltung der Zusammenarbeit.

Artikel 6

Das Fernsehen der DDR lädt TV-Asahi ein, jährlich an der Internationalen Leipziger Dokumentar- und Kurzfilmwoche für Kino und Fernsehen mit Wettbewerbsbeiträgen und einer Delegation teilzunehmen.

Artikel 7

Diese Vereinbarung wird für die Dauer von fünf Jahren abgeschlossen und tritt mit dem Datum ihrer Unterzeichnung in Kraft. Ihre Gültigkeit verlängert sich um jeweils weitere fünf Jahre, wenn nicht eine der beiden Seiten die Vereinbarung schriftlich kündigt.

Artikel 8

Änderungen dieser Vereinbarungen können zwischen beiden Seiten schriftlich vereinbart werden.

Ausgefertigt und unterzeichnet in .... am .... in zwei Exemplaren, jeweils in deutscher und japanischer Sprache, wobei beide Texte gleichermaßen gültig sind.

Für das Staatliche Komitee für Fernsehen beim Ministerrat der Deutschen Demokratischen Republik	Für Asahi National Broadcasting Co., Ltd.

III. Quellenverzeichnis: Deutsches Rundfunkarchiv (DRA Standort Berlin: Potsdam-Babelsberg)

Verwendete Archivalien zu den Rundfunkbeziehungen zwischen der DDR und Japan: DRA Babelsberg:

1. Hörfunk-Akten (zitiert: DRA R Archivbox)

Archivbox Nr. 5667 „HA Internat. Verb, Schr.m.arabischen Rdf. Japan, Australien, Kanada, USA 1982...1988“
Archivbox Nr. 5711 „HA Internat. Verbindungen, Kopien der Vereinbarungen mit ausländischen Rundfunkstationen und –organisationen, 1961-1990“
Archivbox Nr. 5182 „Internationale Verbindungen Schriftverkehr Afghanistan, Indien, Bangladesh, Burma, NHK, Japan-Preis, Burma, Ceylon, SOA-Länder 1978-84“

2. *Hörfunk-Aufnahmen (zitiert: DRA R Record)*

3. *Fernseh-Akten (zitiert: DRA F Ordner)*

Ordner Nr. 65, Japan, Schriftwechsel NHK-NTV-ASAHI-NELO, 1984, 1985-1991
Ordner Nr. 72, Japan, Verträge 1983-1987
Ordner Nr. 92, NHK-Japan, 1972, 1973-1982, NDN (#)
Ordner Nr. 93, Japan, Schriftwechsel mit NHK und Hoso-Bunka-Foundation, Inc., 1983-1986
Ordner Nr. 94, Japan, Schriftwechsel mit NHK, 1987-1990
Ordner Nr. 95, Japan, Allgem. Schriftwechsel, Schriftwechsel mit NTV, Schriftwechsel mit NAVL, Schriftwechsel mit TBS-CBC, von 1980 –
Ordner Nr.96 ANB, ABC, 1980 –
Ordner Nr. 97, Japan, Schriftwechsel mit NDN, Schriftwechsel mit MOVIE/TV, Schriftwechsel mit anderen FS-Stationen, 1981 –

Die Dritte Novelle des Allgemeinen Eisenbahngesetzes – Umsetzung der Richtlinien des ersten Eisenbahninfrastrukturpakets in nationales Recht

Thorsten Alexander Lägeler

Einleitung

Fast zwei Jahre nachdem die Richtlinien des sog. ersten Eisenbahninfrastrukturpakets der Europäischen Gemeinschaft in nationales Recht hätten umgesetzt sein müssen, hat der deutsche Gesetzgeber das Versäumte in Form des Dritten Gesetzes zur Änderung eisenbahnrechtlicher Vorschriften nachgeholt, das am 30. April 2005 in Kraft trat.[1] Was lange währt, wird endlich gut, könnte man denken. Wer allerdings den großen Wurf zur Fortführung der Bahnreform erwartet hat, sieht sich enttäuscht. Die Konzernstruktur der Deutschen Bahn AG, die in Deutschland nach wie vor nahezu ein Monopol auf dem Markt für Eisenbahnverkehrsdienstleistungen innehat, bleibt praktisch unverändert. Das bedeutet insbesondere, dass die Komplementärbereiche Schienenweg und Betrieb innerhalb der seit der zweiten Stufe der Bahnreform bestehenden Holdingstruktur verbleiben. In dieser Holdingstruktur besteht die DB AG nur mehr als geschäftsführende Holding fort, mit den Töchtern, den sog. Führungsgesellschaften,[2] zu der auch die DB Netz AG gehört, ist sie mit Beherrschungs- und Gewinnabführungsverträgen verbunden.[3] Die noch vor gar nicht allzu langer Zeit in der Öffentlichkeit lebhaft diskutierte und von Wettbewerbsökonomen zur Schaffung von Wettbewerb im Bahnsektor nahezu einhellig geforderte vollständige Trennung der Bereiche, die für eine kurze Zeit sogar vom ehemaligen Verkehrsminister *Bodewig*[4] favorisiert wurde, ist damit

---

1 BGBl. 2005 I, S. 1138 ff.

2 Diesen sind zahlreiche weitere, den jeweiligen Unternehmensbereichen zugeordnete Konzerngesellschaften unterstellt. Nachzulesen auf den Internetseiten der DB AG unter www.bahn.de/konzern/holding/wir/dbag_reform_zweite_stufe_.shtml.

3 *Berschin*, Zur Trennung von Netz und Betrieb der Deutschen Bahn AG aufgrund des europäischen Eisenbahnpakets in: DVBl. 2002, S. 1079; *Gersdorf*, Marktöffnung im Eisenbahnsektor in: ZHR 168 (2004), S. 576 (583).

nister *Bodewig*[4] favorisiert wurde, ist damit bis auf Weiteres wieder von der politischen Tagesordnung verschwunden.

Eine signifikante Belebung des Wettbewerbs im Netzsektor Bahn dürfte sich in der Folge dieses Gesetzes kaum einstellen. Dabei wurde das drei Richtlinien umfassende erste Eisenbahninfrastrukturpaket,[5] das am 15.3.2001 in Kraft getreten ist (und spätestens innerhalb von zwei Jahren umzusetzen war), von der Europäischen Kommission auch als Reaktion auf die insgesamt nach wie vor unbefriedigende Entwicklung der Liberalisierung des Bahnsektors in der Gemeinschaft vorangetrieben.[6] Allerdings, das muss man dem deutschen Gesetzgeber zugestehen, verlangen auch die Richtlinien des Infrastrukturpakets nicht zwingend die eigentumsrechtliche Herauslösung des Betreibers der Infrastruktur aus einem vertikal integrierten Eisenbahnunternehmensverbund.[7] Insbesondere Deutschland wollte eine solche vollständige Trennung verhindern. Man wollte vielmehr am Holdingmodell des DB Konzerns festhalten.[8] Der eigentumsgestützte Verbund der Unternehmensbereiche Netz und Betrieb bleibt folglich weiterhin zulässig. Da auch keine gemeinschaftsrechtliche Regelung über eine Beteiligungsgrenze existiert, ist davon auszugehen, dass ein Betreiber der Infrastruktur sogar zu 100 % im Eigentum eines Eisenbahnverkehrsdienstleisters bzw. einer Holding, die Verkehrsdienstleister beherrscht, stehen kann.

Und dennoch: Die Richtlinien greifen verstärkt das von der Wettbewerbsökonomie[9] als wirksames Instrument gegen das Diskriminierungspotential vertikal integrierter Unternehmen beschriebene Regulierungsinstrument der Trennung von Netz und Betrieb auf. Kern des Richtlinienpakets im Hinblick auf die

---

4 *Ewers/Ilgmann*, Zukunft des Schienenverkehrs, Berlin/ Hamburg 2001, S. 30.

5 RL 2001/12/EG, EG-Abl. 2001 L 75, S. 1; RL 2001/13/EG, EG-Abl. 2001 L 75, S. 26 und RL 2001/14/EG, EG-Abl. 2001 L 75, S. 29.

6 Vgl. *Freise*, Stand der Bahnreform in Deutschland und Europa in: TranspR 2003, S. 265 (273).

7 *Ronellenfitsch*, Die Umsetzung des Eisenbahninfrastrukturpakets in: DVBl. 2002, S. 657 (666). Unter vertikaler Integration ist die Zusammenfassung von komplementären Produktionsstufen in einer wirtschaftlichen Einheit zu verstehen, vgl. *Kruse*, Vertikale Integration als Wettbewerbsproblem in: *Kruse/Stockmann/Vollmer*, Festschrift für Ingo Schmidt, Baden-Baden 1997, S. 247. Im Bereich der Eisenbahn bezieht sich dies auf die Zusammenfassung des Schienennetzes, das nach einhelliger Meinung die Eigenschaft eines natürlichen Monopols aufweist, mit den Betriebsgesellschaften.

8 *Pöhle* AEG-Novelle, in: Ronellenfitsch/Schweinsberg, Aktuelle Probleme des Eisenbahnrechts VI, Hamburg 2001, S. 257 (257 f.).

9 Vgl. *Hedderich*, Vertikale Desintegration im Schienenverkehr, Hamburg 1996, S. 253; siehe auch *Aberle/Brenner/Hedderich*, Trassenmärkte und Netzzugang, Hamburg 1995, S. 60; *Kühling*, Sektorspezifische Regulierung in den Netzwirtschaften, München 2004, S. 346.

Trennung dieser Bereiche ist die Maßgabe, dass der Betreiber der Infrastruktur in Fragen der Trassenvergabe und Trassenpreissetzung rechtlich, organisatorisch und in seinen Entscheidungen von Eisenbahnunternehmen unabhängig zu sein hat.[10]

Das Allgemeine Eisenbahngesetz (AEG) in der Fassung der dritten Novelle ermöglicht die Beibehaltung einer Organisationsstruktur vertikal integrierter Eisenbahnunternehmen (in Deutschland betrifft das zuvörderst den DB-Konzern)[11] in Form des Vertragskonzerns (mit Gewinnabführungsverträgen).[12] Wird von dieser vom AEG gedeckten Option Gebrauch gemacht, erfolgt die gemeinschaftsrechtlich vorgegebene Sicherstellung der Unabhängigkeit des Betreibers der Infrastruktur im Wesentlichen durch Einschränkung des vertragskonzernrechtlichen Weisungsrechts aus § 308 AktG.

Dieser Beitrag soll (im Überblick) zeigen, warum diese Konzeption gegen europäisches Gemeinschaftsrecht verstößt. In einem Konzernverbund, geschweige denn in einem Vertragskonzern, kann die Unabhängigkeit des Netzbetreibers bezüglich der Entscheidungen über Trassenvergabe und Trassenpreisfestsetzung nicht gewährleistet werden.[13] Soll die DB Netz AG im Unternehmensverbund der DB AG verbleiben, darf sie in keiner Form unter die einheitliche Leitung der Holding im Sinne des § 18 Abs. 1 Satz 1 AktG gestellt werden. Das Bemühen des Gesetzgebers, den verfehlten organisationsstrukturellen Ansatz durch Erhöhung der Regulierungsdichte in Form der verstärkten Überwachung des diskriminierungsfreien Zugangs von Wettbewerbern zur Netzinfrastruktur der DB Netz durch die Regulierungsbehörden zu kompensieren,[14] kann zu keiner anderen Einschätzung führen.

---

10 Art. 4 Abs. 2 bzw. Art. 14 Abs. 2 RL 2001/14/EG.

11 Es gibt zwar noch einige andere, diese sind aber praktisch bedeutungslos. Die Bundesregierung geht von rund 100 nichtbundeseigenen Eisenbahnen in Deutschland aus, die Schienenwege betreiben, also vertikal integriert sind, vgl. Begründung des Regierungsentwurfs BT-Drs. 15/3280, S. 20. Diese betreiben zusammen ein Streckennetz in der Länge von etwa 5.000 km, wohingegen das Netz der DB Netz AG eine Länge von rund 36.000 km umfasst.

12 Zum insoweit identischen Regierungsentwurf *Lägeler,* Richtlinienkonforme Organisationsstruktur vertikal integrierter Eisenbahnunternehmen [erscheint demnächst], Teil 2, D.II.; a.A. *Gersdorf* (Fn. 3), S. 594 (bezogen auf den insoweit ebenfalls identischen Fraktionsentwurf der SPD und Bündnis 90/Die Grünen, BT-Drs. 15/2743). Er geht davon aus, dass sowohl der Vertragskonzern als auch der faktische Konzern nicht mit dem AEG vereinbar sind. Dem kann nicht zugestimmt werden, dazu unter C.

13 Ausführlich dazu *Lägeler* (Fn. 12), Teil 2.

14 Dass die Regulierungsdichte in einem Netzsektor wächst, wenn keine strikte Trennung von Netz und Betrieb erfolgt, ist ein unvermeidlicher Umstand, vgl. *Gersdorf* (Fn. 3), S. 588.

Vorab aber folgt eine Zusammenfassung über die Entwicklung des Eisenbahnwesens in Deutschland und der Gemeinschaft:

A. Die Entwicklung des Eisenbahnwesens in Deutschland und der Gemeinschaft

In der zweiten Hälfte des 19. Jahrhunderts wurden die bis dahin in Deutschland entstandenen großen Privateisenbahnen nach und nach verstaatlicht und in Ländereisenbahnen zusammengefasst. Höhepunkt dieser Entwicklung war die Verstaatlichung der preußischen Eisenbahn im Jahre 1879.[15] Am 1. April 1920 wurde aus dem Zusammenschluss zahlreicher Eisenbahnen der Länder durch Staatsvertrag die Deutsche Reichsbahn gegründet.[16] Die Gründe, weshalb man sich für eine Verstaatlichung der aufgrund ihrer monopolartigen Stellung fast immer hochrentablen Einsenbahnunternehmen[17] entschied, waren weniger eisenbahnsektorspezifischer, sondern vielmehr fiskalpolitischer und militärstrategischer Natur.[18]

Nach dem Zweiten Weltkrieg setzte nach und nach die Krise des Bahnsektors ein. Lag der Marktanteil der Bahn am Güterverkehr in den 20er Jahren des letzten Jahrhunderts noch bei rund 70 %,[19] sank er, hauptsächlich zugunsten des Kraftverkehrs, auf ca. 37 % in den 60er Jahren und bis auf ca. 20 % Anfang der 90er Jahre.[20] Noch unerfreulicher ist die Marktentwicklung der Bahn im Personenverkehr. Lag der Marktanteil der Bahn in den 60er Jahren noch bei etwa 16 %, lag er Anfang der 90er nur noch bei etwa 6 %.[21] Auch die finanzielle Situation der Bahn wurde immer dramatischer. War die Bahn einstmals ein profi-

---

15 *Knieps*, Wettbewerb in Netzen, Reformpotentiale in den Sektoren Eisenbahn und Luftverkehr, Tübingen 1993, S. 35.

16 *Reinke*, Bahnstrukturreform, Sinzheim 2001, S. 15.; dazu auch *Dittmann*, Die Bundesverwaltung, Tübingen 1983, S. 43.

17 *Werner*, Nach der Regionalisierung, Dortmund 1998, S. 2.

18 *Knieps* (Fn. 15), S. 35.

19 Nachzulesen auf den Internetseiten des BMVBW unter: http://www.bmvbw.de/Verkehr/Schiene-,1462/Bahnreform.htm#Vorgeschichte.

20 Ausführliche tabellarische Darstellung zur Entwicklung der Marktanteile der Bahn bei *Schneider,* Die Privatisierung der Deutschen Bundes- und Reichsbahn, Wiesbaden 1995, S. 36 ff.; *Laaser*, Wettbewerb im Verkehrswesen, Tübingen 1991, S. 8 ff.

21 *Schneider* (Fn. 20), S. 36 ff; *Laaser* (Fn. 20), S. 8 ff.

tabler Verkehrsträger – noch 1951 konnte die Bundesbahn einen Gewinn von rund 70 Mio. DM ausweisen[22] – entwickelte sie sich zunehmend zu einem Zuschussgeschäft. Die Verschuldung (Gesamtvolumen der Verschuldung von Deutscher Bundesbahn und Reichsbahn) belief sich bis zum Jahr 1992 auf ca. 44,7 Mrd. DM,[23] Ende 1993 betrugen die Altschulden von DB und DR zusammen sogar schon 77 Mrd. DM.[24] Entscheidender Impuls für die Bahnreform dürfte denn auch – noch vor dem Handlungsdruck, der durch das Gemeinschaftsrecht entstand – diese finanzielle Entwicklung der Bahn gewesen sein.[25]

In ähnlicher Situation wie die deutsche(n) Eisenbahn(en) befanden sich allerdings auch die Eisenbahnen der meisten anderen europäischen Länder.[26] Seit Mitte der 80er Jahre wird deshalb in Europa eine vollständige Reorganisation des Eisenbahnsystems angestrebt.[27] Diese Reorganisation vollzieht sich im Bereich der Eisenbahn, aber auch in anderen (meist staatsnahen) netzgebundenen Wirtschaftssektoren, wie z.B. der Telekommunikations- und Energiewirtschaft, unter dem Oberbegriff der „Deregulierung". Allgemein ist darunter die Verringerung von – oftmals wettbewerbsbeschränkenden – Spezialvorschriften für einzelne Sektoren einer Volkswirtschaft zu verstehen. Spezialvorschriften bestehen dabei häufig in Form von Preis-, Mengen-, Rendite-, oder Marktzugangsbeschränkungen.[28] Zutreffender wäre es allerdings, in diesem Zusammenhang von Liberalisierung, also der Öffnung eines bisher verschlossenen Sektors einer Volkswirtschaft für den Wettbewerb zu sprechen, da die Regulierungsdichte als solche gerade in einem Netzsektor durch die Marktöffnung nicht unbedingt abnimmt; das Gegenteil ist oft der Fall.[29]

Auch die Richtlinien des ersten Eisenbahninfrastrukturpakets sind Ausdruck des Liberalisierungskonzepts des Gemeinschaftsrechts, was sich insbesondere in der Ausweitung des Zugangsrechts für Eisenbahnunternehmen zum

---

22 *Delbanco*, Bahnstrukturreform, in: *Foos*, Eisenbahnrecht und Bahnreform, Minfeld 2003, S. 11 (13 f.).

23 *Kilian/Hesse*, Der rechtliche Status von Deutscher Bundesbahn und Deutscher Reichsbahn seit 1945 in: Die Verwaltung 1994, S. 175 (188).

24 *Delbanco* (Fn. 22), S. 13 f.

25 *Delbanco* (Fn. 22), S. 13.

26 Vgl. *Delbanco* (Fn. 22), S. 17.

27 Vgl. *Kämmerer*, Gemeinschaftliche Vorgaben für das Eisenbahnwesen in den Mitgliedstaaten, in: *Ronellenfitsch/Schweinsberg*, Aktuelle Probleme des Eisenbahnrechts VI, Hamburg 2001, S. 75 (76).

28 *Brenck*, Privatisierungsmodelle für die Deutsche Bundesbahn, in: *Ewers*, Die Privatisierung des Schienenverkehrs, Münster 1993, S. 37 (78).

29 *Kühling* (Fn. 9), S. 31.

sog. „Transeuropäischen Schienengüternetz" (TESGN), das in Art 10a der RL 91/440/EWG i.d.F. der RL 2001/12/EG definiert ist, niederschlägt.[30]

B. Das erste Eisenbahninfrastrukturpaket

Der Anspruch auf diskriminierungsfreien Zugang zum Schienennetz soll, wie es im Erwägungsgrund (2) der RL 2001/12/EG heißt, „durch Trennung bestimmter wesentlicher Funktionen und/oder Einrichtung einer Regulierungsstelle, die für die Kontrolle und Verwirklichung des Zugangs sorgt", erreicht werden. Wenngleich die zentrale Vorschrift zur Öffnung des Bahnverkehrsmarktes in der Gemeinschaft, die Richtlinie 91/440/EWG,[31] als Mittel zur Öffnung auf das Regulierungsinstrument der Trennung der Bereiche Fahrwegbetrieb und Dienstleistungserbringung setzt, verlangt sie auch in der Fassung der RL 2001/12/EG nicht zwingend die institutionelle (und damit vollständige eigentumsrechtliche) Trennung der beiden Bereiche (vgl. Einleitung).

Ausdrücklich zwingend ist indes gem. Art. 6 Abs. 1 RL 2001/12/EG zumindest eine getrennte Erstellung und Veröffentlichung der Gewinn- und Verlustrechnung und Bilanzen für die Erbringung von Verkehrsleistungen durch Eisenbahnunternehmen einerseits, und für den Betrieb der Infrastruktur andererseits. Gem. Satz 2 dürfen öffentliche Gelder zugunsten eines dieser beiden Tätigkeitsbereiche nicht auf den anderen übertragen werden. Im neu eingefügten Abs. 3 des Art. 6 heißt es nun:

„Die Mitgliedstaaten treffen die erforderlichen Maßnahmen, um sicherzustellen, dass die Funktionen nach Anhang II, die für einen gerechten und nichtdiskriminierenden Zugang zur Infrastruktur ausschlaggebend sind, an Stellen oder Unternehmen übertragen werden, die selbst keine Eisenbahnverkehrsleistungen erbringen." Die im Anhang II[32] genannten wesentlichen Funktionen sind:

– Vorarbeiten und Entscheidungen über die Zulassung von Eisenbahnunternehmen,[33] einschließlich der Gewährung einzelner Genehmigungen

---

30 *Freise* (Fn. 6), S. 274.

31 *Epiney*, in: *Dauses*, Handbuch des EU-Wirtschaftsrechts, München 2004, L Rdnr. 387.

32 EG-Abl. Nr. L 75 vom 15.3.2001, S. 25.

33 Hierunter ist entsprechend der Legaldefinition in Art. 3 1. Spiegelstrich jedes private oder öffentlichrechtliche Unternehmen zu verstehen, dessen Haupttätigkeit im Erbrin-

- Entscheidungen über die Trassenzuweisungen, einschließlich der Bestimmung als auch der Beurteilung der Verfügbarkeit und der Zuweisung von einzelnen Zugtrassen
- Entscheidungen über die Wegentgelte
- Überwachung der Einhaltung von Verpflichtungen zur Bereitstellung bestimmter Dienstleistungen für die Allgemeinheit.

Wie die Organisation der Unternehmen konkret ausgestaltet sein muss, wird hier nicht näher geregelt. Eine gewisse Präzisierung enthält allerdings Art. 4 Abs. 2 RL 2001/14/EG „über die Zuweisung von Fahrwegkapazität der Eisenbahn, die Erhebung von Entgelten für die Nutzung von Eisenbahninfrastruktur und die Sicherheitsbescheinigung“:[34]

Demnach sind die in „diesem Kapitel“ (gemeint ist das Kapitel 2) dargelegten Aufgaben für den Fall, dass der Betreiber der Infrastruktur rechtlich, organisatorisch *oder* in seinen Entscheidungen nicht von Eisenbahnunternehmen unabhängig ist, von einer entgelterhebenden Stelle wahrzunehmen, die rechtlich, organisatorisch und in ihren Entscheidungen von Eisenbahnunternehmen unhabhängig ist. Die in Kapitel 2 der RL 2001/14/EG dargelegten Aufgaben sind die Befugnis zum Erlass von Einzelvorschriften im Hinblick auf Festlegung, Berechnung oder Erhebung von Benutzungsentgelten.[35] Das „oder“ ist bei verständiger Betrachtung im Übrigen als ein „sowohl als auch“ und nicht als ein „entweder oder“ zu lesen, sonst wäre die rechtliche Unabhängigkeit im Sinne einer Trennung der Bereiche in verschiedene Gesellschaften ausreichend, was offensichtlich nicht gemeint sein kann.[36]

Im Zusammenspiel mit Art. 6 Abs. 2 RL 2001/12/EG wird deutlich, warum die Frage der Entwicklung einer richtlinienkonformen Organisationsstruktur für vertikal integrierte Eisenbahnunternehmen ein konzernrechtliches Problem darstellt: Einerseits geht das europäische Recht von der Möglichkeit der Beibehaltung der Bereiche Infrastruktur und Erbringung von Verkehrsdienstleistungen „in organisatorisch voneinander getrennten Unternehmensbereichen innerhalb desselben Unternehmens“ aus (Art. 6 Abs. 2 RL 2001/12/EG), andererseits aber

---

gen von Eisenbahnverkehrsleistungen zur Beförderung von Gütern oder Personen besteht, wobei dieses Unternehmen auf jeden Fall die Traktion sicherstellen muss.

34 EG-Abl. Nr. L 75 vom 15.3.2001, S. 33.

35 Ausgenommen ist zwar die Erhebung von Entgelten, damit ist allerdings nur die technische Abwicklung gemeint, vgl. engl. Fassung: „collecting“, frz.: „recouvrement“; dazu *Berschin* (Fn. 3), S. 1081.

36 Diese Auffassung teilt auch die Bundesregierung, wie aus dem Regierungsentwurf zur dritten AEG-Novelle hervorgeht, BT-Drs. 15/3280, S. 16.

hat der Betreiber der Infrastruktur im Hinblick auf die genannten Aspekte der Entgelterhebung rechtlich, organisatorisch und in seinen Entscheidungen unabhängig zu sein von Eisenbahnunternehmen (Art. 4 Abs. 2 RL 2001/14/EG). Damit steht zum einen fest, dass zwar die Struktur als Einheitsunternehmen nicht zulässig ist, möglich erscheint aber die Struktur der Zusammenfassung rechtlich selbständiger Unternehmen innerhalb einer wirtschaftlichen Einheit, also dem Konzern.

Für die Zuweisung von Fahrwegkapazität enthält Art. 14 Abs. 2 RL 2001/14/EG [37] bezüglich der Unabhängigkeit des Betreibers der Infrastruktur von Eisenbahnunternehmen die identische Formulierung wie Art. 4 Abs. 2. Dass auch in diesem Zusammenhang von einer „entgelterhebenden Stelle" gesprochen wird, ist allerdings irreführend. Die französische Fassung spricht von „organisme de tarification"; gemeint ist demnach eine Stelle, die im Wesentlichen die Marktsteuerung des Netzes vornimmt.[38]

Die in Art. 14 Abs. 1 RL 2001/14/EG genannten Aufgaben, auf die sich Abs. 2 bezieht, sind:

– die Schaffung einer Rahmenregelung für die Zuweisung von Fahrwegkapazität,

– die Festlegung spezifischer Regeln für die Zuweisung von Fahrwegkapazität.

Zusammenfassend hat also der Betreiber der Infrastruktur zumindest im Hinblick auf die Zuweisung von Trassen an Eisenbahnunternehmen sowie der dazu gehörenden Preisgestaltung rechtlich, organisatorisch und in seinen Entscheidungen von Eisenbahnunternehmen unhabhängig zu sein. Mangelnde Unabhängigkeit hat zur Konsequenz, dass diese Kernbereiche der unternehmerischen Tätigkeit des Infrastrukturbetreibers (Absatz- und Preispolitik, Optimierung des Produktabsatzes) nicht mehr von diesem selbst wahrgenommen werden können.[39]

---

37 EG-Abl. Nr. L 75 vom 15.3.2001, S. 37.

38 *Berschin* (Fn. 3), S. 1081, Fn. 23.

39 *Berschin* (Fn. 3), S. 1081.

C. Die Umsetzung der gemeinschaftsrechtlichen Vorgaben in nationales Recht durch das AEG

Zur Umsetzung der gemeinschaftsrechtlichen Verpflichtungen zur Trennung von Netz und Betrieb wurden zahlreiche Neuerungen in das AEG eingeführt. Die Kernvorschriften bilden in diesem Zusammenhang der geänderte § 9 AEG und insbesondere der durch die Novelle hinzugekommene § 9a AEG.[40]

§ 9 Abs. 1 AEG enthält die grundlegende Bestimmung, dass öffentliche Eisenbahninfrastrukturunternehmen und öffentliche Eisenbahnverkehrsunternehmen, die in irgendeiner Form miteinander verbunden sind, ihren Jahresabschluss und den Lagebericht nach den für Kapitalgesellschaften geltenden Regeln aufzustellen haben. Damit wird eine getrennte Rechnungslegung der beiden Bereiche sichergestellt. Unter öffentlichen Eisenbahnverkehrsunternehmen sind gem. der Legaldefinition in § 3 Abs. 1 Nr. 1 AEG solche zu verstehen, die „gewerbs- oder geschäftsmäßig betrieben werden und jedermann sie nach ihrer Zweckbestimmung zur Personen- oder Güterbeförderung benutzen kann." Öffentliche Eisenbahninfrastrukturunternehmen sind in Nr. 2 als solche legaldefiniert, die Zugang zu ihrer Eisenbahninfrastruktur gewähren müssen. Nach bislang geltendem Recht lag ein öffentliches Eisenbahninfrastrukturunternehmen u.a. dann vor, wenn es eine Eisenbahninfrastruktur betrieb, die nach ihrer Zweckbestimmung von jedem Eisenbahnverkehrsunternehmen benutzt werden kann. Die Bestimmung des Zwecks erfolgte bisher durch das Eisenbahninfrastrukturunternehmen selbst. Das konnte nach den Regelungen des Eisenbahninfrastrukturpakets nicht bestehen bleiben. Die Zweckbestimmung erfolgt daher nunmehr öffentlich-rechtlich im Rahmen der Festlegung der Zugangsrechte (§ 14 AEG).[41]

§ 9 Abs. 1c Satz 1 AEG verankert den Grundsatz, dass der Betrieb der Eisenbahninfrastruktur und die Erbringung von Verkehrsleistungen in organisatorisch voneinander getrennten Unternehmensbereichen ausgeübt werden müssen. Entscheidungen über den Zugang zur Eisenbahninfrastruktur und das dafür zu entrichtende Entgelt sind von dem Unternehmensbereich zu treffen, der die Eisenbahninfrastruktur betreibt (Satz 2). § 9a AEG differenziert des Weiteren nach den sog. öffentlichen Betreibern der Schienenwege.[42] Diese sind gem. der Le-

40 BGBl I 2005, S. 1140 f.

41 Vgl. Begründung zum Regierungsentwurf BT-Drs. 15/3280, S. 14. Nach § 14 Abs. 1 AEG ist grundsätzlich jedes Eisenbahninfrastrukturunternehmen verpflichtet, diskriminierungsfreien Zugang zur Infrastruktur zu gewähren. Ausnahmen bestehen z.B. dann, wenn Schienenwege ausschließlich zur Nutzung für den eigenen Güterverkehr betrieben werden. Gleiches gilt unter Umständen, falls örtliche oder regionale Schienenwege betroffen sind, die nicht mit anderen Schienenwegen vernetzt sind.

42 Betreiber der Schienenwege sind eine Teilmenge der Eisenbahninfrastrukturunternehmen. Ein Betreiber der Schienenwege ist jedes Unternehmen, das für den Betrieb, den

galdefinition in § 3 Abs. 1 Nr. 3 AEG solche Betreiber von Schienenwegen, die Zugang zu ihren Schienenwegen gewähren müssen.[43] Den öffentlichen Betreibern von Schienenwegen werden in Bezug auf die Struktur ihres Unternehmens und im Bereich des Netzzugangs besondere Pflichten auferlegt. Die Bundesregierung ist der Auffassung, dass die weitere Differenzierung gemäß der RL 2001/14/EG zwingend sei.[44] Die besagten höheren Anforderungen bezüglich der öffentlichen Betreiber der Schienenwege finden sich insbesondere in den Absätzen 1 und 2 des § 9a AEG.[45]

Für das Verhältnis des § 9 Abs. 1c zu § 9a AEG gilt: In den Ausnahmefällen des § 9a Abs. 3, also (u.a.) soweit ein öffentlicher Betreiber von Schienenwegen nicht mit anderen Schienenwegen vernetzte örtliche und regionale Schienenetze für Eisenbahnverkehrsleistungen im Personenverkehr betreibt, gelten die verschärften Regelungen des § 9a Abs. 1 und 2 zur Trennung der Bereiche Netz und Betrieb nicht. Diese Ausnahmetatbestände stellen nach der Begründung des Regierungsentwurfs die Hauptanwendungsfälle des § 9 Abs. 1c dar, der ausweislich der Regierungsbegründung als allgemeine Regelung zur Trennung von Netz und Betrieb zu verstehen sei.[46]

I. § 9a AEG: Zentrale Vorschrift zur Gewährleistung der Unabhängigkeit von Netz und Betrieb

Gem. § 9a Abs. 1 Satz 1 AEG müssen öffentliche Betreiber der Schienenwege rechtlich, organisatorisch und in ihren Entscheidungen von Eisenbahnverkehrsunternehmen unabhängig sein, *soweit* es Entscheidungen über die Zuweisung von Zugtrassen und über die Wegeentgelte betrifft.

Zur Verwirklichung der Unabhängigkeit der Infrastrukturbetreiber im Hinblick auf Entscheidungen über die Trassenzuweisung und Wegeentgelte enthält § 9a Abs. 1 Nr. 1-6 folgende Maßgaben:

Bau und die Unterhaltung der Schienenwege der Eisenbahn zuständig ist. Der weitere Begriff des Eisenbahninfrastrukturunternehmens schließt den Betrieb sonstiger Betriebsanlagen wie Bahnhöfe mit ein, vgl. Begründung des Regierungsentwurf BT-Drs. 15/3280, S. 12.

43 BT-Drs. 15/3280, S. 5.

44 Vgl. Begründung des Regierungsentwurfs, BT-Drs. 15/3280, S. 14.

45 Ausführlich zu dieser Regelung sogleich.

46 *Gersdorf* (Fn. 3) S. 591. Mit dieser Regelung wird offensichtlich versucht, die Vorgaben des Art. 4 Abs. 2 bzw. 14 Abs. 2 RL 2001/14 EG umzusetzen.

- aus Eisenbahnen, die sowohl Eisenbahnverkehrsunternehmen als auch Betreiber der Schienenwege sind, sind beide Bereiche jeweils auf eine oder mehrere gesonderte Gesellschaften auszugliedern (Nr. 1).
- Verträge des Betreibers der Schienenwege mit Dritten sind so zu gestalten, dass seine organisatorische Selbständigkeit gewährleistet ist (Nr. 2).
- Entscheidungen über den Netzfahrplan, die sonstige Zuweisung von Zugtrassen und die Entscheidungen über die Wegeentgelte sind nur von dem Personal des Betreibers der Schienenwege zu treffen, das keine Funktionen in Eisenbahnverkehrsunternehmen oder mit diesen verbunden Unternehmen ausübt (Nr. 3).
- Weisungen Dritter gegenüber dem Betreiber der Schienenwege oder seinem Personal in Bezug auf Entscheidungen über den Netzfahrplan, die sonstige Zuweisung von Zugtrassen und die Entscheidungen über die Wegeentgelte sind unzulässig (Nr. 4).
- In Unternehmen gem. § 9 Abs. 1 Satz 1 Nr. 2 und 3[47] sind unternehmensinterne Regelungen zu schaffen, aufrecht zu erhalten und zu veröffentlichen, die die Einflussnahme von Dritten außerhalb des Betreibers der Schienenwege auf die Entscheidungen über den Netzfahrplan, die sonstige Zuweisung von Zugtrassen und Entscheidungen über die Wegeentgelte unterbinden; darin ist insbesondere festzulegen, welche besonderen Pflichten die Mitarbeiter zur Verhinderung solcher Einflussnahmen haben; Betreiber der Schienenwege sind zudem auf Verlangen der zuständigen Aufsichtsbehörde verpflichtet, dieser einen Beauftragten zu benennen, der über die Einhaltung der Regelungen wacht; der Beauftragte hat jährlich einen Bericht über die aufgetretenen Problemfälle und die getroffenen Maßnahmen der zuständigen Aufsichtsbehörde vorzulegen (Nr. 5).
- In Unternehmen gem. § 9 Abs. 1 Satz 1 Nr. 2 und 3[48] sind die Aufsichtsräte getrennt zu besetzen; dazu dürfen dem Aufsichtsrat des Betreibers der Schienenwege keine Mitglieder der Aufsichtsräte von Unternehmen gem. § 9 Abs. 1 Satz 1 Nr. 2 und 3 sowie deren Angehörige angehören; dies gilt auch für sonstige Beteiligungen des Mutterunternehmens (Nr. 6).

Gem. § 9a Abs. 2 AEG sind Verträge, die der Verwirklichung der Verpflichtungen nach Absatz 1 entgegenstehen, bis spätestens 1. November 2005 diesen Verpflichtungen anzupassen oder zu kündigen. Gemeint sind mit diesen Verträ-

47 Das sind Eisenbahnverkehrs- bzw. Infrastrukturunternehmen, die in einem Konzernverbund mit dem jeweils anderen Bereich stehen.

48 Vgl. vorherige Fn.

gen laut Begründung des Regierungsentwurfs insbesondere Gewinnabführungs- und Beherrschungsverträge.[49] Da der Gesetzgeber wohl nicht mit der tatsächlichen Inanspruchnahme der Sonderkündigungsmöglichkeit durch einen beherrschten Betreiber der Schienenwege rechnet, soll für den Fall, dass bis zum 1.November 2005 keine Einigung erzielt wird, die zuständige Aufsichtsbehörde gem. Abs. 2 Satz 2 zwingend ein Verbot von entsprechenden Verträgen *insoweit* aussprechen, als diese den Vorgaben des Abs. 1 entgegen stehen.

Durch die Verpflichtung zur Anpassung von Beherrschungsverträgen wird das durch § 308 AktG vermittelte (vertrags-)konzernrechtliche Weisungsrecht der DB AG (Holding) bezüglich Trassenvergabe und Trassenpreissetzung gegenüber der DB Netz AG beschnitten. Nicht verlangt wird hingegen die vollständige Beseitigung derartiger Verträge. Die anders lautende Interpretation *Gersdorfs*[50] ist nicht nachvollziehbar.[51] *Gersdorf* kommt zu dem Schluss, dass im Entwurf zur Neufassung des AEG das vollständige Verbot von Beherrschungs- und Gewinnabführungsverträgen angelegt ist; darüber hinaus soll der Entwurf sogar das Verbot des faktischen Konzerns enthalten.[52] Bereits Ersteres entspricht nicht dem Wortlaut des § 9a AEG. Gem. der ausdrücklichen Formulierung des § 9a Abs. 2 Satz 1 AEG sind die genannten Verträge anzupassen *oder* zu kündigen. Die Möglichkeit der Anpassung von Beherrschungs- bzw. Gewinnabführungsverträgen setzt aber denklogisch voraus, dass diese Verträge nicht in jedem Fall aufzulösen sind. Gem. Satz 2 hat zudem die zuständige Aufsichtsbehörde *entsprechende Bestimmungen* in Verträgen *insoweit* zu verbieten (als diese nicht den Verpflichtungen nach Absatz 1 entsprechen). Auch nach dieser Formulierung wird die Zulässigkeit der genannten Verträge unter bestimmten Bedingungen vorausgesetzt. Zulässig sind sie in der Diktion des § 9a Abs. 1 AEG, soweit ein Betreiber der Schienenwege hinsichtlich der „Entscheidungen über die Zuweisung von Zugtrassen und über die Wegeentgelte" unabhängig von Eisenbahnverkehrsunternehmen ist.

---

49 BT-Drs. 15/3280, S. 17.

50 *Gersdorf* (Fn. 3), S. 594, bezogen auf den in soweit identischen Fraktionsentwurf von SPD und Bündnis 90/Die Grünen, vgl. Fn. 12.

51 Damit ist keineswegs gesagt, dass dieses Ergebnis nicht aus den gemeinschaftsrechtlichen Vorgaben selbst folgt. Lediglich die Konzeption des Regierungsentwurfs enthält keinen Ansatzpunkt für eine solche Auslegung.

52 *Gersdorf* (Fn. 3) S. 594 f.

II. Fazit

Die Regelungen des § 9a Abs. 1 und Abs. 2 AEG zielen im Falle des Verbleibens eines Betreibers der Schienenwege im Unternehmensverbund mit Eisenbahnverkehrsunternehmen insbesondere auf die Einschränkung des vertragskonzernrechtlichen Weisungsrechts aus § 308 AktG im Hinblick auf die Trassenvergabe und die Trassenpreissetzung ab. Denn insoweit muss die Netzbetreibergesellschaft rechtlich, organisatorisch und in ihren Entscheidungen unabhängig von Eisenbahnverkehrsunternehmen sein. Ein vollständiges Verbot des Vertragskonzerns – geschweige denn des faktischen Konzerns – enthält die Vorschrift hingegen nicht. Im Gegenteil, das AEG in der Fassung der dritten Änderungsnovelle legitimiert die Inanspruchnahme der Option für ein Organisationsmodell vertikal integrierter Eisenbahnunternehmen, das als „modifizierter Vertragskonzern" bezeichnet werden kann.

III. Verstärkte Überwachungsaufgaben und erweiterte Befugnisse der Regulierungs- und Aufsichtsbehörde

Im Vermittlungsverfahren sind im Verhältnis zum Regierungsentwurf vom 9. Juni 2004[53] zahlreiche Änderungen betreffend die Zuständigkeiten und Aufgabenbereiche der Regulierungs- und Aufsichtsbehörde zur Gewährleistung von diskriminierungsfreiem Zugang zu Schienennetzen hinzugekommen (§§ 14a bis 14f sowie §§ 34 bis 37 AEG, § 4 Eisenbahnverkehrsverwaltungsgesetz (BEVVG)). Eine detaillierte Darstellung sämtlicher Regelungen kann an dieser Stelle nicht erfolgen. Entscheidende Aspekte aber sind: Die Übertragung der Aufgaben der Regulierungsbehörde ab dem 1. Januar 2006 auf die Regulierungsbehörde für Telekommunikation und Post, § 4 Abs. 1 BEVVG. Der Regulierungsbehörde obliegt es dabei hauptsächlich, die Einhaltung der Vorschriften des Eisenbahnrechts über den Zugang zur Eisenbahninfrastruktur zu überwachen, insbesondere hinsichtlich der Erstellung des Netzfahrplans (vor allem für Entscheidungen über die Zuweisung von Zugtrassen für den Netzfahrplan einschließlich der Pflichtleistungen), § 14b Abs. 1 Nr. 1 AEG, der sonstigen Entscheidungen über die Zuweisung von Zugtrassen einschließlich der Pflichtleistungen (Nr. 2), des Zugangs zu Serviceeinrichtungen einschließlich der damit verbundenen Leistungen (Nr. 3) sowie der Benutzungsbedingungen, der Entgeltgrundsätze und der Entgelthöhen (Nr. 4).

Gem. § 14b Abs. 3 AEG sind die Regulierungsbehörde und das Eisenbahn-Bundesamt verpflichtet, anderen Regulierungsstellen der Mitgliedstaaten der Europäischen Union Informationen über ihre Arbeit, ihre Entscheidungsgrund-

53 BT-Drs. 15/3280 S. 1.

sätze und ihre Entscheidungspraxis zu übermitteln mit dem Ziel, zur Koordinierung der Entscheidungsgrundsätze in der gesamten Union beizutragen. Außerdem hat die Regulierungsbehörde für jede Fahrplanperiode einen Bericht über ihre Tätigkeit sowie über die Lage und Entwicklung auf ihrem Aufgabengebiet für die Bundesregierung zu erstellen. Die Bundesregierung leitet den Bericht der Regulierungsbehörde dem Deutschen Bundestag unverzüglich zu (Abs. 4).

Die allgemeinen Befugnisse der Regulierungsbehörde sind in § 14c AEG geregelt. Gem. § 14c Abs. 2 AEG haben die Zugangsberechtigten, die öffentlichen Eisenbahninfrastrukturunternehmen und die für sie tätigen Personen der Regulierungsbehörde und ihren Beauftragten zur Durchführung ihrer Aufgaben zu gestatten, Geschäftsräume und Betriebsanlagen innerhalb der üblichen Geschäfts- und Arbeitsstunden zu betreten und Bücher, Geschäftspapiere, Dateien und sonstige Unterlagen einzusehen. Die Regulierungsbehörde kann ferner den beabsichtigten Entscheidungen, zu deren Mitteilung die öffentlichen Eisenbahninfrastrukturunternehmen gem. § 14d AEG verpflichtet sind,[54] widersprechen (§ 14e AEG). Die Nachträgliche Prüfung von Schienennetz-Benutzungsbedingungen und die Nutzungsbedingungen für Serviceeinrichtungen sowie Regelungen über die Höhe oder Struktur der Wegeentgelte und sonstiger Entgelte eines Eisenbahninfrastrukturunternehmens von Amts wegen regelt § 14f AEG.

Ebenfalls im Vermittlungsverfahren eingefügt wurde die Einrichtung eines Netzbeirats (§ 34 AEG) und eines Eisenbahninfrastrukturbeirats (§ 35 AEG). Auf Verlangen der Aufsichtsbehörde ist ein Betreiber der Schienenwege verpflichtet, einen unabhängigen Netzbeirat einzurichten (§ 34 Abs. 1 AEG). Der Netzbeirat hat das Recht, Empfehlungen zur Entwicklung, zum Ausbau und zum Erhalt der Schienenwege zu machen. Der Vorstand des Betreibers der Schienenwege hat diese Empfehlungen zum Gegenstand seiner Beratungen zu machen. In den Netzbeirat sind von der zuständigen Aufsichtsbehörde Vertreter oder Beauftragte von Eisenbahnverkehrsunternehmen und der nach § 1 Abs. 2 des Regionalisierungsgesetzes bestimmten Stellen zu berufen. Der Eisenbahninfrastrukturbeirat (§ 35 AEG), der gem. § 4 Abs. 4 BEVVG bei der Regulierungsbehörde gebildet wird (und aus neun Mitgliedern des Deutschen Bundestages und neun Vertretern oder Vertreterinnen des Bundesrates besteht), hat die

---

54 Eine Beabsichtigte Entscheidung über die Zuweisung von Zugtrassen für den Netzfahrplan/außerhalb der Erstellung des Netzfahrplans, sofern Anträge abgelehnt werden sollen; eine beabsichtigte Entscheidung über den Zugang zu Serviceeinrichtungen einschließlich der damit verbundenen Leistungen, sofern Anträge abgelehnt werden sollen; eine beabsichtigte Entscheidung über den Abschluss eines Rahmenvertrags; die beabsichtigte Entscheidung, die Zugangsberechtigten aufzufordern, ein Entgelt anzubieten, das über dem Entgelt liegt, das auf der Grundlage der Schienennetz-Benutzungsbedingungen zu zahlen wäre sowie die beabsichtigte Neufassung oder Änderung von Schienennetz-Benutzungsbedingungen und von Nutzungsbedingungen für Serviceeinrichtungen einschließlich der jeweils vorgesehenen Entgeltgrundsätze und Entgelthöhen.

Aufgabe, die Regulierungsbehörde bei der Wahrnehmung ihrer Aufgaben und der Erstellung des Berichts nach § 14b Abs. 4 AEG zu beraten sowie der Regulierungsbehörde Vorschläge für die Schwerpunkte ihrer Tätigkeit zu machen.

D. Bewertung

I. Fehlende Unabhängigkeit des Betreibers der Infrastruktur im Vertragskonzern

1. Die inhaltliche Verwirklichung der Unabhängigkeit in der Trassenvergabe und der Trassenpreissetzung

Die unter C.III. dargelegte erhöhte Regulierungsdichte bezüglich der Aufgaben und Befugnisse der Regulierungsbehörde zur Gewährleistung von diskriminierungsfreiem Zugang zum Schienennetz ändert nichts an der gemeinschaftsrechtlichen Verpflichtung der Mitgliedstaaten dafür zu sorgen, dass die Betreiber der Infrastruktur bez. Trassenvergabe und Trassenpreisfestsetzung rechtlich, organisatorisch und in ihren Entscheidungen unabhängig von Eisenbahnunternehmen sind (vgl. B.). Dabei muss die Unabhängigkeit bez. dieser Bereiche in einem Gesamtzusammenhang betrachtet werden. Es muss gewährleistet sein, dass der Betreiber der Infrastruktur, der im Unternehmensverbund mit Eisenbahnunternehmen steht, den Anreiz, vor allem aber die rechtlichen Möglichkeiten hat, die wettbewerbsschädlichen und gemeinschaftsrechtlich verbotenen Quersubventionen zwischen Netz und Betrieb[55] zu verhindern. Unter Quersubventionierung wird die Subventionierung der auf einem Sekundärmarkt (z.B. Verkehrsmarkt) angebotenen Dienste des Marktbeherrschers oder seiner Tochtergesellschaften durch vom Marktbeherrscher mit der Gestellung einer wesentlichen Einrichtung (z.B. eines Schienennetzes, das wegen der enormen Kosten nicht von einem potentiellen Wettbewerber dupliziert werden kann, so dass dieser den Zugang zur wesentlichen Einrichtung benötigt) erzielten Einnahmen verstanden. Kennzeichnend für einen solchen Mitteltransfer ist dabei dessen ungenügende Kompensierung.[56] Ziel ist es, Wettbewerber auf den nachgelagerten Märkten zu dis-

---

55 Vgl. *Gersdorf* (Fn.3), S. 586.

56 *Sprickmann Kerkerinck*, Die Essential-Facilities-Doktrin, Frankfurt 2002, S. 109; *Möschel* in: Immenga/Mestmäcker, EG-Wettbewerbsrecht, München 1997, Art. 86, Rdnr. 280; *Burmeister*, Der Wettbewerb der Eisenbahnen im europäischen Binnenmarkt, Baden-Baden 2001, S. 47; *Tränkle*, Die „essential facilities"-Doktrin im europäischen Wettbewerbsrecht, Tübingen 2001, S. 124.

kriminieren, indem ihnen überhöhte Kosten für die Nutzung der wesentlichen Einrichtung (Schienennetz) angelastet werden.[57]

Das eigentliche Problem ist die wirksame Durchsetzung und Kontrolle dieses Verbots, denn für den externen Regulierer ist die Quersubventionierung praktisch nicht nachweisbar.[58] Das gilt selbst dann, wenn eine getrennte Bilanzierung der Bereiche erfolgt (wie sie Art. 6 Abs. 1 RL 2001/12/EG verlangt). Verwiesen sei nur auf das Beispiel von *Kruse*, der darlegt, dass auch bei strikt getrennter Bilanzierung die Verbuchung von bestimmten Inputfaktoren (wie insbes. Personal) im Netzbereich bei deren tatsächlicher Einsetzung im Dienstbereich nicht verhindert werden kann.[59]

Vor diesem Hintergrund wird der Stellenwert der wirtschaftlichen Eigenverantwortlichkeit des Betreibers der Infrastruktur im Sinne einer Kosten- und Ergebnisverantwortung deutlich: Die wirtschaftliche Ergebnisverantwortlichkeit ist als Anreizfaktor im nicht vollständig separierten Eisenbahnunternehmen letztlich das einzig wirksame Instrument gegen die unerwünschte Quersubventionierung. Der Betreiber der Infrastruktur muss sich auf einer Stufe der vertikalen Desintegration befinden, in der er ein originäres Interesse daran hat, keine Inputfaktoren zu „verschenken". Zudem muss er über die Möglichkeit verfügen, dieses originäre Interesse gegenüber dem herrschenden Unternehmen durchzusetzen. Oder anders ausgedrückt: Die Intensität der vertikalen Desintegration muss dazu führen, dass der Betreiber der Infrastruktur zu einem eigenverantwortlichen Geschäftsbereich wird.[60]

2. *Fehlende wirtschaftliche Eigenverantwortung im Vertragskonzern*

Wirtschaftliche Eigenverantwortung des abhängigen Unternehmens, um auf die daraus zu ziehende rechtliche Schlussfolgerung zu kommen, ist im Vertragskonzern in Verbindung mit Gewinnabführungsverträgen schlechthin nicht zu gewährleisten. Im Vertragskonzern ist der unternehmerische Handlungsspielraum des Vorstands der abhängigen Gesellschaft von vornherein stark eingeschränkt, was aber nicht nur mit der weitgehenden Weisungskompetenz des Vorstands des herrschenden Unternehmens (§ 308 AktG) zusammenhängt. Insbesondere schlägt die Vertragskonzernstruktur auch auf die *Vermögensordnung* der abhängigen Gesellschaft durch. So gelten gem. § 291 Abs. 3 AktG die Kapitalerhal-

---

57 *Burmeister* (Fn. 56), S. 47.

58 *Burmeister* (Fn. 56), S. 47; Haas, „Essential Facilities Doctrine" und offene Netze, Baden-Baden 2000, S. 191 f.

59 *Kruse* (Fn. 7), S. 258, Fn. 21.

60 Vgl. *Burmeister* (Fn. 56), S. 47; so im Ergebnis auch *Schneider* (Fn. 20), S. 138.

tungsvorschriften der §§ 57, 58 und 60 AktG bei Bestehen eines Beherrschungs- (oder Gewinnabführungsvertrags) nicht. Dieses sog. Konzernprivileg[61] erlaubt z.B. die offene und verdeckte Gewinnabführung im Vertragskonzern.[62] Besteht ein Beherrschungsvertrag in Kombination mit einem Gewinnabführungsvertrag, kann das herrschende Unternehmen über das Weisungsrecht sogar Einfluss auf die Gewinnermittlung bei der abhängigen Gesellschaft nehmen und dadurch gezielt die stillen Reserven der abhängigen Gesellschaft (und damit auch deren finanzielle Basis) mindern.[63]

In Verbindung mit der im Gegenzug für die beschriebene Lockerung der Kompetenz- und Vermögensordnung der abhängigen Gesellschaft bestehende Verlustausgleichspflicht des herrschenden Unternehmens (§ 302 AktG) wird auf diese Weise die abhängige Gesellschaft wirtschaftlich derart an die Obergesellschaft gebunden, dass der Vorstand der abhängigen Gesellschaft letztlich überhaupt nicht über die finanzielle Basis verfügt, den statutarischen Unternehmensgegenstand der abhängigen Gesellschaft gegen etwaige Interessen der Obergesellschaft zu verfolgen. Das aber bedeutet im Ergebnis: Es gibt für den abhängigen Betreiber der Infrastruktur in einem Vertragskonzern mit Gewinnabführungsverträgen (auch wenn die Vertragskonzernstruktur modifiziert wird, vgl. C.II.) weder Anlass noch letztlich die Möglichkeit, praktisch nicht nachweisbare und im Interesse des herrschenden Unternehmens liegende Quersubventionierungen zu verhindern. Damit ist der in der beschriebenen Weise wirtschaftlich abhängige Betreiber der Infrastruktur in einem derartigen Konzernorganisationsmodell auch nicht unabhängig in der Trassenvergabe und der Trassenpreissetzung im Sinne der Art. 4 Abs. 2 und Art. 14 Abs. 2 RL 2001/14/EG. Ein solches Modell, das auf der Grundlage des AEG möglich ist, verstößt gegen europäisches Gemeinschaftsrecht.

II. Der faktische Konzern als Lösungsmodell?

Möglicherweise stellt der faktische Konzern (ohne Gewinnabführungsverträge) ein zulässiges Organisationsmodell dar. Voraussetzung wäre, dass das Gemeinschaftsrecht die Ausübung von faktischer Leitungsmacht auf den Betreiber der Infrastruktur durch das herrschende Eisenbahnunternehmen unter keinem denkbaren Gesichtspunkt verbieten würde. Die Unterstellung der abhängigen Gesellschaft unter „einheitliche Leitung“ im Sinne des § 18 Abs. 1 S.1 AktG, was

61 *Emmerich* in: Emmerich/Habersack, Konzernrecht, München 2003, § 291 Rdnr. 75.

62 Dazu *Gierke*, Die Wirtschaftstätigkeit nichtwirtschaftlicher Organisationen, Köln 2004, S. 252 ff.

63 *Altmeppen*, in: Münchener Kommentar zum AktG, München 2000, § 291 Rdnr. 146.

Voraussetzung für den Konzerntatbestand ist, kann sich in einer Vielzahl von Leitungsaktivitäten manifestieren.[64] Einige sind europarechtlich tatsächlich unproblematisch (z.B. der konzernumspannende Einsatz bestimmter Stabstellen wie Presse- oder Werbeabteilungen), andere hingegen unzulässig, da sie der Unabhängigkeit des Betreibers der Infrastruktur bez. Trassenvergabe und Trassenpreissetzung entweder unmittelbar oder zumindest mittelbar zuwiderlaufen. Problematisch könnte etwa die einheitliche Gestaltung des Finanz- und Rechnungswesens oder die Koordination einer einheitlichen Finanzpolitik sein, soweit dadurch die wirtschaftliche Selbstständigkeit des Betreibers der Infrastruktur gefährdet wäre. Dieser Aspekt hängt eng zusammen mit Teilbereichen der Konzernplanung: So wäre die in faktischen Konzernen übliche[65] Koordination der Preispolitik durch Konzernverrechnungspreise als Teil der Konzernplanung ein besonders eindrückliches Beispiel für eine offensichtlich gegen die Maßgaben des Eisenbahninfrastrukturpakets verstoßene Einflussnahme.

Die entscheidende Frage ist daher, ob und wie den europarechtlich *unzulässigen* faktischen Einflussnahmemöglichkeiten innerhalb eines faktischen Konzerns wirksam begegnet werden kann: Die gesellschaftsrechtlich nahe liegende Form zur europarechtskonformen Begrenzung des faktischen Konzerneinflusses ist eine (im AEG) gesetzlich konkretisierte Ausgestaltung der Satzung des Betreibers der Infrastruktur.[66] Dabei würde es aber zur Sicherstellung der europarechtlich geforderten Unabhängigkeit des Betreibers der Infrastruktur nicht genügen, allgemeine Floskeln in die Satzung aufzunehmen, wie: „Die Netzgesellschaft hat in Fragen der Trassenvergabe und der Trassenpreisfestsetzung unabhängig von Konzerneinflüssen zu agieren, und die wirtschaftliche Selbständigkeit der Netzgesellschaft ist zu gewährleisten" oder ähnliches. Damit wäre nämlich weder für die Konzernleitung klar, welche konkreten Leitungsaktivitäten sie im Rahmen faktischer Einflussnahme „entfalten" dürfte, noch wüsste der Vorstand der Tochtergesellschaft, welchen Forderungen der Konzernleitung er noch Folge leisten müsste, bzw. wo er sich bereits einen Verstoß gegen die Satzung entgegenhalten lassen müsste. Erforderlich wäre vielmehr die Entwicklung eines detaillierten und abschließenden Maßnahmekatalogs zulässiger bzw. unzulässiger faktischer Einflussnahme, der auf der Basis einer gesetzlichen Absicherung (im AEG) nicht mehr zur Disposition der (bzw. des Allein-) Gesellschafter(s) steht und sodann Eingang in die Satzung der Netzgesellschaft findet. Das Erstellen eines solchen Katalogs ist aber genauso unmöglich wie das Erstellen

64 Detaillierte Darstellung bei *Semler*, Leitung und Überwachung der Aktiengesellschaft, Köln/Berlin/Bonn/München 1996, Rdnr. 285 ff. m.w.N.

65 Vgl. *Semler* (Fn. 64), Rdnr. 328.

66 Die Grenze zulässiger Konzerneinflussnahme bildet sogar im Vertragskonzern die Satzung der Tochtergesellschaft, vgl. *Hommelhoff*, Die Konzernleitungspflicht, Köln/Berlin/Bonn/München 1982, S. 149 f.

eines abschließenden Katalogs möglicher Leitungsmaßnahmen im faktischen Konzern überhaupt.

Daher muss im Ergebnis festgestellt werden, dass jegliche Zusammenfassung des abhängigen Betreibers der Infrastruktur unter die einheitliche Leitung des herrschenden Eisenbahnunternehmens aufgrund des Gemeinschaftsrechts zu unterbleiben hat. Dies gilt auch für den vergleichsweise lockeren Konzernverbund des faktischen Konzerns. Letztlich kann der Betreiber der Infrastruktur nur mehr in Form einer reinen Kapitalbeteiligung im Unternehmensverbund mit Anbietern von Eisenbahnverkehrsdienstleistungen stehen.[67]

III. Berechtigte Interessen der Eigentümergesellschaft

Eine Holding als Organisationsmodell vertikal integrierter Eisenbahnunternehmen ist nach dem Gesagten nur zulässig, soweit der Betreiber der Infrastruktur nur noch als reine Kapitalbeteiligung eines Eisenbahnkonzerns gehalten wird. Als ein endgültiges Ergebnis erscheint dies vor dem Hintergrund der europarechtlichen Zulässigkeit der Stellung eines Betreibers der Infrastruktur als 100 %iges Beteiligungsunternehmen von Eisenbahnverkehrsdienstleistern bzw. einer Holding, die Verkehrsdienstleister beherrscht (vgl. Einleitung), bedenklich. Insbesondere ist nicht einzusehen, dass es für die alleinige Gesellschafterin keine Möglichkeit geben soll, der abhängigen Gesellschaft noch nicht einmal wettbewerbsneutrale (und europarechtlich offensichtlich unbedenkliche) Maßgaben, wie z.B. ein einheitliches Erscheinungsbild nach außen, abzuverlangen. Um einen angemessenen Ausgleich zwischen den zum Teil berechtigten Interessen der Alleingesellschafterin an einer Anbindung des Betreibers der Infrastruktur an den Eisenbahnkonzern einerseits und den europarechtlichen Vorgaben zur Unabhängigkeit von Netz und Betrieb andererseits zu schaffen, kommt eine – wenngleich begrenzte – Ausrichtung der abhängigen Gesellschaft auf die Konzernobergesellschaft (in ihrer Eigenschaft als Alleingesellschafterin) durch die Satzung in Betracht.[68] Dabei wäre aber sicherzustellen, dass ein Betreiber der Infrastruktur wie die DB Netz AG als eine im Sinne des AktG normtypische, also gewinnmaximierende Gesellschaft operiert.[69] Unzulässig wäre hingegen die altruistische Ausrichtung, die den Betreiber der Infrastruktur auf Grundlage der Satzung z.B. dazu anhält, bei Bedarf die Schwesterunternehmen zu unterstützen,

---

67 So auch, im Ergebnis richtig, *Gersdorf* (Fn. 3), S. 595, der aber fälschlicherweise davon ausgeht, dass das AEG die Unterordnung der DB Netz AG unter die einheitliche Leitungsmacht der DB AG verbietet, vgl. C.I.

68 Ausführlich *Lägeler* (Fn. 12), Teil 3.

69 Zum Begriff der normtypischen Aktiengesellschaft ausführlich *Eberth*, Die Aktiengesellschaft mit atypischer Zwecksetzung, Frankfurt 2000, S. 49 ff.

indem Inputfaktoren (wie etwa Personal) zur Verfügung gestellt werden, ohne dafür die marktübliche Gegenleistung vergütet zu bekommen. Dies würde einen klaren Verstoß gegen Gemeinschaftsrecht darstellen, namentlich gegen das Quersubventionierungsverbot (vgl. D.I.1.).

Ein Betreiber der Infrastruktur wie die DB Netz könnte in einem derartigen organisationsrechtlichen Rahmen in eigener unternehmerischer Verantwortung den Bereich der Schieneninfrastruktur vermarkten. Er kann dabei ggf. auch ökonomisch sinnvolle Abstimmungen mit dem Gesamtkonzern eingehen (in Fragen der Kapazitätsplanung etc.), soweit der diskriminierungsfreie Zugang der Wettbewerber gewährleistet ist. Mit diesem organisationsrechtlichen Modell ist im Unterschied zur Konzernstruktur im technischen Sinn gewährleistet, dass ein Betreiber der Infrastruktur seine Tätigkeit in erster Linie am eigenen unternehmerischen Erfolg ausrichtet und nicht am Konzernerfolg.

E. Zusammenfassung

Der nach dem AEG in der Fassung der dritten Änderungsnovelle als Organisationsmodell für vertikal integrierte Eisenbahnunternehmen zulässige modifizierte Vertragskonzern mit Gewinnabführungsverträgen zeichnet sich nicht nur durch die teilweise fortbestehende Weisungskompetenz des herrschenden Unternehmens aus, er bedeutet auch eine starke Veränderung der Vermögensordnung bei der abhängigen Infrastrukturbetreibergesellschaft, wodurch diese wirtschaftlich untrennbar mit der herrschenden Gesellschaft verbunden und von dieser abhängig ist. Der Betreiber der Infrastruktur hat als abhängiges Unternehmen in dieser Konstellation weder Interesse noch rechtliche Möglichkeiten, die Diskriminierung von Wettbewerbern des vertikal integrierten Eisenbahnunternehmens auf den nachgelagerten Verkehrsmärkten zu verhindern. Dies führt dazu, dass der Betreiber der Infrastruktur letztlich auch in seinen Entscheidungen über die Trassenvergabe und Trassenpreisfestsetzung nicht unabhängig sein kann. Dieses Organisationsmodell ist daher nicht mit Gemeinschaftsrecht vereinbar. Daran ändert auch die im Rahmen des Vermittlungsverfahrens eingefügte Ausweitung der Aufgabenbereiche und Befugnisse der Regulierungsbehörde zur Sicherung des diskriminierungsfreien Netzzugangs nichts.

Auch im faktischen Konzern würde keine hinreichende Sicherung der Unabhängigkeit des Betreibers der Infrastruktur erreicht werden. Dieser darf für den Fall, dass er auch in Zukunft Bestandteil eines vertikal integrierten Eisenbahnunternehmensverbunds sein soll, in keiner Form unter die einheitliche Leitung von Eisenbahnverkehrsunternehmen gestellt werden. Es besteht allerdings die Möglichkeit, den Betreiber der Infrastruktur, der wie im Falle der DB Netz zu 100 % im Eigentum eines Eisenbahnkonzerns steht, und gemeinschaftsrechtlich zulässig auch stehen bleiben kann, in beschränktem Umfang durch entsprechende Ausrichtung in der Satzung zu „konzernfreundlichem Verhalten" anzuhalten, um berechtigte Interessen der Eigentümergesellschaft zu wahren. Die Grenze hierfür bildet die gemeinschaftsrechtlich festgelegte Unabhängigkeit des Betreibers der Infrastruktur, wodurch insbesondere der diskriminierungsfreie Zugang von Wettbewerbern zum Schienennetz gewährleistet werden soll.

Trinkwasserversorgung unter weltweitem Liberalisierungs- und Privatisierungsdruck

Gerald G. Sander

> Das Wasser
> ist ein freundliches Element für den,
> der damit bekannt ist
> und es zu behandeln weiß.
> *Johann Wolfgang von Goethe, Wahlverwandtschaften*

Einleitung

Seit einigen Jahren bildet die Diskussion um die Liberalisierung und Privatisierung staatlicher Aufgaben einen Teil der öffentlichen Debatte.[1] Nicht zuletzt durch die Europäische Gemeinschaft angestoßen, fanden Liberalisierungsmaßnahmen in unterschiedlicher Ausprägung Eingang in den deutschen Telekommunikations-, Post-, Energie- und Verkehrssektor. Rechtsfragen der Liberalisierung und Privatisierung gehören deshalb schon seit vielen Jahren zum festen Bestandteil der wirtschaftsverfassungs- und wirtschaftsverwaltungsrechtlichen Seminare, Vorlesungen und Kolloquien von *Armin Dittmann* an den Universitäten Hohenheim und Tübingen.

Ein weiterer Bereich, der marktwirtschaftlichen Kräften verstärkt überantwortet werden soll, ist der Wassersektor. Angesichts leerer Kassen gehen Kommunen dazu über, Anteile an ihren Wasserwerken zu verkaufen oder die Wasserversorgung Privaten zu übertragen. Im Folgenden werden verschiedene Aspekte der kontrovers geführten Liberalisierungs- und Privatisierungsdiskussion im Trinkwasserbereich beleuchtet.[2] Dabei zeigt sich, dass die Reformkräfte sowohl auf nationaler wie auch auf europäischer und globaler Ebene agieren.

1 Ausführlich zu den rechtlichen Fragen der Privatisierung *Kämmerer*, Privatisierung. Typologie – Determinanten – Rechtspraxis – Folgen, Tübingen 2001.

2 Vgl. zu den einzelnen Privatisierungsmodellen *Fischer/Zwetkow*, Systematisierung der derzeitigen Privatisierungsmöglichkeiten auf dem deutschen Wassermarkt – Trennung von Netz und Betrieb als zusätzliche Option?, in: NVwZ 2003, S. 281 ff.

A. Zur Bedeutung des Zugangs zu Trinkwasser

I. Trinkwasser als besonderes Gut

Oftmals wird bei der Forderung nach Marktöffnung im Sektor der Trinkwasserversorgung übersehen, dass Wasser kein Handelsgut wie jedes andere ist. Der Mensch besteht zu über 60 % aus Wasser. Wasser als universelles Lösungs- und Transportmittel des menschlichen Organismus ist außer der Luft das einzige Lebensmittel, das nicht substituierbar ist. Trinkwasser ist zudem ein heterogenes Gut, das bei Lagerung und Transport an Qualität verliert. Eine weitere große Bedeutung erhält es durch den Einsatz als Hygienemittel. Deshalb muss es nach Qualität und Menge jederzeit so verfügbar sein, dass sein Gebrauch ausschließlich der menschlichen Gesundheit dient.[3]

Weit über 90 % der deutschen Haushalte haben eine Kanalisation und sind an Kläranlagen angeschlossen. Deutschland weist im weltweiten Vergleich eine sehr hohe Versorgungssicherheit auf und hat sich bei der Wasserbewirtschaftung den Grundsätzen der Nachhaltigkeit und Vorsorge verschrieben. Aufgrund der unterschiedlichen Rohwasserqualitäten der Quellen muss die Realisierung beider Aufgaben zentral organisiert und überwacht werden. Der Anteil der öffentlichen Hand bei der Wasserversorgung beträgt weltweit noch ca. 80 – 90 %. In den deutschen Kommunen stellt sich die Frage, ob die Wasserversorgung ausschließlich in öffentlicher Hand bleiben soll oder ob sie verstärkt privatisiert werden soll. Aufgrund der sehr kostenintensiven leitungsgebundenen Infrastruktur handelt es sich bei der Trinkwasserversorgung um einen Bereich, der die Merkmale eines natürlichen Monopols aufweist. Die Argumente für Liberalisierungen der Strom-, Gas- und Telekommunikationswirtschaft müssen dabei aber nicht zwangsläufig auch für den Wassersektor gelten.

II. Zugang zu Wasser als Menschenrecht

Ein allgemeines Menschenrecht auf Zugang zu Wasser ist völkerrechtlich bislang nicht ausdrücklich niedergelegt worden. Ein solches Menschenrecht wird aber insbesondere aus Art. 11 (Recht auf Nahrung) und 12 (Recht auf Gesundheit) des Internationalen Paktes über wirtschaftliche, soziale und kulturelle Rechte hergeleitet.[4] Es beinhaltet, dass jedermann zur Befriedigung seiner per-

---

3 *Dieter*, Trinkwasser: Marktfrei oder frei von Schadstoffen?, in: Umweltmedizin in Forschung und Praxis 2000, S. 307 (307).

4 Vgl. *UN Committee on Economic, Social and Cultural Rights*, General Comment 15 (2002): The right to water (arts. 11 and 12 of the International Covenant on Economic, Social and Cultural Rights), UN Doc. E/C.12/2002/11; siehe hierzu *Lohse*, Das Recht

sönlichen Bedürfnisse ein Recht auf sicheres, ausreichendes und bezahlbares Trinkwasser hat, dessen Zugang diskriminierungsfrei ausgestaltet und ohne Gefahr für Leib oder Leben gewährt werden muss. Findet eine privatwirtschaftliche Versorgung der Bürger mit Wasser statt, existiert ein Anspruch auf staatliche Regulierung der unternehmerischen Handlungen, um die Durchsetzung der menschenrechtlichen Pflichten zu sichern. Jedoch erzeugen die Bestimmungen des Paktes nicht unmittelbar subjektive Rechte für den einzelnen Bürger, sondern bedürften der Umsetzung und näheren Ausgestaltung durch staatliches Recht (vgl. Art. 2 Abs. 1 des Paktes).

III. Globale Herausforderungen der Wasserversorgung

Am 22. März 2005, dem „Tag des Wassers“[5], erklärten die Vereinten Nationen den Zeitraum von 2005 bis 2015 zur internationalen Dekade „Wasser zum Leben“.[6] Dieser Tag soll das Bewusstsein für das nur begrenzt verfügbare Lebensmittel weltweit schärfen und an die Einhaltung des sog. Millenniumsziels der Vereinten Nationen aus dem Jahr 2000 erinnern, den Anteil der Weltbevölkerung ohne nachhaltigen Zugang zu sauberem Trinkwasser bis zum Jahr 2015 zu halbieren[7]. Schon heute ist abzusehen, dass trinkbares Wasser in den nächsten Jahrzehnten ein knappes Gut wird[8] und dieses Ziel kaum zu erreichen sein wird. Von den rund sechs Milliarden Menschen, die auf der Welt leben, haben mehr als 1,1 Mrd. Personen keinen Zugang zu sauberem Trinkwasser und 2,4 Mrd. keinen Zugang zu einer hinreichenden Abwasserentsorgung.[9] Täglich sterben fast 30.000 Menschen an Krankheiten, die mit dem Mangel an trinkbarem

---

auf Wasser als Verpflichtung für Staaten und nichtstaatliche Akteure. Art. 11 Abs. 1, Art. 12 Internationaler Pakt über wirtschaftliche, soziale und kulturelle Rechte, Hamburg 2005.

5 Der Weltwassertag wird jedes Jahr am 22. März begangen. Durch gezielte Aktionen soll an ihm auf die Bedeutung des Wassers, den Schutz der Wasservorkommen und deren nachhaltige Nutzung hingewiesen werden.

6 UN-Resolution 58/217 vom 23. Dezember 2003.

7 Vgl. Ziel 7 der Millenniums-Entwicklungsziele (Millennium-Development-Goals); das bedeutet eine Senkung von ca. 1,16 Mrd. Menschen ohne Zugang auf etwa 580 Mio.

8 Nach Schätzungen der Vereinten Nationen sinkt der vorhandene, sehr ungleich verteilte Wasservorrat in den nächsten zehn Jahren um ein Viertel; der Wasserverbrauch soll dagegen um mindestens 40 % bis 2025 steigen.

9 World Water Assessment Programme, Water for People, Water for Life. The UN World Water Development Report, New York 2003, S. 108. Nach Angaben von UNICEF sterben jährlich 4.000 Kinder aus Mangel an sauberem Trinkwasser; vgl. Ärzte Zeitung vom 22. März 2005.

Wasser oder an sanitären Anlagen zusammenhängen. Gründe für die Wasserkrise sind der ständig steigende Wasserverbrauch vor allem der Industrie[10] und das anhaltende Bevölkerungswachstum in den Entwicklungsländern. In den südlichen Staaten kommen zur Wasserknappheit zumeist eine starke Verschmutzung sowie eine ineffiziente Wasserbewirtschaftung hinzu. Die globale Bereitstellung von trinkbarem Wasser ist damit eine der großen Herausforderungen des 21. Jahrhunderts.[11] Viele sehen bezüglich der Ressource Wasser sogar die wachsende Gefahr ernster Verteilungskonflikte zwischen den Staaten.[12]

Bei dieser Ausgangslage erwartet eine Handvoll privater, transnational tätiger Unternehmen große Gewinnchancen im Wassersektor und drängt weltweit auf freien Zugang zu den Wassermärkten.[13] Der weltweite jährliche Umsatz der Wasserindustrie wurde für das Jahr 2000 auf immerhin 400 Mrd. US-Dollar geschätzt.[14] Dies entspricht ca. 40 % des Umsatzes im Ölsektor und liegt bereits ein Drittel höher als die Umsätze in der Pharmaindustrie.

Sowohl in Deutschland als auch in der Europäischen Union und im Welthandel wird zurzeit intensiv über Liberalisierungen und Privatisierungen von Diensten im allgemeinen Interesse (sog. Daseinsvorsorge) diskutiert.[15] Den Liberalisierungsvorhaben seitens der Europäischen Union und der Welthandelsorganisation (WTO) stehen speziell in Deutschland allerdings häufig die gewachsenen Strukturen der kommunalen Erbringung dieser gemeinwohlorientierten

---

10 In Europa liegt der Verbrauch im Haushalt pro Person durchschnittlich bei 150 Litern; zur Herstellung von einem Kilo Brot werden etwa 1.000 Liter benötigt, für ein Kilo Fleisch fallen etwa 5.000 Liter an, eine Chip-Firma nutzt in der Stunde ca. 400.000 Liter Wasser.

11 Zur Problematik in den Entwicklungsländern *Brot für die Welt* (Hrsg.), Wasser für alle – eine globale Herausforderung, Stuttgart 2003; Vorstellung eines Konzepts zur Begegnung der globalen Wasserkrise bei *Neubert/Scheumann/van Edig/Huppert* (Hrsg.), Integriertes Wasserressourcen-Management (IWRM), Baden-Baden 2005.

12 Hierzu *Wirkus*, Werden Kriege um Wasser das Gesicht des 21. Jahrhunderts prägen? Konflikt- und Konfliktlösungspotential der Ressource Wasser, in: Forum Umwelt und Entwicklung, Internationales Wasserjahr: Wasser als Ware oder als Grundrecht? (Rundbrief 1/2003), S. 3 ff.

13 Zu den Weltmarktführern gehören die französischen Unternehmen Veolia Water Systems (vormals Vivendi-Générale des Eaux) und Ondeo Services, ein Unternehmen der Suez Environnement (vormals Suez-Lyonnaise des Eaux), sowie die deutsche RWE AG mit ihrer Tochter Thames Water.

14 Wasser ist das nächste knappe Gut, in: Magazin der Süddeutschen Zeitung vom 4.-8. August 2003.

15 Zur Stellung der Daseinsvorsorge im europäischen Einigungsprozess vgl. *Linder*, Daseinsvorsorge in der Verfassungsordnung der Europäischen Union. Primärrechtliche Grundzüge eines Rechts der Dienste von allgemeinem wirtschaftlichem Interesse, Frankfurt am Main u.a. 2004.

Dienstleistungen (Trinkwasserversorgung, Behandlungen in Krankenhäusern, ÖPNV etc.) entgegen. Obwohl die Akzeptanz der Verpflichtung des Staates zur Durchführung dieser elementaren Leistungen bei den Bürgern nach wie vor sehr groß ist, häufen sich im Zuge der Diskussion über künftige Liberalisierungsschritte die Forderungen, mehr Wettbewerb auch in die Bereitstellung und den Betrieb der Wassernetze, die Wasserversorgung sowie Abwasserentsorgung einzuführen.

B. Begrifflichkeiten

I. Formen der Liberalisierung

Bei einer Liberalisierung handelt es sich um die Einführung von Marktmechanismen in Märkte, die bislang durch den Staat monopolisiert waren. Bei einer Liberalisierung ist grundsätzlich zunächst zwischen dem Wettbewerb *im* Markt und dem Wettbewerb *um* den Markt zu differenzieren.[16]

Von einem Wettbewerb im Markt wird gesprochen, wenn die Marktöffnung darauf abzielt, dass der Wettbewerb um den Endverbraucher gestärkt wird, indem das Gebietsmonopol aufgehoben wird und die Anbieter dieselbe Leitung benutzen können. Allerdings ist die Schaffung gemeinsamer Versorgungsnetze im Wassersektor aus gesundheitlicher sowie hygienischer Sicht wegen der stattfindenden Durchmischung der Wässer bedenklich und die Errichtung paralleler Netz sehr kostenintensiv.

Ein Wettbewerb um den Markt findet statt, wenn die Anbieter lediglich im Wettbewerb um das zeitlich befristete Recht zur Wasserversorgung in einem Versorgungsgebiet stehen. Das einschlägige Wettbewerbsinstrument ist in diesem Zusammenhang das Ausschreibungsverfahren mit der Vergabe einer langfristigen Konzession an den obsiegenden Bieter. Weil die Gebietsmonopole hierbei bestehen bleiben können, handelt es sich um das derzeit am meisten diskutierte Liberalisierungsmodell.

Weiterhin ist auch der Wettbewerb um einzelne, spezifische Dienstleistungen wie Qualitätskontrollen oder die Instandsetzung und den Unterhaltung baulicher Anlagen der Wasserversorgung möglich, die ebenfalls im Wege von Ausschreibungsverfahren vergeben werden können.

---

16 Siehe zu dieser Unterteilung auch *Becker*, Europäische Daseinsvorsorge. Die Politik der EU zwischen Wettbewerb und Gemeinwohlverpflichtung, Stiftung Wissenschaft und Politik, Berlin 2005, S. 27.

II. Formen der Privatisierung

In der Praxis führen Liberalisierungen in den betroffenen Sektoren auch zu Privatisierungen. Bei einer Privatisierung übernehmen Unternehmen in privater Rechtsform Aufgaben, die zuvor die öffentliche Hand erbracht hat.[17] Im Wesentlichen können drei Arten von Privatisierungen unterschieden werden.

Eine formelle Privatisierung (Organisationsprivatisierung) liegt vor, wenn organisatorisch an die Stelle eines Trägers öffentlicher Verwaltung eine juristische Person des Privatrechts tritt, die Anteile dieser Privatrechtsperson jedoch ganz oder mehrheitlich in den Händen der öffentlichen Verwaltung verbleiben.

Von einer funktionalen Privatisierung spricht man, wenn eine Behörde bei der Wahrnehmung ihrer Aufgaben Private einschaltet, wobei das Anlagevermögen sowie die öffentlich-rechtliche Verantwortung weiterhin bei ihr verbleiben. Kommt der Partner aus dem privatwirtschaftlichen Bereich liegt eine echte funktionale Privatisierung vor; geht der private Partner dagegen aus einer Kommune hervor, besteht eine unechte funktionale Privatisierung.

Eine materielle Privatisierung (Aufgabenprivatisierung) findet statt, wenn sich der Staat aus der Erfüllung einer Verwaltungsaufgabe zurückzieht und die Erledigung der Aufgabe privater Initiative überlässt. Im Falle einer unechten Aufgabenprivatisierung werden zeitlich befristete Konzessionen erteilt, so dass nach Fristablauf die Kommunen wieder die Wasserversorgungseinrichtungen übernehmen, während bei einer echten Aufgabenprivatisierung kein solches Rückholrecht besteht.

Im Bereich der Trinkwasserversorgung sind sowohl in Deutschland als auch weltweit Beispiele für diese unterschiedlichen Formen von Privatisierung anzutreffen.

C. Der Trinkwassersektor in ausgewählten europäischen Staaten

Im Folgenden wird die Organisation der Trinkwasserversorgung beispielhaft anhand der Vollprivatisierung in England und Wales, des Konzessionsmodells in Frankreich sowie anhand von Privatisierungsbeispielen ausgewählter deutscher Städte einschließlich einer knappen Darstellung der Rechtslage vorgestellt.

17 Siehe hierzu ausführlich *Kämmerer* (Fn. 1).

I. Privatisierung in England/Wales

In England und Wales wurde mit dem Water Act von 1989 eine Privatisierung der zehn Regional Water Authorities durchgeführt,[18] indem sämtliche Wasser- und Klärwerke vollständig verkauft wurden. Den neu entstandenen Aktiengesellschaften wurde ein Großteil der Schulden erlassen, sie bekamen Zuschüsse für ökologische Maßnahmen und steuerliche Vorteile. Ferner erhielten sie eine Betreiberlizenz für 25 Jahre. Die privaten Wasseranbieter sind dabei einer Preisregulierung durch das Office of Water Services (OFWAT), einer Überwachung der Trinkwasserqualität durch die Drinking Water Inspectorate (DWI) sowie einer Kontrolle der Umweltauflagen durch die Environmental Agency (EA) unterworfen. Zusätzlich wurden nach öffentlichen Protesten aus Gründen des Verbraucherschutzes regionale Verbraucherkomitees sowie im Jahr 2000 ein autonomer Konsumentenrat geschaffen. Die hohe Zahl an Aufsichts- und Regulierungsbehörden sowie die spätere institutionelle Stärkung des Verbraucherschutzes zeigen, dass das ursprünglich mit der Privatisierung verfolgte Ziel, ein geringeres Maß an Regulierungen zu erreichen, sich nicht erfüllt hat.[19] Neben vielen Nachteilen – auf die im Folgenden noch einzugehen sein wird – hat die Privatisierung jedenfalls dazu geführt, dass erstmals die Vorgaben der EG-Trinkwasserrichtlinie[20] nahezu erfüllt wurden.

II. Das französische Konzessionsmodell

In Frankreich sind seit ca. 150 Jahren die Kommunen – gegebenenfalls auch in einem interkommunalen Verbund – für die Trinkwasserversorgung verantwortlich. Sie können allerdings darüber entscheiden, ob sie die Aufgabe der Wasserversorgung an ein privates Unternehmen abgeben.[21] Der Marktanteil der Priva-

---

18 Zu den Gründen *Green*, The lessons from the privatisation of the wastewater and water industry in England and Wales, in: Holzwarth/Kraemer (Hrsg.), Umweltaspekte einer Privatisierung der Wasserwirtschaft in Deutschland, Berlin 2001, S. 135 (144 ff.); siehe auch *Schediwy*, Zur Privatisierung in Großbritannien 1979-1997, in: Zeitschrift für Gemeinwirtschaft: Strukturen im Wandel, Heft 4/5, 2003, S. 23 ff.

19 *Scherrer* u.a., Liberalisierung Öffentlicher Dienstleistungen durch das GATS. Gemeinwirtschaftliche Auswirkungen in den Sektoren Wasserversorgung und Verkehr (Schiene, ÖPNV), Wien 2005, S. 72.

20 Richtlinie 80/778/EWG (ABl. EG 1980 Nr. L 229, S. 11); abgelöst durch Richtlinie 98/83/EG (ABl. EG 1998 Nr. L 330, S. 32).

21 Zu den französischen Erfahrungen *Barraqué/Grand d'Esnon/Van de Vyver*, Experiences in France, in: Holzwarth/Kraemer (Hrsg.), Umweltaspekte einer Privatisierung der Wasserwirtschaft in Deutschland, Berlin 2001, S. 199 ff.

ten an der Wasserversorgung betrug im Jahr 2000 79 %.[22] Grundlage hierfür ist eine Konzessionsvergabe der Gemeinde an einen privaten Anbieter, wobei die Gemeinde aber weiterhin die Verantwortung für die Wasserversorgung behält und sie ebenfalls Eigentümerin der Infrastruktur (Bauwerke, Netze etc.) und zuständig für die Kontrolle der Wasserpreise bleibt. Die Konzession wird nach einem gesetzlich festgelegten Ausschreibungsverfahren vergeben und in der Regel in einem Delegationsvertrag mit maximal 20 Jahren Laufzeit niedergelegt.[23] Bei der Neuvergabe der Konzession kommt es aber nur sehr selten vor, dass eine Kommune den Wasseranbieter wechselt. Drei französische Anbieter (Veolia, Ondeo und Société d'Aménagement Urbain et Rural [SAUR]) beliefern 98 % der von Privaten versorgten Haushalte.[24] Hier zeigt sich das grundsätzliche Bedenken der Liberalisierung des Wassermarktes, dass letztlich nur öffentliche Monopol durch private Monopole abgelöst werden.

III. Die Situation in Deutschland

Zunehmend kaufen sich in- und ausländische Privatunternehmen in deutsche Wasserwerke ein (sog. Teilprivatisierung) und erlangen auf diese Weise Einfluss vor allem auf Versorgungsleistungen, den Betrieb der technischen Infrastruktur sowie den vorsorgenden Ressourcenschutz. In anderen Fällen wird die gesamte Versorgungsaufgabe mit langjährigen Konzessionsverträgen von den Kommunen vollständig an privatwirtschaftliche Konzerne übertragen. Für diesen Zeitraum wird somit das öffentliche Versorgungsmonopol durch ein privates Monopol ersetzt.

Privatisierungsbeispiele im deutschen Wassersektor reichen damit von einer bloßen Organisationsprivatisierung, im Wege der Umwandlung von Stadtwerken in Eigengesellschaften,[25] bis hin zum Verkauf der kompletten Infrastruktur und Konzessionsvergabe an ein privatwirtschaftliches Unternehmen wie in Stuttgart. In zahlreichen deutschen Städten wie in Berlin, Kiel und Schwerin wurden Anteile an den Wasserwerken an privatwirtschaftliche Unternehmen veräußert. In anderen Gemeinden wie etwa in Rostock wurde mit einem rein privaten Konzern ein Betreibermodell mit einer langjährigen Konzession zur

---

22 *Scherrer* u.a. (Fn. 19), S. 81.

23 *Scherrer* u.a. (Fn. 19), S. 80.

24 *Hemmer/Höferl/Hollos*, Privatisierung und Liberalisierung öffentlicher Dienstleistungen in der EU, Teil 8: Wasser und Abwasser, Österreichische Gesellschaft für Politikberatung und Politikentwicklung, Wien 2002, S. 12.

25 Wie z.B. die Hamburger Wasserwerke GmbH oder die Stadtwerke Tübingen GmbH.

Wasserversorgung vereinbart. In der Praxis finden in deutschen Kommunen somit ganz unterschiedliche Privatisierungsvorgänge statt.[26]

1. *Privatisierungsbeispiele im Einzelnen*

Stuttgart hat das städtische Aktienpaket in Höhe von 42,5 % an der Neckarwerke Stuttgart AG (NWS)[27] sowie seine 9-prozentige Beteiligung an der Energie Baden-Württemberg AG (EnBW) im Jahr 2002 an die EnBW veräußert.[28] Damit wurde die technische Infrastruktur der Wasserversorgung, einschließlich der Leitungen, Pumpstationen und Wasserspeicher, vollständig und endgültig an die EnBW verkauft. Der zwischen der Stadt Stuttgart und der Technischen Werke der Stadt Stuttgart AG (TWS) abgeschlossene Konzessionsvertrag über die Wasserversorgung, der auch für die Rechtsnachfolgerinnen NWS und EnBW Gültigkeit besitzt, hat eine Laufzeit bis Ende 2013. Außerdem veräußerte Stuttgart seine Anteile in Höhe von 33,3 % an der Infrastruktur der Bodenseewasser- und der Landeswasserversorgung an die EnBW. An der EnBW hält der kommunale Zweckverband Oberschwäbische Elektrizitätswerke (OEW) mit 44,5 % die gleiche Beteiligung wie der französische Mitaktionär Electricité de France (EdF). Eine Übernahme der Mehrheit an Deutschlands drittgrößtem Stromproduzenten durch den französischen Staatskonzern konnte vorerst noch verhindert werden, als die OEW Anfang 2005 ihren Anteil gleichfalls aufstockte und mit der EdF wieder gleichzog.

Die Wasserversorgung in Rostock wird seit 1993 im Wege eines Betreibermodells mit einer Konzessionserteilung auf 25 Jahre von dem privatwirtschaftlichen Unternehmen Eurawasser GmbH[29] geleistet. ThyssenKrupp und Ondeo Services (ehemals Suez-Lyonnaise des Eaux) waren seit 1991 an dem deutsch-französischen Gemeinschaftsunternehmen beteiligt. Seit dem Verkauf der 50 %-Beteiligung von ThyssenKrupp im Jahr 2002 hält Ondeo sämtliche Anteile. Die technische Infrastruktur der Wasserversorgung verbleibt im kom-

---

26 Zur Situation im Bundesland Baden-Württemberg *Kappel*, Wem gehört die Wasserversorgung in Baden-Württemberg?, in: Die Gemeinde 2004, S. 902 ff.

27 Die NWS ging 1997 aus einer Fusion der Neckarwerke Elektrizitätsversorgungs-AG Esslingen und der TWS hervor. 2003 kam es zum Zusammenschluss mit der EnBW.

28 Auch der Neckar-Elektrizitätsverband (NEV) sowie Landkreise, Städte und Gemeinden, die im NEV zusammen geschlossen sind, verkauften ihre Anteile an der NWS.

29 Zu diesem bislang erfolgreichen Beispiel einer Privatisierung im Wassersektor *von Weizsäcker*, Management success at Rostock, Germany, in: von Weizsäcker/Young/Finger (Hrsg.), Limits to Privatization. How to Avoid too Much of a Good Thing, London/Sterling, VA, 2005, S. 39 f.

munalen Eigentum, Eurawasser hat aber die Auflage, ausreichende Investitionen in sie vorzunehmen.

Die Kieler Ratsversammlung billigte im Juli 2000 einstimmig den Teilverkauf der Stadtwerke Kiel AG an TXU Europe Ltd. Die britische Tochtergesellschaft des texanischen Konzerns TXU Corp. erwarb 51 % der Stadtwerke zu einem Kaufpreis von rund 450 Mio. DM. Anschließende Grundstücks- und Werkwohnungsverkäufe sowie die nahezu Halbierung des Investitionsvolumens verbesserten die Bilanz. Dies trug mit dazu bei, den Wert der TXU-Aktie in den USA zu steigern. Im November 2002 beantragte der Konzern jedoch Insolvenz und beendete seine Aktivitäten in Europa. Nach einem äußerst schleppenden Verkaufsprozess mit wenigen Bietern übernahm die Mannheimer MVV Energie AG im Jahr 2004 schließlich das Aktienpaket.[30] Bereits nach drei Monaten wurde der Abbau von 300 Arbeitsplätzen angekündigt.

In Berlin werden die Wasserbetriebe als Anstalt des öffentlichen Rechts geführt. Im Jahr 1999 wurden 49,9 % der Anteile für 3,3 Mrd. DM an ein rein privates Konsortium aus RWE, Vivendi (jetzt Veolia) und der Allianz, die sich allerdings 2002 zurückzog, veräußert. In dem zunächst geheimen Konsortialvertrag wurde die Betriebsführung an den Minderheitseigentümer übertragen. Der Vertrag garantiert den Konzernen zudem eine jährliche Rendite von ca. acht Prozent bei einer Laufzeit von 28 Jahren. Weil sich die Rendite auf das „betriebsnotwendige Kapital“ bezieht, wächst die Berechnungsgrundlage für die garantierte Rendite z.B. durch Neubewertung der Immobilien oder durch getätigte Investitionen. Zur Erfüllung dieser Vereinbarung musste Berlin bereits auf Einnahmen verzichten, da die bisherigen Preiserhöhungen nicht ausreichten, um die Forderungen der Investoren zu bedienen. Für das Jahr 2004 belief sich der Einnahmeverzicht auf 41,2 Mio. Euro.[31]

In Potsdam ist der Abwasserpreis nach dem Verkauf eines 49-prozentigen Anteils an den Wasserwerken und der Übertragung der Betriebsführung an Eurawasser Ende 1997 innerhalb von zwei Jahren von 4,92 DM/m^3 (1998) auf 8,80 DM/m^3 (2000) gestiegen. Angesichts einer angekündigten weiteren Preiserhöhung auf 10,10 DM/m^3 und einer von Eurawasser errechneten Verdopplung des Preises auf 16,40 DM/m^3 bis 2017 wurde der Vertrag im Juni 2000 von der Stadt gelöst und die bereits privatisierten Anteile wurden zurückgekauft.

Im Ruhrgebiet und Münsterland versorgt die Gelsenwasser AG über 30 Kommunen mit Wasser. Zunächst befand sich der Konzern zu 80,51 % im Besitz des Energiekonzerns E.ON, Ende Juli 2003 wurden die Anteile von der

30 *Flauger*, MVV Energie übernimmt Mehrheit der Stadtwerke Kiel, in: Handelsblatt vom 3. Mai 2004.

31 *Schermer*, Geheime Verträge, garantierte Gewinne, in: Welt am Sonntag vom 7. November 2004.

Wasser und Gas Westfalen GmbH (Stadtwerke Bochum GmbH/Stadtwerke Dortmund AG) aus kartellrechtlichen Gründen übernommen.

Die obigen Beispiele zeigen zum einen die große Vielfalt an Privatisierungsvorgängen, zum anderen, dass große private Wasser- und Energieunternehmen wie Veolia Water, Ondeo Services, RWE oder E.ON vor allem in lukrative Ballungsräume, Groß- und Mittelstädte einsteigen.[32] Die Unternehmen bauen sich dabei zu sog. Multi-Utility-Unternehmen mit den Bereichen Energie, Abfall und Wasser aus. Von den in den Jahren 2000 und 2001 dem Bundeskartellamt gemeldeten 60 Erwerbsfällen an Stadtwerken entfielen allein 40 auf die Stromkonzerne E.ON und RWE.[33] Der Handel mit Trinkwasser ist heute zu einem einträglichen Geschäft geworden. Der deutsche Wassermarkt wird auf ca. 25 Mrd. Euro veranschlagt. Für die EU-15 wird das Umsatzvolumen im Wasserbereich auf etwa 80 Mrd. Euro geschätzt.[34]

2. *Die rechtliche Ausgangslage*

Das deutsche Bundeswirtschaftsministerium stellte in der vergangenen Legislaturperiode Überlegungen an, ob die Trinkwasserversorgung durch Liberalisierungsmaßnahmen dem Wettbewerb unterworfen werden soll,[35] was letztlich auch zu mehr Privatisierungen führen würde. Für Privatisierungen in diesem Sektor gibt es in Deutschland zwar bereits zahlreiche Beispiele, allerdings sind die Unternehmenseigentümer zumeist kommunale Körperschaften. Die ungefähr 6.700 deutschen Wasserversorger sind zu ca. 85 % öffentlich-rechtliche Versorger mit 52 % der Wasserabgabemenge und zu etwa 15 % privatrechtliche Gesellschaften mit 48 % der Abgabemenge, darunter z. B. Stadtwerke GmbHs. Nur 1,6 % der Versorger befinden sich vollständig in privatem Eigentum.[36]

---

32 Weltweit organisierten z.B. im Jahr 2001 Suez-Lyonnaise (jetzt Ondeo) die Wasserversorgung in Jakarta/Indonesien, Casablanca/Marokko, Santiago de Chile und Amman/ Jordanien sowie Vivendi (jetzt Veolia) in Mexiko City, Caracas/Venezuela, Sydney/ Australien und Kalkutta/Indien.

33 Pressemeldung des Bundeskartellamtes vom 1. Februar 2002.

34 *Europäische Kommission*, Binnenmarktstrategie. Vorrangige Aufgaben 2003 – 2006, KOM (2003) 238 endg.; *Wetzel*, Brüssel will Wassermarkt stärker liberalisieren, in: Die Welt vom 19. Oktober 2004.

35 *Bundesministerium für Wirtschaft* (Hrsg.), Optionen, Chancen und Rahmenbedingungen einer Marktöffnung für eine nachhaltige Wasserversorgung, Endbericht, Juli 2001 (Forschungsvorhaben 11/00), S. 63 f.; hierzu *Salzwedel*, Netzwirtschaft und Regulierung in der Wasserversorgung und Abwasserwirtschaft, in: Natur und Recht 2004, S. 36 (40).

36 *Bundesministerium für Wirtschaft* (Fn. 35), S. 11.

Diese Situation erklärt sich auf dem Gebiet der Trinkwasserversorgung damit, dass die Unternehmen als Folge der Freistellung vom Kartellrecht nach § 131 Abs. 8, § 103 alte Fassung des GWB nur im Rahmen von Gebietsmonopolen tätig sein dürfen.[37] Die Versorgungsunternehmen schließen mit den jeweiligen Gebietskörperschaften Konzessionsverträge ab, die ihnen das ausschließliche Recht zusichern, innerhalb der Gebietskörperschaft die Endverbraucher mit Trinkwasser zu versorgen. Daneben bestehen Demarkationsverträge zwischen zwei Unternehmen oder zwischen Unternehmen und Gebietskörperschaften, in denen sich die Vertragsparteien verpflichten, die Versorgung im Gebiet der jeweils anderen Vertragspartei zu unterlassen. Aufgrund des Anschluss- und Benutzungszwangs der Gemeindeordnungen müssen sich die Bürger zudem des lokalen Versorgers bedienen und haben keine Auswahl zwischen verschiedenen Versorgungsunternehmen.[38] Für rein private Anbieter ist diese Situation für ein Engagement in der Regel uninteressant, da sie keine Aussichten auf hinreichendes Wachstum haben.

Eine Marktöffnung in diesem Sektor durch Aufhebung des § 103 a.F. GWB – wie bereits für die Stromversorgung und die Telekommunikation geschehen – und den damit verbundenen Wegfall des Gebietsmonopols würde letztlich zu einer stark zunehmenden Privatisierung zugunsten rein gewinnorientierter, wirtschaftlicher Privateigentümer führen.[39] Für private Anbieter wäre es nunmehr lohnend, sich wegen der neu entstehenden Wachstumschancen durch erfolgreiche Verdrängung der Konkurrenz im Wettbewerb verstärkt in den Trinkwassermarkt einzukaufen.

Auch wenn der Bundestagsbeschluss von 2001 über den Antrag „Nachhaltige Wasserwirtschaft in Deutschland“[40] zunächst einen Schlussstrich unter diese Liberalisierungsdebatte gesetzt hat, werden unter dem Stichwort „Modernisierung der Wasserwirtschaft“ Ziele verfolgt, welche die Kommunen bei der Erbringung von Leistungen der Daseinsvorsorge erheblich unter Druck setzen.[41]

---

37 Zum rechtlichen Rahmen und den Ansätzen für eine Neuregelung siehe *Besche*, Wasser und Wettbewerb. Möglichkeiten und Grenzen einer Öffnung des Wassermarktes, Frankfurt am Main u.a. 2004; *Weiß*, Liberalisierung der Wasserversorgung. Gestaltungsspielräume und Grenzen einer Reform der Wasserversorgung unter besonderer Berücksichtigung der Rechtslage in Bayern, Frankfurt am Main u.a. 2004.

38 *Frenz*, Liberalisierung und Privatisierung der Wasserwirtschaft, in: ZHR 2002, S. 307 (312).

39 Vgl. hierzu ausführlich *Christmann*, Liberalisierung von Monopolmärkten, Frankfurt am Main u.a. 2004.

40 BT-Drs. 14/7177.

41 Siehe hierzu *Krüger*, Ein Element unter Druck. Wasser und Wassermärkte zwischen Regulierung und Privatisierung, in: Brunnengräber (Hrsg.), Globale öffentliche Güter unter Privatisierungsdruck. Festschrift für Elmar Altvater, Münster 2003, S. 197 ff.

Außerdem stehen andere politische Kräfte, die eine nächste Parlamentsmehrheit stellen könnten, einer Liberalisierung und Privatisierung im Wassersektor durchaus positiv gegenüber.[42]

D. Kritikpunkte an einer Liberalisierung und Privatisierung der Trinkwasserversorgung

Neben einer Reihe von positiven Beispielen von Liberalisierungen im Trinkwassersektor, wie z.B. Eurawasser in Rostock[43] oder Kiliwater in Tansania[44], produzieren aber vor allem weltweite Fehlschläge Aufsehen erregende Schlagzeilen. Die Befürworter von Privatisierungen erhoffen sich insbesondere eine bessere Qualität des Gutes zu niedrigeren Preisen und eine höhere Effizienz.[45] Generell lassen sich diese Phänomene in der Praxis der Privatisierungen im Wassersektor allerdings nicht nachweisen, wie die folgenden Beispiele zeigen.

---

42 Vgl. insbesondere das Minderheitenvotum der FDP-Arbeitsgruppe in der Enquete-Kommission „Globalisierung der Weltwirtschaft – Herausforderungen und Antworten" zum vorgelegten Schlussbericht der Arbeitsgruppen von SPD und Bündnis 90/Die Grünen, BT-Drs. 14/9200, S. 519, u.a. zur Streichung des § 103 GWB (alte Fassung); siehe ferner auch das Minderheitenvotum der CDU/CSU-Arbeitsgruppe zum Abschnitt „Wasser", S. 505 ff.

43 *von Weizsäcker* (Fn. 29), S. 39 f.

44 *Scheffran*, Water privatization in Tanzania: Mixed results, in: von Weizsäcker/Young/ Finger (Hrsg.), Limits to Privatization. How to Avoid too Much of a Good Thing, London/Sterling, VA, 2005, S. 31 ff.

45 Aber auch Unternehmen in kommunalem Besitz arbeiten durchaus erfolgreich: Die Hamburger Stadtwerke GmbH, eine 100-prozentige Tochter der Stadt, leistet Konzessionsbeiträge von ca. 30 Mio. Euro und erwirtschaftet trotz unterdurchschnittlicher Preise und hoher Investitionen einen jährlichen Gewinn von knapp 40 Mio. Euro für die Stadt Hamburg (siehe hierzu die jeweiligen Geschäftsberichte der Hamburger Wasserwerke GmbH); die Berliner Wasserbetriebe wiesen z.B. zwei Jahre vor der Teilprivatisierung einen Nachsteuer-Gewinn von 162,8 Mio. DM (190,7 Mio. DM im Vorjahr) aus; aus dem Überschuss des Betriebsteils Wasserversorgung wurden 34,9 Mio. DM als Eigenkapital-Verzinsung an das Land Berlin abgeführt und aus dem mit Entwässerungs-Leistungen erzielten Gewinn gingen 82,7 Mio. DM an das Land Berlin; siehe die Jahresbilanz der Berliner Wasserbetriebe und Konzernbilanz 1997.

I. Erfahrungen mit Preisentwicklungen

In Berlin ist der Trinkwasserpreis, unter anderem wegen der vertraglich garantierten Rendite, Anfang 2004 um 15 % und Anfang 2005 nochmals um 5,4 % gestiegen. Im Jahre 2009 wird er bereits um 30 % über dem Preis vor der Teilprivatisierung von 1999 liegen. Potsdam hatte aufgrund der Preisentwicklungen die Teilprivatisierung sogar rückgängig gemacht. Auch in Rostock hat sich der Wasserpreis von 1993 bis 2004 um 24 % auf 1,90 Euro/m^3 erhöht, während er bei den Hamburger Wasserwerken, einer 100-prozentigen Tochter der Stadt, in den vergangenen Jahren nahezu konstant bei 1,49 Euro/m^3 lag.[46]

Trotz Einrichtung der Preisregulierungsbehörde OFWAT stiegen die Rechnungen der Privathaushalte durch Privatisierungen in England und Wales zwischen 1989/90 und 1998/99 um real 46 %.[47] In den ersten fünf Jahren verdreifachte sich die Zahl derjenigen Haushalte, denen wegen unbezahlter Rechnungen das Wasser abgestellt wurde, auf 18.636.[48] Im Jahr 2001 wurden die Wasseranbieter durch die Regulierungsbehörde gezwungen, ihre Wasserpreise um durchschnittlich 13,7 % zu senken.[49] In Frankreich liegen die Preise privater Anbieter um ca. 30 % höher als die Preise in Gemeinden, die von öffentlichen Unternehmen versorgt werden.[50]

Infolge der 1999 – nicht zuletzt auf Druck der Weltbank[51] – vollzogenen Privatisierung in Cochabamba, der drittgrößten Stadt Boliviens, kam es innerhalb weniger Monate zu Preissteigerungen zwischen 100 – 200 %, die dazu führten, dass vom Durchschnittseinkommen ca. ein Viertel für Trinkwasser ausgegeben werden musste. Nach gewalttätigen Ausschreitungen mit Toten verließ das private Unternehmen im Jahr 2000 das Land und die Regierung machte die Privatisierung rückgängig. Der US-Konzern Bechtel verklagte daraufhin Bolivien im Jahr 2001 vor dem Internationalen Zentrum zur Beilegung von Investi-

---

46 Die Welt vom 8. Juli 2004.

47 OFWAT Memorandum vom 18. März 1998, in: House of Commons Research paper 98/117, Dezember 1998.

48 *Lobina/Hall*, UK Water privatization – a briefing, Public Services International Research Unit, University of Greenwich, February 2001, S. 16.

49 *Bündnis 90/Die Grünen Bundestagsfraktion* (Hrsg.), Nachhaltige Wasserwirtschaft im Zeichen von Liberalisierung und Privatisierung, November 2000, S. 9.

50 Nach einer Studie des zum Umweltministerium gehörenden Umweltinstituts Frankreichs aus dem Jahr 2001.

51 Zur Schlüsselrolle der Weltbank im Wassersektor *Hoering*, Die Rolle der Weltbank im Wassersektor, in: Forum Umwelt und Entwicklung, Internationales Wasserjahr: Wasser als Ware oder als Grundrecht? (Rundbrief 1/2003), S. 13 ff. Die Vergabe von Krediten wird von Weltbank und IWF häufig an die Bereitschaft des Empfängerlandes gekoppelt, die Wasserversorgung zu privatisieren.

tionsstreitigkeiten (ICSID), einer Unterorganisation der Weltbank, auf Entschädigung in Höhe von 25 Mio. US-Dollar.

1998 zog sich Générale des Eaux aus der argentinischen Provinz Tucumán nach dreijährigem Engagement wegen eines breiten Zahlungsboykotts der Verbraucher zurück. Das Unternehmen hatte kurz nach Vertragsschluss die Preise um 104 % erhöht und den Service verschlechtert.[52] Vor dem ICSID, das vom französischen Konzern angerufen wurde, konnte sich das Unternehmen mit seinen Schadensersatzforderungen nicht durchsetzen.

Mitte der neunziger Jahre initiierten die Philippinen zusammen mit der Weltbank-Tochter IFC die Privatisierung ihrer Wasserversorgung. Die Hauptstadt Manila wurde dabei in zwei Konzessionsgebiete aufgeteilt, der westliche Teil ging an Maynilad Water, ein Konsortium unter Führung von Ondeo, der östliche Teil an die Manila Water Company, geführt vom US-amerikanischen Konzern Bechtel. Die privaten Unternehmen versprachen eine deutlich bessere Versorgung, stabile Wasserpreise, Investitionen von insgesamt 7,5 Mrd. US-Dollar innerhalb von 25 Jahren sowie Steuereinnahmen in Milliardenhöhe. In den vergangenen Jahren gab es jedoch mehrere Preisaufschläge. Allein Anfang 2002 wurden die Tarife um 20 % erhöht. Mit den höheren Preisen ging aber keine Verbesserung der Wasserversorgung einher; im Leitungsnetz von Maynilad stiegen sogar die Wasserverluste. Ende 2002 kündigte Maynilad den Vertrag, nachdem eine weitere Tariferhöhung von der Regulierungsbehörde abgelehnt wurde. Das Konsortium verlangt nun eine Erstattung seiner Investitionen und Kosten in dreistelliger Millionenhöhe. Im November 2003 brach aufgrund der mangelhaften Wasserqualität im Stadtteil Longos zudem die Cholera aus, so dass auch dieses Privatisierungsbeispiel, zunächst als großer Erfolg gefeiert, mittlerweile mehr Schatten als Licht wirft.[53]

Etwaige Effizienzgewinne, die sich infolge der Privatisierung einstellen sollen, werden auch nicht hoch ausfallen können, denn über zwei Drittel der Kosten der Wasserversorgung verschlingen allein die Wartung und der Betrieb der Leitungsnetze. Private Versorger könnten aus diesem Grund versucht sein, Anreize zum Wassersparen, Investitionen in die Rohrnetzpflege sowie den kostspieligen Schutz des Grundwassers zugunsten der Rendite zu vernachlässigen, wie es sich bereits u.a. am Beispiel von England und Wales[54] gezeigt hat.[55]

---

52 *Staud*, Wasser. Wichtiger als Erdöl, in: Die Zeit 6/2002.

53 Hierzu *Bernhardt*, Manila: A success story turned sour, in: von Weizsäcker/Young/Finger (Hrsg.), Limits to Privatization. How to Avoid too Much of a Good Thing, London/Sterling, VA, 2005, S. 25 ff.

54 *Lobina/Hall* (Fn. 48), S. 9 ff.

II. Gefahren für die menschliche Gesundheit und die Umwelt

Als Folge einer Liberalisierung, die den Verbrauchern durch Abschaffung des Gebietsmonopols die Wahl zwischen verschiedenen Anbietern ermöglicht, könnten zudem erhebliche Risiken für die menschliche Gesundheit entstehen.[56] Derzeit liegt die deutsche Trinkwasserqualität im internationalen Vergleich auf einem Spitzenplatz, da die national vorgeschriebenen Standards über denen der EG-Trinkwasserrichtlinie[57] liegen und das Gut das am besten kontrollierte Lebensmittel darstellt.[58] Es ist aber durchaus vorstellbar, dass auch in diesem Bereich durch die Verbindung der lokalen Leitungsnetze gemeinsame Wasserversorgungsnetze mit Durchleitungsrechten entstehen werden. Sollte das Mischwasser unklarer Herkunft die gesetzlichen Grenzwerte überschreiten, stellt sich die Frage, an wen sich die Aufsichtsbehörde haftungsrechtlich halten soll.[59] Außerdem entfällt der Anreiz für den einzelnen Anbieter, ein besonders reines Wasser in das Netz einzuspeisen, da eine Durchmischung der Wässer stattfindet und er deshalb nicht mehr aus dem Vorteil seiner speziellen Trinkwasserqualität Nutzen ziehen kann. Auch könnten sich infolge der veränderten Wasserzusammensetzung alte Ablagerungen in den Rohren lösen und in den Haushalten der Endverbraucher zu Gesundheitsschäden führen.

Erhaltungs- und Erneuerungsmaßnahmen der Infrastruktur sind mit Abstand der größte Kostenfaktor im Wassersektor.[60] Erhebliche Einsparungen

---

55 Dagegen hat die Eurawasser Nord GmbH über 300 Mio. Euro in die Erweiterung und Sanierung der Netze und Anlagen investiert; vgl. *Eurawasser*, Pressemitteilung vom 5. September 2003; allerdings besteht hierzu auch eine vertragliche Verpflichtung des Unternehmens.

56 Siehe hierzu *Brackemann* u.a. (Hrsg.), Liberalisierung der deutschen Wasserversorgung. Auswirkungen auf den Gesundheits- und Umweltschutz. Skizzierung eines Ordnungsrahmens für eine wettbewerbliche Wasserwirtschaft, Berlin 2000, insb. Kapitel 4 u. 6.3; *Umweltbundesamt* (Hrsg.), Nachhaltige Wasserversorgung in Deutschland. Analysen und Vorschläge für eine zukunftsfähige Wasserversorgung in Deutschland. Beiträge zur nachhaltigen Entwicklung, Berlin 2001.

57 Richtlinie 98/83/EG (ABl. EG 1998 Nr. L 330, S. 32).

58 *Heymann*, Wasserwirtschaft im Zeichen von Liberalisierung und Privatisierung, Deutsche Bank Research, Nr. 176 vom 25. August 2000, S. 5, bezeichnet diesen hohen Gesundheitsschutzstandard als nicht einleuchtend, preistreibend und „(t)ypisch für Deutschland"; angesichts der hohen Wasserqualität, der großen Versorgungssicherheit und Anschlussdichte sowie der geringen Wasserverluste in den Leitungen wird der durchschnittliche Wasserpreis in Deutschland aber nicht als zu hoch angesehen; vgl. *Becker* (Fn. 16), S. 29.

59 *Dieter*, Trinkwasser: Marktfrei oder frei von Schadstoffen?, in: Umweltmedizin in Forschung und Praxis 2000, S. 307 (308).

60 *Green* (Fn. 18), S. 160.

können deshalb vor allem durch geringere Investitionen in die Netze erzielt werden, wie die englisch-walisischen Privatisierungsfolgen zeigen.[61] In der Zeit von 1993 bis 1998 stieg dort der Anteil der Hauptwasserrohre, die sich in schlechtem Zustand (Grade 4 und 5) befanden, von 9 % auf 11 %.[62] Thames Water Ltd.[63] hatte 1995 als größter Wasserversorger angekündigt, sein auf insgesamt 2,1 Mrd. britische Pfund veranschlagtes Investitionsprogramm für die nächsten fünf Jahre um 350 Mio. Pfund zu kürzen.[64] Andere Anbieter wie Yorkshire Water und North West Water folgten dem Beispiel,[65] um die hohen Dividenden für die Aktionäre beibehalten zu können. Nahezu der gesamte Umsatzzuwachs ging laut Regulierungsbehörde als Dividende an die Aktionäre.[66]

Vernachlässigte Rohre und die Mischung verschiedener Wässer können ferner dazu führen, dass ein verstärkter chemischer Desinfektionseinsatz stattfindet, um vorsorglich ein technisch einwandfreies Wasser einzuspeisen. Die Rohrleitungen im Vereinigten Königreich kennzeichnet überdies ein Wasserverlust von 24 %,[67] während dieser in Deutschland nur 8 % beträgt. Mangelnder Quellschutz und vernachlässigte Rohrnetze sind im englischen Trinkwasser auch immer noch verantwortlich für die Probleme mit Blei, Nitrat und Polyzyklischen Aromatischen Kohlenwasserstoffen (PAK).[68] Die DWI berichtete, dass in den

61 *Lobina/Hall* (Fn. 48), S. 9 ff.

62 House of Commons Select Committee on the Environment, Seventh Report 1999-2000: Water Prices and the Environment, HC 597 vom 14. November 2000, para. 186.

63 Ausführlich zu dem Tochterunternehmen der RWE *Finger/Levett*, Thames Water Utilities Limited, UK, in: von Weizsäcker/Young/Finger (Hrsg.), Limits to Privatization. How to Avoid too Much of a Good Thing, London/Sterling, VA, 2005, S. 27 ff.

64 Observer vom 12. Februar 1995.

65 Manchester Evening News vom 12. Mai 1995 und 5. Juli 1995 sowie AFX News vom 20. Juni 1996.

66 Die Vergütung des höchstbezahlten Direktors von Anglian Water stieg zwischen 1990/91 und 1997/98 real um 200 %, die des Direktors von North West Water um 150 %. Die Zahl der Beschäftigten sank zwischen 1990 und 1999 um 21,5 %; vgl. *Hall/Lobina*, Public Sector Alternatives To Water Supply And Sewerage Privatisation. Case Studies, in: International Journal of Water Resources Development 2000, Nr. 1, S. 35 ff.

67 In London liegt dieser Anteil sogar zwischen 30 und 60 %; bei Thames Water wird deshalb seit diesem Jahr darüber nachgedacht, den Wasserdruck weiter abzusenken, um die Rohrbruchquote zu verringern. 1995 hatte der Wasserversorger von Yorkshire mit einer beträchtlichen Verknappung, u.a. wegen Trockenheit, aber auch durch Leckverluste, zu kämpfen und musste Wasser aus anderen Regionen zukaufen.

68 *Umweltbundesamt*, Nachhaltige Wasserversorgung in Deutschland. Analyse und Vorschläge für eine zukunftsfähige Entwicklung (Beiträge zur nachhaltigen Entwicklung), Berlin 2001, S. 82 f.

Kategorien Nitrit-, Eisen-, Blei sowie Pestizidbelastungen mehr als 20 % der untersuchten Zonen den gesetzlichen Vorgaben nicht entsprachen.[69] Die privaten Wasseranbieter in England und Wales waren Ende der 90er Jahre des letzten Jahrhunderts außerdem für 20 % der Wasserverschmutzungsunfälle verantwortlich.[70] In den Jahren 1997/98 wurden sämtliche zehn privaten Wasserversorger wegen Umweltvergehen zu Geldstrafen verurteilt.[71]

Die hohe Zahl von Privathaushalten, denen in England wegen unbezahlter Rechnungen das Wasser abgestellt wurde, wurde zudem mit einer steigenden Anzahl an Ruhr-Krankheitsfällen im Jahr 1992 in allen großen Ballungsräumen, mit Ausnahme von London, in Verbindung gebracht.[72] Dennoch sind die Erfolge der Privatisierung in England heute am ehesten im Bereich der Qualitätsverbesserung zu sehen. Aufgrund der großen öffentlichen und politischen Aufmerksamkeit haben sich in den letzten Jahren die Wasserqualität und die Umweltstandards bemerkenswert verbessert.

E. Liberalisierungsbemühungen in der Europäischen Union

I. Einleitung

Die auf nationaler Ebene diskutierten Liberalisierungsbestrebungen finden in der Europäischen Union und der Welthandelsorganisation ihre europäische und globale Fortsetzung.[73] Die Wasserversorgung wird zunächst in der Wasserrahmenrichtlinie 2000/60/EG[74] noch als Leistung der Daseinsvorsorge im Sinne der Mitteilung der Kommission „Leistungen der Daseinsvorsorge in Europa“[75] be-

---

69 Zit. nach *Shaoul*, Water Clean Up and Transparency. The Accountability of the Regulatory Process in the Water Industry, Manchester 1998, S. 27.

70 *Environment Agency*, Spotlight on business environmental performance, Bristol 1999.

71 *Lobina/Hall* (Fn. 48), S. 21.

72 *Lobina/Hall* (Fn. 48), S. 17.

73 Kritisch hierzu der Beitrag von *Fritz*, Daseinsvorsorge unter Globalisierungsdruck. Wie EU und GATS öffentliche Dienste dem Markt ausliefern, in: Lange (Hrsg.), Füllhorn oder Büchse der Pandora? GATS, der europäische Binnenmarkt und die Liberalisierung öffentlicher Dienstleistungen in Deutschland, Rehburg-Loccum 2004, S. 23 ff.

74 ABl. EG 2000 Nr. L 327, S. 1.

75 KOM (2000) 580 endg.

griffen.[76] Im Rechtsakt ist weiterhin festgeschrieben, dass Wasser keine übliche Handelsware, sondern ein ererbtes Gut ist, das geschützt, verteidigt und entsprechend behandelt werden muss. Ziel der Richtlinie ist u.a. die Bekämpfung der Subventionierung der Preise im Bereich der Wasserversorgung, indem die Einführung kostendeckender Preise verlangt wird.

Im Grünbuch der Kommission über Dienstleistungen von allgemeinem Interesse aus dem Jahr 2003[77] wird betont, dass die Regeln des Binnenmarktes, das Wettbewerbsrecht sowie das Beihilferegime bezüglich staatlicher Subventionen im Grundsatz auch für öffentliche Unternehmen gelten. Zudem klingt die Tendenz zu weiterer Liberalisierung und Verschaffung von Marktzutritt im Bereich der Daseinsvorsorge an. Die Wasserversorgung wird von der Kommission als Dienstleistung von allgemeinem wirtschaftlichen Interesse eingestuft, was die Anwendung der Wettbewerbs- und Beihilfevorschriften der Gemeinschaft zur Folge hätte (vgl. Art. 16, Art. 86 Abs. 2, Art. 87 Abs. 1 EGV).

In ihrer „Binnenmarktstrategie. Vorrangige Aufgaben 2003 – 2006" kündigte die Kommission ferner an, künftig „die rechtliche und administrative Situation im Wasser- und Abwassersektor" und mögliche regulatorische Maßnahmen zu prüfen. Der Wassersektor sei nämlich nach wie vor fragmentiert und seine Modernisierung könne zu Effizienzgewinnen führen.[78] Aus diesem Grund schickte die Kommission im Mai 2003 einen Fragebogen an die Mitgliedstaaten zur Auskunftserteilung über die rechtlichen Rahmenbedingungen und die Strukturen der Wasserwirtschaft im jeweiligen Land.

Das Europäische Parlament sprach sich dagegen in Entschließungen am 14. Januar 2004 zum Grünbuch der Kommission und am 11. März 2004 zur Binnenmarktstrategie dafür aus, dass keine Liberalisierung der Wasserversorgung stattfinden soll. Allerdings forderte es eine „Modernisierung" des Bereichs, wobei wirtschaftliche Grundsätze mit Qualitäts- und Umweltstandards sowie mit der erforderlichen Effizienz im Einklang stehen müssen. Eine großzügige Interpretation dieser Forderung könnte aber durchaus Liberalisierungsspielräume eröffnen.

Nach den Aussagen im Weißbuch zu den Dienstleistungen von allgemeinem Interesse aus dem Jahr 2004[79] verzichtet die Kommission zwar zunächst auf eine Rahmenrichtlinie für Dienstleistungen von allgemeinem Interesse, ver-

---

76 Allgemein zu Dienstleistungen im Spannungsfeld von nationaler Daseinsvorsorge und europäischem Wettbewerbsrecht *Hrbek/Nettesheim* (Hrsg.), Europäische Union und mitgliedstaatliche Daseinsvorsorge, Baden-Baden 2002.

77 KOM (2003) 270 endg.; hierzu *Knauff*, Das Grünbuch der Kommission über Dienstleistungen von allgemeinem Interesse, in: EuZW 2003, S. 453 ff.

78 KOM (2003) 238 endg.

79 KOM (2004) 374 endg.; hierzu *Deuster*, Das Weißbuch zu den Dienstleistungen von allgemeinem Interesse, in: EuZW 2004, S. 526 ff.

folgt aber ihre sektorale Politik weiter. Mit der Verabschiedung zweier Richtlinien am 31. März 2004[80] und ihrer Veröffentlichung am 30. April 2004 ist ein neues europäisches Vergaberegime in Kraft getreten. Die Sektorenrichtlinie 2004/17/EG bezieht sich dabei auf die Bereiche Wasser-, Energie- und Verkehrsversorgung sowie Postdienste.

II. Die Sektorenrichtlinie 2004/17/EG

1. Anwendungsbereich der Richtlinie

Die Sektorenrichtlinie (SRL) bezweckt die Schaffung eines europäischen Raums für das öffentliche Auftragswesen im Rahmen des EG-Binnenmarktes in den Sektoren Wasser, Energie, Verkehr und Postdienste. Von der Richtlinie werden alle Tätigkeiten der Bereitstellung und des Betriebes fester Netze zur Versorgung der Allgemeinheit im Zusammenhang mit der Gewinnung, der Fortleitung und der Abgabe von Trinkwasser sowie die Einspeisung von Trinkwasser in die Netze erfasst (Art. 4 Abs. 1 der SRL). Die Richtlinie findet auch auf die Vergabe von Aufträgen und die Durchführung von Wettbewerben durch Auftraggeber Anwendung, die eine vorgenannte Tätigkeit ausüben, wenn diese Aufträge mit Wasserbauvorhaben sowie Bewässerungs- und Entwässerungsvorhaben im Zusammenhang stehen, soweit die zur Trinkwasserversorgung bestimmte Wassermenge mehr als 20 % der mit den entsprechenden Vorhaben bzw. Bewässerungs- oder Entwässerungsanlagen zur Verfügung gestellten Gesamtwassermenge ausmacht, oder mit der Ableitung oder Klärung von Abwässern im Zusammenhang stehen (Art. 4 Abs. 2 der SRL).

Dagegen fällt die Einspeisung von Trinkwasser in Netze zur Versorgung der Allgemeinheit durch einen Auftraggeber, der kein öffentlicher Auftraggeber ist, nicht in den Anwendungsbereich, wenn die Erzeugung von Trinkwasser durch den betreffenden Auftraggeber erfolgt, weil sie für die Ausübung einer Tätigkeit erforderlich ist, die nicht in die Bereiche Wasser-, Energie-, Verkehrsversorgung und Postdienste fällt und die Einspeisung in das öffentliche Netz nur von dem Eigenverbrauch des betreffenden Auftraggebers abhängt und bei Zugrundelegung des Mittels der letzten drei Jahre einschließlich des laufenden Jahres nicht mehr als 30 % der gesamten Trinkwassererzeugung des Auftraggebers ausmacht (Art. 4 Abs. 3 der SRL).

---

80 Richtlinie 2004/17/EG (ABl. EG 2004 Nr. L 134, S. 1) sowie Richtlinie 2004/18/EG (ABl. EG 2004 Nr. L 134, S. 114); hierzu *Mader*, Das neue EG-Vergaberecht, in: EuZW 2004, S. 425 ff.; *Rechten*, Die Novelle des EU-Vergaberechts, in: NZBau 2004, S. 366 ff.

Außerdem findet die Richtlinie keine Anwendung auf Bau- und Dienstleistungskonzessionen[81] in den betreffenden Sektoren (Art. 18 der SRL),[82] auf Aufträge, die ein Auftraggeber an ein verbundenes Unternehmen vergibt oder die ein gemeinsames Unternehmen vergibt, das mehrere Auftraggeber ausschließlich zur Durchführung der betreffenden Tätigkeiten gebildet haben (Art. 23 der SRL), sowie auf Aufträge, die von bestimmten Auftraggebern zur Beschaffung von Wasser vergeben werden (Art. 26 der SRL). Im Gegensatz zur Wasserversorgung, also der Weiterleitung an den Endverbraucher, besteht keine Ausschreibungspflicht der kommunalen Versorgungsunternehmen bei der Vergabe von Aufträgen zur Wasserbeschaffung, da hier aus Qualitätsgründen eine Versorgung aus nahe gelegenen Quellen sinnvoll ist. Allerdings lässt die Formulierung als Ausnahmetatbestand befürchten, dass später auch die Wasserbeschaffung einbezogen werden soll.

Bei einer reinen Organisationsprivatisierung, wenn das Unternehmen also zu 100 % in Besitz der Kommune ist und nur in ihrem Gebiet tätig ist, finden die Vergaberegeln nach Art. 23 der SRL wegen Vorliegens eines sog. Inhouse-Geschäfts, das heißt Personengleichheit von Auftraggeber und Auftragnehmer, keine Anwendung.[83] Problematisch sind aber vor allem die Fälle, wenn die Kommune an einem gemischt-wirtschaftlichen Unternehmen beteiligt ist. Bisher wurde in der Praxis selbst die Auftragsvergabe an ein Unternehmen mit kommunaler Minderheitsbeteiligung als Inhouse-Geschäft angesehen.[84] Diese Rechtsauffassung ist nach dem Urteil des Europäischen Gerichtshofs von Anfang 2005[85] nicht mehr vertretbar, weil er entschied, dass selbst eine Minderheitsbeteiligung von Privaten ein Inhouse-Geschäft ausschließt und eine öffentliche Ausschreibung somit notwendig ist.[86]

---

81 Konzession ist ein Vertrag, der von einem öffentlichen Auftrag insoweit abweicht, als die Gegenleistung für den Wirtschaftsteilnehmer ausschließlich in einem Nutzungsrecht oder in diesem Recht zuzüglich der Zahlung eines Preises besteht (Art. 1 Abs. 3 der RL).

82 Infragestellung dieser Regelung bei Übernahme eines Gebietsmonopols, das mit Gebietsschutz, Anschluss- und Benutzungszwang ausgestattet ist, durch einen Privaten als Konzessionär bei *Koenig/Haratsch*, Die Ausschreibung von Versorgungsgebieten in der Wasserwirtschaft, in: DVBl. 2004, S. 1387 (1390).

83 So auch *Vinz*, Genderaspekte bei der Privatisierung von öffentlichen Dienstleistungen am Beispiel der Energie- und Wasserversorgung (genaStudien 2), Frankfurt am Main 2005, S. 6 f.

84 Zu den mit Inhouse-Geschäften verbundenen Rechtsfragen siehe *Bergmann*, Die Vergabe öffentlicher Aufträge und das In-house-Geschäft, Hamburg 2005.

85 EuGH, Urteil vom 11. Januar 2005 in der Rechtssache C-26/03.

86 So bereits *Koenig/Haratsch* (Fn. 82), S. 1389 f.

Die Veräußerung von Unternehmensanteilen durch die öffentliche Hand stellt keinen Beschaffungsvorgang dar und fällt damit – soweit keine Auftragsvergabe daran gekoppelt ist – ebenso aus dem Anwendungsbereich des Vergaberechts heraus wie die Aufnahme eines privaten Investors als Mitgesellschafter.[87] Allerdings ist bei der Privatisierung kommunaler Wasserversorgungsmonopole, wenn also ein privatwirtschaftlicher Versorger die Monopolstellung des kommunalen Anbieters übernehmen soll, möglicherweise eine beihilferechtliche Ausschreibung angezeigt. Das europäische Beihilferegime soll Anwendung finden, weil dem privaten Unternehmen ein ausschließliches Recht im Sinne von Art. 86 Abs. 1 EGV eingeräumt wird und die Kommission im Grünbuch zur Daseinsvorsorge die Wasserversorgung als Dienstleistung von allgemeinem wirtschaftlichen Interesse eingestuft hat, für die gem. Art. 86 Abs. 2 EGV grundsätzlich die Binnenmarkt- und Wettbewerbsregeln gelten.[88]

2. *Diskussion um Vergabekriterien und Schwellenwerte*

Für den Fall, dass ein Privater als Verwaltungshelfer Aufträge erhält, Dienstleistungen im oben skizzierten sachlichen Anwendungsbereich der Richtlinie für die Kommune zu erbringen, findet das Vergaberecht Anwendung. Ursprünglich sah der Kommissionsvorschlag hinsichtlich der Vergabeentscheidung nur ökonomische Kriterien für die Zuschlagserteilung vor, Umwelt- und Gesundheitsschutzgründe sollten dagegen keine Rolle spielen.[89] Der Schwellenwert für verpflichtende europaweite Ausschreibungen lag für Liefer- und Dienstaufträge bei 400.000 Euro und für Bauaufträge bei 5,3 Mio. Euro. Nach starker Kritik des Vorschlages vonseiten des Europäischen Parlamentes, das Forderungen wie die Einbeziehung von Umweltkriterien, 800.000 Euro Schwellenwert für Liefer- und Dienstaufträge sowie 10 Mio. Euro für Bauaufträge erhob, legte der Rat einen Kompromissvorschlag vor, der nunmehr den „niedrigsten Preis“ oder das „wirtschaftlich günstigste Angebot“, das die Berücksichtigung von Umweltbelangen ermöglicht,[90] als Vergabekriterien vorsieht. Die Schwellenwerte wurden leicht auf 499.000 Euro und 6.242.000 Euro erhöht. Damit konnte sich das Parlament nicht mit seinen weiter gehenden Forderungen durchsetzen. Mit der Ver-

87 *Frenz* (Fn. 38), S. 331 ff.

88 *Koenig/Haratsch* (Fn. 82), S. 1391 f., die bei dieser Konstellation auch keine Gefahr für eine rechtliche oder tatsächliche Verhinderung der Aufgabenerfüllung im Sinne von Art. 86 Abs. 2 EGV sehen.

89 Zu vergabefremden Kriterien im EG- und WTO-Recht *Odendahl*, Die Berücksichtigung vergabefremder Kriterien im öffentlichen Auftragswesen, in: EuZW 2004, S. 647 ff.

90 Hierzu *Dageförde/Dross*, Reform des europäischen Vergaberechts. Umweltkriterien in den neuen Vergaberichtlinien, in: NVwZ 2005, S. 19 ff.

ordnung (EG) Nr. 1874/2004 der Kommission[91] wurden inzwischen die Schwellenwerte dem internationalen Übereinkommen über das öffentliche Beschaffungswesen angepasst; sie betragen jetzt 473.000 Euro bei Liefer- und Dienstleistungsaufträgen sowie 5.923.000 Euro bei Bauaufträgen. Die Mitgliedstaaten haben bis zum 31. Januar 2006 Zeit, die Richtlinie in nationales Recht umzusetzen.

3. *Ergebnis*

Im Ergebnis behalten die Kommunen, insbesondere durch die Herausnahme der Konzessionsvergabe aus dem Vergaberegime, noch beachtliche Möglichkeiten, ihre Aufgabe der Daseinsvorsorge im Hinblick auf die Wasserversorgung selbstbestimmt wahrzunehmen.[92] Im Grünbuch zu öffentlich-privaten Partnerschaften und den gemeinschaftlichen Rechtsvorschriften für öffentliche Aufträge und Konzessionen aus dem Jahr 2004[93] fragt die Kommission jetzt allerdings die Mitgliedstaaten, ob künftig auch die Konzessionsvergabe zwischen Kommunen und Versorgern ausschreibungspflichtig sein soll. Dies hätte dann aber erhebliche Auswirkungen auf die Wasserwirtschaft in Deutschland.

III. Aktuelle Entwicklungen im Europarecht

1. *Das EuGH-Urteil zur interkommunalen Zusammenarbeit*

Die Europäische Kommission beanstandete in den vergangenen Jahren verschiedene Aspekte der Übertragung kommunaler Aufgaben von einzelnen Gemeinden auf kommunale Zweckverbände. Diese dienen der gemeinsamen Bewältigung kommunaler Aufgaben wie der Abfallbehandlung und -beseitigung, der Trinkwasserversorgung und Abwasserbeseitigung sowie dem öffentlichen Personennahverkehr. Die Forderungen der Kommission richteten sich dabei insbesondere darauf, dass bei der Errichtung von solchen Zweckverbänden, das Wettbewerbs- und das Vergaberecht mit seiner Ausschreibungspflicht anzuwenden seien, entgegen der in den Mitgliedstaaten bisher verbreiteten Praxis.
Das jüngste Urteil des EuGH[94] aus dem Jahr 2005 wird in diesem Zusammenhang auch nachhaltige Auswirkungen auf die interkommunale Zusammenarbeit

91 ABl. EG 2004 Nr. L 326, S. 17.

92 *Geiger/Freund*, Europäische Liberalisierung des Wassermarktes, in: EuZW 2003, S. 490 (492).

93 KOM (2004) 327 endg.

94 EuGH, Urteil vom 13. Januar 2005 in der Rechtssache C-84/03.

in Deutschland haben. Nach dieser Entscheidung ist es nicht zulässig, Kooperationsvereinbarungen zwischen verschiedenen Einrichtungen des öffentlichen Rechts pauschal und generell vom Vergaberecht auszunehmen. Eine interkommunale Zusammenarbeit fällt nämlich nur dann nicht unter das Vergaberegime, wenn die beauftragende Körperschaft die beauftragte Körperschaft kontrolliert wie eine eigene Dienststelle und die beauftragte Körperschaft im Wesentlichen für die kontrollierende Gebietskörperschaft oder die kontrollierenden Gebietskörperschaften tätig ist.[95] Die Beauftragung einer Nachbarkommune, z.B. mit der Abfallentsorgung, ist nach herrschender Meinung wegen der Selbständigkeit der beauftragten Körperschaft ausschreibungspflichtig.[96]

Kritisch könnte die Situation auch für die Gründung und Beauftragung von Zweckverbänden werden, denn bei einem engen Verständnis des Urteils wäre ebenfalls eine Ausschreibungspflicht gegeben, da jede einzelne Gemeinde in einem aus mehreren Kommunen gegründeten Zweckverband nicht die vollständige Kontrolle über die neue Einrichtung – wie über ihre eigene Dienststelle – ausübt.[97] Allerdings soll nach überzeugender Ansicht die gemeinsame Beherrschung des Zweckverbandes durch die in ihm vertretenen Gemeinden für die Vergabefreiheit ausreichen.[98] Dies setzt aber voraus, dass es sich bei dem Zweckverband um ein reines Kommunalunternehmen handelt.

2. *Die geplante EG-Dienstleistungsrichtlinie*

Dienstleistungen im Rahmen der Trinkwasserversorgung könnten auch in den Anwendungsbereich der geplanten EG-Richtlinie über Dienstleistungen im Bin-

---

95 EuGH Slg. 1999, S. I-8121 ff. – Rs. C-107/98 „Teckal".

96 *Steiff,* Interkommunale Auftragsvergabe unterliegt dem Kartellvergaberecht, in: NZBau 2005, S. 205 ff.; *OLG Düsseldorf,* NZBau 2005, S. 398; *OLG Frankfurt am Main*, NZBau 2004, S. 692 (Urteilsbesprechung bei *Ziekow/Siegel*, Public Public Partnerships und Vergaberecht: Vergaberechtliche Sonderbehandlung der „In-State-Geschäfte"?, in: Verwaltungsarchiv 2005, S. 119 ff.); a.A. *Burgi*, Warum die „kommunale Zusammenarbeit" kein vergabepflichtiger Beschaffungsvorgang ist, in: NZBau 2005, S. 208 ff., der argumentiert, dass die Vergabepflicht nicht davon abhängen kann, ob ein Staat eine zentralistische oder eine föderale Organisationsform mit kommunaler Selbstverwaltung gewählt hat, da der EU die Kompetenz für die nationale Verwaltungsorganisation fehlt und diese eine souveräne Entscheidung der Mitgliedstaaten darstellt (S. 210).

97 Zur Beurteilung der Ausschreibungspflicht insbesondere auf der Grundlage von § 99 GWB *Schröder*, Die vergaberechtliche Problematik der interkommunalen Zusammenarbeit am Beispiel der Bildung von Zweckverbänden, in: NVwZ 2005, S. 25 ff.

98 *Krohn*, „Aus" für In-house-Vergaben an gemischtwirtschaftliche Unternehmen, in: NZBau 2005, S. 92 (95).

nenmarkt fallen, die den Wettbewerb im europäischen Dienstleistungssektor stärken soll. Die Kommission hat hierfür in ihrem Richtlinienentwurf[99] das sog. Herkunftslandprinzip als Kernelement festgeschrieben. Dieser Grundsatz besagt, dass ein Dienstleistungserbringer, der seine Dienstleistungen in einem anderen EU-Mitgliedstaat erbringen möchte, in dem er keine dauerhafte Niederlassung besitzt, lediglich die Rechts- und Verwaltungsvorschriften seines Niederlassungsstaates erfüllen muss. Allerdings enthält der geplante Rechtsakt bereits einige Ausnahmen von diesem Prinzip. Zwar werden die Dienstleistungen der sog. Daseinsvorsorge nicht grundsätzlich vom Anwendungsbereich der Richtlinie ausgeschlossen, jedoch wurde immerhin eine spezifische Ausnahme für die Wasserversorgung aufgenommen. Daraus folgt, dass die Mitgliedstaaten Dienstleistungen auch dann ihren nationalen Bestimmungen, welche die Qualität, den Zugang zu den Leistungen oder die Erschwinglichkeit der Leistungen betreffen, unterwerfen können, wenn die Leistungen von einem in einem anderen Mitgliedstaat niedergelassenen Unternehmen erbracht werden. Diese Ausnahmeregelung sollte auch auf weitere Bereiche der Daseinsvorsorge ausgedehnt werden.

IV. Ergebnis

Auch wenn die große Liberalisierungsdebatte im Wassersektor in Europa mit dem Beschluss des Europäischen Parlaments beendet scheint, üben Kommission und EuGH doch steten Einfluss auf die nationalen Wassermärkte aus. Ein Ende dieser Einflussnahme ist angesichts der Äußerungen und Vorhaben der Kommission, insbesondere im Bereich der Beschaffungen und des Public-Private-Partnership, noch nicht abzusehen. Die Kommission wird auch künftig bemüht sein, die Anwendung der europäischen Wettbewerbsregeln ebenfalls in den nationalen Wassermärkten durchzusetzen.

F. Liberalisierungsbestrebungen im Welthandel

I. Die GATS-Verhandlungen

Die Beeinflussung des europäischen Wassersektors durch die Europäische Kommission findet ihre Entsprechung in der Vorgehensweise der Kommission

---

99 KOM (2004) 2 endg.

bei den Verhandlungen im Rahmen der laufenden Welthandelsrunde der WTO. Grundsätzlich gilt für die EU bei den WTO-Verhandlungen die Maxime, dass sie eine Übereinstimmung von europäischem und welthandelsrechtlichem Liberalisierungsgrad anstrebt. Entgegen der politischen Forderung, den Zugang zum besonderen Gut Trinkwasser als Menschenrecht anzuerkennen,[100] soll hier die Wasserversorgung den übrigen Dienstleistungen gleichgestellt werden. Ausgangspunkt der Debatte ist das Allgemeine Dienstleistungsabkommen (GATS – General Agreement on Trade in Services) als ein Bestandteil des WTO-Vertragswerks von 1994.[101] Wesentliches Ziel des GATS ist die fortschreitende weltweite Liberalisierung sämtlicher Dienstleistungen im Wege regelmäßiger Verhandlungsrunden.[102] Die gegenwärtigen Verhandlungen wurden im Jahr 2000 begonnen und sollten ursprünglich bis zum 1. Januar 2005 – dem anvisierten Ende der Welthandelsrunde der WTO – zum Abschluss kommen. Nach dem Scheitern der WTO-Ministerkonferenz im September 2003 in Cancún/Mexiko war dieser Zeitplan aber nicht mehr realisierbar.

Aufgrund der Vergemeinschaftung der Handelspolitik führt die Europäische Kommission die GATS-Verhandlungen im Auftrag der Mitgliedstaaten der EU, wobei auf deutscher Seite das Wirtschaftsministerium federführend ist. Im Rahmen der vertragsgemäßen Neuverhandlung des GATS sollten die einzelnen WTO-Mitglieder bis Ende Juni 2002 konkrete Marktöffnungsforderungen an ihre Vertragspartner stellen. Im Juli 2002 reichte die Europäische Union ihre Auftakt-Liberalisierungsforderungen an 109 WTO-Mitgliedstaaten (davon 102 Entwicklungsländer[103]) ein, welche bis zu zwölf Dienstleistungssektoren betrafen, und erhielt selbst Forderungen von anderen WTO-Mitgliedern, darunter auch Forderungen von zahlreichen Entwicklungsländern.

Im Rahmen der GATS-Verhandlungen wird auch über die öffentliche Wasserversorgung verhandelt. Gerade hier hat die EU eine Vorreiterrolle inne. Die EU verlangte in ihren Forderungen von 65 Entwicklungsländern (darunter sieben LDCs) und sieben Industriestaaten, die Trinkwasser- und Abwasserdienst-

100 *Wieczorek-Zeul*, Zugang zu sauberem Trinkwasser ist ein Menschenrecht, in: Frankfurter Rundschau vom 2. Juni 2003; *Bär*, Wasser – Menschenrecht oder Handelsware?, in: Forum Umwelt und Entwicklung, Internationales Wasserjahr: Wasser als Ware oder als Grundrecht? (Rundbrief 1/2003), S. 16 f.

101 Hierzu ausführlich *Nowrot/Wardin*, Liberalisierung der Wasserversorgung in der WTO-Rechtsordnung, Beiträge zum Transnationalen Wirtschaftsrecht, Heft 14 (Jur. Fakultät der Univ. Halle/Saale), Juni 2003.

102 Hierzu *OECD*, GATS. Plädoyer für offene Dienstleistungsmärkte, Paris 2002.

103 Vgl. hierzu *von Limburg*, Liberalisierungsforderungen der EU an die Entwicklungsländer unter dem Dienstleistungsabkommen GATS, Eschborn 2003, S. 2; zum Teil finden sich für Schwellen- und Entwicklungsländer abweichende Klassifikationen in der Literatur.

leistungen zu liberalisieren. Ursprünglich war in der sektoralen Gliederung des GATS der Bereich der Trinkwasserversorgung nicht vorgesehen. Erst die Forderungen der EU lassen diesen Subsektor zum Gegenstand der Verhandlungen werden. Die EU verlangte Liberalisierung selbst in solchen Ländern, in denen bisher anerkannt leistungsfähige staatliche Wasserunternehmen agieren, wie in Honduras, Tunesien oder Botswana[104], oder zumindest teilweise gut funktionierende Versorgungsstrukturen, wie in Porto Alegre/Brasilien oder in Santa Cruz/Bolivien, vorhanden sind. Die Forderung an Bolivien war angesichts der Ereignisse in Cochabamba obendrein höchst unsensibel.

Ende Januar 2005 hat die EU nun geänderte Anträge auf verbesserten Marktzugang für Dienstleistungen an 103 WTO-Mitgliedstaaten gerichtet. Sie betont wenig überzeugend, dass keine Verpflichtungen eingegangen werden sollen, die ein Ende der öffentlichen Dienstleistungen bedeuten oder diese aushöhlen würden. Auch sollen die Forderungen nicht zur Privatisierung staatlicher Betriebe führen. Deshalb wurden von der EU auch keine Anträge zu Dienstleistungen im Gesundheitswesen und im audiovisuellen Bereich gestellt. Die Forderungen zur Liberalisierung im Wassersektor sind aber weitgehend beibehalten worden.

Die EU legte ihr Angebot zu den ersten Forderungen der anderen Handelspartner Ende April 2003 vor. Das Angebot sieht keine zusätzlichen Verpflichtungen in den Bereichen Gesundheit und soziale Dienstleistungen, Trinkwasserverteilung, Ausbildungsdienstleistungen und audiovisuelle Dienstleistungen vor, welche für die EU besonders sensibel sind. Bezüglich Liberalisierungen im Bildungssektor hat die EU geäußert, solche nur für private Einrichtungen zu akzeptieren.

Welche Ergebnisse am Ende der Verhandlungen im Einzelnen herauskommen werden, ist noch schwer absehbar, da in der WTO-Handelsrunde ein Gesamtpaket ausgehandelt wird, das verschiedene Aspekte des Welthandels (Zölle auf Industriegüter, Landwirtschaft, öffentliches Beschaffungswesen etc.) erfasst. Die GATS-Gespräche stellen insoweit nur einen Teilbereich der miteinander verwobenen Verhandlungsgegenstände dar.[105]

---

104 Hierzu *Brot für die Welt/EED/WEED* (Hrsg.), Wessen Entwicklungsagenda? Eine Analyse der GATS-Forderungen der Europäischen Union an die Entwicklungsländer, Stuttgart/Bonn/Berlin 2003, S. 18 f.

105 Hierzu *Sander*, Die WTO und die Entwicklungsrunde – unter besonderer Berücksichtigung der Verhandlungspositionen der EU, in: Sander/Maryška (Hrsg.), Die Europäische Union vor neuen Herausforderungen. Verfassung – Osterweiterung – Welthandel, Frankfurt am Main u.a. 2005, S. 167 ff.

II. Annahme internationaler Handelsverträge nach dem Europäischen Verfassungsvertrag

Der noch nicht in Kraft getretene Vertrag über eine Europäische Verfassung sieht in Art. III-315 ein verändertes Verfahren für die Annahme von internationalen Handelsverträgen vor, das auch das GATS betreffen würde. Nach dem Verfassungstext soll für diese Entscheidung zukünftig allein die europäische Ebene zuständig sein. Seinerzeit wurde das WTO-Vertragswerk sowohl von der EG als auch von den Mitgliedstaaten ratifiziert (sog. gemischtes Abkommen). Die Auffassung einer geteilten Vertragsabschlusskompetenz wurde vom Europäischen Gerichtshof in einem Gutachten für das GATS und das TRIPS-Abkommen ausdrücklich bestätigt.[106] Zwar wurden durch Ergänzung des Art. 133 EGV der Gemeinschaft in Abs. 5 Kompetenzen auf dem Gebiet des Dienstleistungshandels übertragen, nach Abs. 6 verbleiben aber Abkommen in den Bereichen Bildung, Soziales, Gesundheitswesen und Kultur weiterhin in der gemischten Zuständigkeit.[107] Infolge des Verzichts auf nationale Ratifizierungen durch die Europäische Verfassung bräuchten in Deutschland der Bundestag und der Bundesrat nicht mehr über die neu verhandelten WTO-Verträge einschließlich des GATS beschließen; hierüber würde dann nur noch der Rat der EU mit qualifizierter Mehrheit bzw. einstimmig befinden. Das Europäische Parlament wird seit 1973 nur auf freiwilliger Basis vom Rat beteiligt, da Art. 133 EGV keine Regelungen hierzu enthält. Nach Art. III-325 Abs. 6 *lit.* a v), Art. III-315 Abs. 2 des Verfassungsvertrages wird jetzt aber immerhin eine Zustimmung des Europäischen Parlaments notwendig.

Schlusswort

Aufgrund der oben erwähnten Umwelt- und Gesundheitsbedenken sowie der Erfahrungen mit den Preisentwicklungen bestehen gute Gründe, von einer zwangsweisen Liberalisierung im Trinkwasserbereich auf allen Politikebenen Abstand zu nehmen. Ein Bericht der UN-Menschenrechtskommission kam im Juni 2002[108] zu dem Ergebnis, dass Dienstleistungen im öffentlichen Interesse

---

106 EuGH Slg. 1994, S. I-5267 ff. – Gutachten 1/94 „WTO-Abkommen"; vgl. deshalb die Änderungen des Art. 133 in den Verträgen von Amsterdam und Nizza.

107 Hierzu ausführlich *Krenzler/Pitschas*, Fortschritt oder Stagnation? Die gemeinsame Handelspolitik nach Nizza, in: EuR 2001, S. 442 ff.

108 Economic, Social and Cultural Rights. Liberalization of trade in services and human rights, Report of the High Commissioner, Commission on Human Rights, 2002.

grundlegende Rechte für alle Menschen darstellten, die durch eine forcierte Liberalisierung verletzt werden könnten. Die Vize-Generalsekretärin der Vereinten Nationen, *Louise Frechette*, hat die Regierungen deshalb aufgefordert, bei aller Zusammenarbeit mit dem privaten Sektor, die Kontrolle der Wasserversorgung jedenfalls nicht aus der Hand zu geben.[109]

Die weltweiten Liberalisierungs- und Privatisierungsbeispiele zeigen, dass die Verfahren der Privatisierung transparent und partizipatorisch ausgestaltet werden müssen und gleichzeitig die Schaffung einer starken Regulierungsbehörde notwendig ist. Bei jeder Privatisierung ist zudem die Gefahr in Rechnung zu stellen, dass sie mit Verlusten an politischer Kontrolle einhergeht. Die Privatisierung der Wasserversorgung kann in manchen Entwicklungsländern allerdings ein durchaus empfehlenswerter Weg sein, um weite Teile der Bevölkerung mit trinkbarem Wasser zu versorgen, da den Staaten oftmals das hierfür notwendige Geld fehlt.[110] Pauschale Aussage über die Sinnhaftigkeit von Liberalisierungen und Privatisierungen der Wasserversorgung lassen sich aber eben nicht treffen.

Wünschenswert wäre deshalb eine größere Beteilung der Öffentlichkeit bei der Diskussion der Vor- und Nachteile der Liberalisierungsvorhaben im Trinkwassersektor auf den verschiedenen Politikebenen.[111] Bereits durchgeführte Liberalisierungen und Privatisierungen sind nämlich nur noch sehr schwer und kostenträchtig rückgängig zu machen. Außerdem engen Entscheidungen auf den höheren Ebenen nahezu unumkehrbar den Handlungsspielraum der unteren Politikebenen ein. Dies zeigt sich insbesondere an der engen Fassung der Rücknahmeklausel in Art. XXI GATS für ursprünglich eingegangene spezifische GATS-Liberalisierungsverpflichtungen.

---

109 In: Basler Zeitung; zit. nach TopPharm Magazin, Schwerpunkt: Wasser, Juni 2003.

110 Siehe *Südhoff*, Solving water-supply problems in Bolivia: Beyond Cochabamba, in: von Weizsäcker/Young/Finger (Hrsg.), Limits to Privatization. How to Avoid too Much of a Good Thing, London/Sterling, VA, 2005, S. 17 ff.

111 Diskussion der Vor- und Nachteile in Bezug auf die deutsche Situation bei *Weinmann*, Soll die Wasserwirtschaft in Deutschland privatisiert werden? Positionen und Argumente, in: Gesellschaft. Wirtschaft. Politik 2003, S. 361 ff.

Gesellschaften auf Europareise – verbleibende Grenzen der faktischen Rechtswahlfreiheit

Simon M. Schenk

A. Einführung

Mit seinen Entscheidungen „Überseering“[1] und „Inspire Art“[2] hat der Europäische Gerichtshof der Niederlassungsfreiheit von Gesellschaften endgültig zum Durchbruch verholfen. Seitdem steht fest, dass in einem Mitgliedstaat der Europäischen Union ordnungsgemäß gegründete Gesellschaften in jedem anderen Mitgliedstaat „als solche“ anerkannt werden müssen. Das gilt auch für Gesellschaftsgründungen, bei denen von Beginn an die Absicht bestand, im Gründungsstaat keine Geschäftsaktivitäten zu entfalten, sondern die Gründung eigens zu dem Zweck erfolgte, ein günstigeres ausländisches Gesellschaftsrecht auszunutzen. Die Pflicht zur Anerkennung verbietet es gleichzeitig, die Gesellschaft in das für inländische Gesellschaften geltende Korsett zu pressen und ihr etwa bestimmte Mindestkapitalerfordernisse aufzuzwängen, die nach ihrem Gründungsrecht nicht bestehen.[3] Mit einer sekundären Niederlassung kann sonach im Prinzip das Heimatrecht der Gesellschaft exportiert werden.

Die Judikate des EuGH haben unter deutschen Gesellschaftsrechtlern eine lebhafte Diskussion in Gang gesetzt.[4] Dabei wurde und wird versucht, die Auswirkungen der Urteile zu begrenzen und mit fortwährendem Rückgriff auf die Sitztheorie oder Sonderanknüpfungen und mit dem Argument dringend notwen-

---

1 EuGH Slg. 1999, I-1459 = NJW 2002, S. 3614 = NZG 2002, S. 1164 „Überseering“.

2 EuGH Slg. 2003, I-10155 = NJW 2003, S. 3331 = DB 2003, S. 2219 „Inspire Art“.

3 EuGH Slg. 2003, I-10155 (10235, Rz. 141) „Inspire Art“.

4 Ganz im Gegensatz zu der Aufgeregtheit und Flut an wissenschaftlichen Beiträgen, die „Überseering“ und „Inspire Art“ hierzulande ausgelöst haben, ist die Reaktion andernorts verhaltener. Wie der *Verfasser* in Gesprächen am Rande der diesjährigen Frühjahrstagung der deutsch-nordischen Juristenvereinigung in Uppsala erfahren durfte, scheint in Skandinavien die Angst vor massenhaftem Zuzug ausländischer (Briefkasten) Gesellschaften und dem Wettbewerb der Rechtsordnungen weniger groß zu sein. Eine kurze Sichtung der bislang veröffentlichten Literatur bestätigt, dass dem Thema dort keine derart große Aufmerksamkeit zuteil wird.

digen (ergänzenden) Gläubigerschutzes weiterhin deutsches Gesellschaftsrecht auf Auslandsgesellschaften zur Anwendung zu bringen. Nach der zum Teil überhitzt geführten Debatte ist eine Bestandsaufnahme angezeigt. Zunächst sollen hierzu die für Gesellschaften verbürgte Niederlassungsfreiheit und die hieraus entstehenden Rechtsfragen dargestellt werden.[5] Anschließend wird erörtert, welcher Anwendungsbereich für Regelungen des Rechts des Zuzugstaates noch verbleibt, insbesondere welche inländischen Gläubigerschutzregelungen auch eine Auslandsgesellschaft beachten muss. Dies ist gleichbedeutend mit einer Bestimmung der Grenzen bzw. des Umfangs der Rechtswahlfreiheit. Am Ende stehen eine Zusammenfassung der Ergebnisse und ein Ausblick.

B. Faktische Rechtswahlfreiheit bei Gründung einer Gesellschaft

Die europarechtlich zwingende Anerkennung EU-ausländischer Gesellschaften als solche[6], die faktisch zur freien Wahl der Rechtsform einer Gesellschaft führt, muss zwar vor dem Hintergrund des Internationalen Gesellschaftsrechts gesehen werden; dennoch hat sie ihren ganz eigenen – europarechtlichen – Kern.

I. Kollisionsrecht als Hintergrund der Diskussion um die Niederlassungsfreiheit

Die durch die Artt. 43, 48 EGV verbürgte Niederlassungsfreiheit von Gesellschaften bezieht sich auf einen internationalen Sachverhalt und zwingt aus nationaler Sicht dazu, das auf den Niederlassungsvorgang anwendbare Recht zu bestimmen.[7] Die Kollisionsnormen des Internationalen Gesellschaftsrechts bilden damit den Hintergrund für einen möglichen Konflikt zwischen den durch sie zur Anwendung berufenen nationalen Regelungen und den Grundfreiheiten.

Dieser kollisionsrechtliche Hintergrund wurde in der langjährigen Debatte um die Niederlassungsfreiheit stets in den Vordergrund gestellt. Zum Kernpunkt wurde die Frage, inwieweit das jeweilige nationale Kollisionsrecht mit der Nie-

---

5 Dabei wird zu zeigen sein, dass der Problemkreis der Niederlassungsfreiheit von Gesellschaften und der weiteren Anwendbarkeit nationaler Regelungen des Zuzugstaates keine primär kollisionsrechtliche Frage ist.

6 EuGH Slg. 2002, I-9919 (9965, Rz. 59) „Überseering"; *Hansen*, Selskabers fri bevæglighed, in: Nordisk Tidskrift for selskabsret (NTS) 2003, S. 431 (439).

7 *Schwarz*, Europäisches Gesellschaftsrecht, Baden-Baden 2000, Rdnr. 156.

derlassungsfreiheit vereinbar ist. Grundlage waren die unterschiedlichen Konzeptionen, die für die Entscheidung über das auf gesellschaftsrechtliche Beziehungen anwendbare Recht zur Verfügung stehen. Im Wesentlichen lassen sich dabei zwei Richtungen ausmachen.[8] Nach der Gründungstheorie bestimmt sich das Gesellschaftsstatut nach dem Recht desjenigen Staates, in dem die Gesellschaft errichtet worden ist (Satzungssitz). Dieses Recht bleibt auch dann maßgebend, wenn später die Gesellschaft ihren tatsächlichen Sitz mit einer sekundären Niederlassung in einen anderen Staat verlegt; der Zuzugstaat erkennt also die Gesellschaft als solche fremden Rechts an. Für die (bisher) in Deutschland geltende Sitztheorie[9] hingegen ist entscheidendes Anknüpfungsmoment für das Gesellschaftsstatut die Frage, in welchem Staat die Gesellschaft ihren tatsächlichen Sitz (Verwaltungssitz) hat, d.h. von wo aus sie hauptsächlich ihre Geschäftstätigkeit entfaltet. Grundidee ist, dass die Gesellschaft von dem Recht des Staates bestimmt werden soll, der von ihrem Wirken auch am stärksten betroffen ist.[10] Sie gestattet es also, die Schutzinteressen – zuvörderst der Gesellschaftsgläubiger, aber auch der Gesellschafter und Arbeitnehmer – in den Vordergrund zu stellen und für gleichmäßige Wettbewerbsbedingungen innerhalb eines Staates zu sorgen.[11]

In Bezug auf die Beweglichkeit von Gesellschaften lassen die beiden Konzepte erkennen, dass der Versuch der Sitztheorie, Drittinteressen kollisionsrechtlich zu schützen, einhergeht mit einer Beschränkung der Wahl des auf die Gesellschaft anwendbaren Rechts. Denn danach können Gesellschaften sich für ein

---

8 Jedoch werden die nachfolgend skizzierten Gründungs- und Sitztheorien kaum in Reinform durchgehalten. Zudem lassen sich die Kollisionsrechte anderer Staaten oft nicht einwandfrei diesem Begriffspaar zuordnen und werden nicht selten verschieden kategorisiert, vgl. *Halbhuber*, Limited Company statt GmbH? Europarechtlicher Rahmen und deutscher Widerstand, Baden-Baden 2001, S. 70 f. m.w.N. Eingehende Darstellungen zum Internationalen Gesellschaftsrecht bei *Leible*, in: *Michalski*, Kommentar zum Gesetz betreffend die Gesellschaften mit beschränkter Haftung (GmbH-Gesetz), München 2002, Syst. Darst. 2 Rdnr. 3 ff.; *Kindler*, in: Münchener Kommentar zum Bürgerlichen Gesetzbuch, 3. Aufl., München 1999, IntGesR Rdnr. 7 ff., 258 ff.

9 Zur Geschichte der Sitztheorie in Deutschland *Meilicke*, Die Niederlassungsfreiheit nach „Überseering“: Rückblick und Ausblick nach Handelsrecht und Steuerrecht, in: GmbHR 2003, S. 793 (794 ff.); *Halbhuber* (Fn. 8), S. 106 ff.

10 *Kindler* (Fn. 8), IntGesR Rdnr. 313; *Schwarz* (Fn. 7), Rdnr. 162; *Leible* (Fn. 8), Syst. Darst. 2 Rdnr. 4; *Sverinsson*, EG:s etableringsrätt för bolag, in: Juridisk Tidskrift (JT) 2003-04, S. 69 (71).

11 *Bayer*, Die EuGH-Entscheidung „Inspire Art“ und die deutsche GmbH im Wettbewerb der europäischen Rechtsordnungen, in: BB 2003, S. 2357 (2358). Krit. zur Sitztheorie als Schutztheorie aber *Behrens*, Das Internationale Gesellschaftsrecht nach dem Überseering-Urteil des EuGH und den Schlussanträgen zu Inspire Art, in: IPRax 2003, S. 193 (195).

bestimmtes Gesellschaftsrecht nur in Kombination mit der Wahl eines bestimmten Standorts entschließen.[12] Die Gründungstheorie hingegen ist anerkennungsfreundlich und befördert einen Wettbewerb der Gesellschaftsrechte. Diese Ausgangslage bildete die Basis für den Streit, ob die Anknüpfung an den Verwaltungssitz gegen die Niederlassungsfreiheit verstößt. Denn eine Gesellschaft mit Satzungssitz im Ausland hat nach der konsequent verstandenen Sitztheorie jenseits des Gründungsstaates keine Existenz, wenn sie dort eine sekundäre Niederlassung gründet und ihre Haupttätigkeit ausübt. Die Verlegung des Verwaltungssitzes geht also einher mit einem Statutenwechsel.[13] Im Zuzugstaat handelt die Gesellschaft unter falschem Recht und besitzt keine Rechtspersönlichkeit;[14] sie verliert ihr gesellschaftsrechtliches Gewand.

II. Entscheidungspraxis des EuGH zur Niederlassungsfreiheit

Der EuGH hat in der Sache „Centros“[15] klargestellt, dass eine Niederlassung i.S.d. Art. 48 EGV auch dann vorliegt, wenn hauptsächlich oder nur von der Niederlassung aus die eigentliche geschäftliche Aktivität entfaltet wird.[16] Das dagegen vorgebrachte Argument, der tatsächliche Sitz (Verwaltungssitz) könne begrifflich keine Niederlassung sein („Scheinauslandsgesellschaft“), verfängt schon deshalb nicht, weil die Ausübung von Geschäftstätigkeit im Gründungsstaat keine im Vertrag vorgesehene Bedingung für die Niederlassungsfreiheit ist, wie schon die gleichrangigen alternativen Anknüpfungsmomente des Art. 48 II EGV zeigen.[17] Der Gerichtshof betonte, dass die beabsichtigte Umgehung strengeren nationalen Gesellschaftsrechts mittels einer sekundären Niederlassung keinen Missbrauch darstellt, sondern nachgerade klassischer Fall des Gebrauchmachens von der Niederlassungsfreiheit ist.[18]

---

12 *Eidenmüller*, Wettbewerb der Gesellschaftsrechte in Europa, in: ZIP 2002, S. 2233 (2235).

13 *Kegel/Schurig*, Internationales Privatrecht, 9. Aufl., München 2004, § 17 II.2., S. 581.

14 Hier stark verkürzt, z.T. str.; weiterführend *Kindler* (Fn. 8), IntGesR Rdnr. 344 ff.; *Lüderitz*, in: *Soergel*, Kommentar zum Bürgerlichen Gesetzbuch, 12. Aufl., Stuttgart 1996, Anh. Art. 10 EGBGB Rdnr. 17.

15 EuGH Slg. 1999, I-1459 „Centros“.

16 EuGH Slg. 1999, I-1459 (1490 f., Rz. 17 f.) „Centros“; GA *La Pergola*, Schlussanträge, EuGH Slg. 1999, I-1459 (1474, Rz. 18) „Centros“.

17 So auch schon EuGH Slg. 1986, 2375 (2388, Rz. 16) „Segers“; GA *Darmon*, Schlussanträge, EuGH Slg. 1986, 2375 (2380 f.) „Segers“.

18 EuGH Slg. 1999, I-1459 (1493, Rz. 27) „Centros“.

Bei „Überseering“ ging es um die Verlegung des effektiven Verwaltungssitzes einer niederländischen Besloten Vennootschap (BV) nach Deutschland, wo ihr in einem Rechtsstreit mit Hinweis auf den Statutenwechsel Partei- und Prozessfähigkeit abgesprochen wurden, da sie nach dem nun maßgeblichen deutschen Recht nicht wirksam gegründet worden sei. Der EuGH stellte fest, dass die Inanspruchnahme der Niederlassungsfreiheit durch eine Gesellschaft zwingend die Anerkennung dieser Gesellschaft als solcher und damit ihrer Rechtspersönlichkeit durch den Aufnahmestaat voraussetzt.[19] Der an die tatsächliche Sitzverlegung geknüpfte Verlust der Rechtsfähigkeit und das Neugründungserfordernis aber kommen einer Negierung der Niederlassungsfreiheit gleich.

Den vorläufigen Endpunkt bildet die Entscheidung „Inspire Art“. Das niederländische Recht hatte (obschon „Gründungstheoriestaat“) „formal ausländische“ Gesellschaften verpflichtet, bestimmte Mindeststandards zu erfüllen, insbesondere als „formal ausländische“ Gesellschaft zu firmieren und das für vergleichbare niederländische Gesellschaften erforderliche Mindestkapital nachzuweisen. Bei Nichterfüllung dieser Zusatzverpflichtungen sollten Gesellschaft und Geschäftsführer in eine gesamtschuldnerische Haftung genommen werden. Hierin erkannte der EuGH eine unzulässige Beschränkung der Niederlassungsfreiheit. Mit Hinweis auf die (insoweit abschließende) Vierte und Elfte Gesellschaftsrichtlinie stellte der Gerichtshof fest, dass die Gesellschaftsgläubiger hinreichend darüber informiert sind, dass es sich um eine Gesellschaft ausländischen Rechts handelt und sie insofern grundsätzlich keines weiteren Schutzes bedürfen. Das Urteil setzt endgültig die Anerkennungspflicht für ausländische Gesellschaften durch und klärt, dass solche Gesellschaften ihr gesellschaftsrechtliches Gewand[20] behalten, es also nicht mit der nackten Anerkennung der Rechtsfähigkeit getan ist.[21] Offen bleibt aber, wie weit dieses Gewand ist und ob und welche Beschränkungen ein Aufnahmestaat im Allgemeininteresse doch noch durchsetzen kann.

Die Judikatur des EuGH wurde hierzulande stets unter dem Aspekt der Haltbarkeit der Sitztheorie gesehen.[22] So wurde schon die Entscheidung „Daily

---

19 EuGH Slg. 2002, I-9919 (9965, Rz. 59) „Überseering“; s. dazu den Vorlagebeschluss BGH NZG 2000, S. 926 (926 f.).

20 *Eidenmüller/Rehm*, Niederlassungsfreiheit versus Schutz des inländischen Rechtsverkehrs: Konturen des Europäischen Internationalen Gesellschaftsrechts, in: ZGR 2004, S. 159 (161).

21 Der ausländischen Gesellschaft können also insbesondere nicht Kapitalisierungserfordernisse des Zuzugstaates aufgezwungen werden, EuGH Slg. 2003, I-10155 (10225, Rz. 101 und 10233 ff., Rz. 131 ff,) „Inspire Art“.

22 Vgl. nur *Ebenroth*, Die Vereinbarkeit der Sitztheorie mit europäischem Recht, in: GmbHR 1994, S. 16 ff.

Mail" als Bestätigung der Sitztheorie verstanden, obgleich es sich dabei nicht um den Fall der Nichtanerkennung einer zugezogenen Gesellschaft, sondern um einen Wegzugsfall (also eine Beschränkung des Wegzugs durch den Gründungsstaat) handelte.[23] Und auch die Entscheidung „Centros" wurde als für Sitztheoriestaaten nicht relevant eingestuft – meist mit dem Argument, dass die für den Rechtsstreit relevanten Rechtsordnungen (Dänemark und England) der Gründungstheorie folgten.[24] In gleicher Weise blieb die Rezeption der „Überseering"-Entscheidung in der kollisionsrechtlichen Einordnung des Problems verhaftet. Auch hier schien immer noch die entscheidende Frage zu sein, ob und inwieweit die Sitztheorie (abgesehen vom Zwang zur Anerkennung an sich) nun durch den EuGH verworfen wurde bzw. inwieweit kollisionsrechtliche Sonderanknüpfungen weiterhelfen könnten.[25] Erst seit „Inspire Art" setzt sich (wenn auch nur langsam) die Erkenntnis durch, dass es sich beim Gebrauchmachen von der Niederlassungsfreiheit nicht um ein primär internationalprivatrechtliches Problem unter dem Stichwort „Vereinbarkeit der Sitztheorie mit der Niederlassungsfreiheit" handelt, sondern um ein primär europarechtliches, das lediglich einen kollisionsrechtlichen Hintergrund hat.[26] So hat denn der EuGH auch nie ausdrücklich zur europarechtlichen Zulässigkeit der Sitztheorie Stellung genommen; denn abgesehen davon, dass eine trennscharfe Zuordnung der einzelnen Rechtsordnungen zu diesem Begriffspaar nicht möglich ist, hat das Europarecht nicht die Aufgabe, dogmatische Rechtsfiguren eines Mitgliedstaates zu prüfen.[27]

---

23 Statt vieler *Schwarz* (Fn. 7), Rdnr. 178; weitere Nachweise bei *Bayer* (Fn. 11), S. 2360.

24 So bspw. *Kindler*, Niederlassungsfreiheit für Scheinauslandsgesellschaften? – Die „Centros"-Entscheidung des EuGH und das internationale Privatrecht, in: NJW 1999, S. 1993 (1997 f.); *Ebke*, Das Schicksal der Sitztheorie nach dem Centros-Urteil des EuGH, in: JZ 1999, S. 656 (658). Für Dänemark war aber schon die Annahme zweifelhaft, ob es überhaupt der Gründungstheorie folgte, s. *Halbhuber* (Fn. 8), S. 69 ff.

25 Vgl. etwa *Großerichter*, Ausländische Kapitalgesellschaften im deutschen Rechtsraum: Das deutsche Internationale Gesellschaftsrecht und seine Perspektiven nach der Entscheidung „Überseering", in: DStR 2003, S. 159 (165 f.); *Leible* (Fn. 8), Syst. Darst. 2 Rdnr. 22 ff.

26 Dazu noch unten B.III.3.

27 *Bitter*, Flurschäden im Gläubigerschutzrecht durch „Centros & Co."? – Eine Zwischenbilanz, in: WM 2004, S. 2190 (2192); *Randelzhofer/Forsthoff*, in: *Grabitz/Hilf*, Recht der Europäischen Union, Loseblatt, Stand September 2004, Art. 48 EGV Rdnr. 30; *Wymeersch*, Centros: A Landmark Decision in European Company Law, in: Liber Amicorum Richard M. Buxbaum, Den Haag 2000, S. 629 (631).

III. Konsequenzen

1. Freie Wahl der Rechtsform als unumstößliche Tatsache

Ähnlich der Staatsbürgerschaft bei natürlichen Personen[28] behalten im EU-Ausland gegründete Gesellschaften ihre Identität als Organisationsform ausländischen Rechts, auch wenn sie in einem anderen EU-Staat schwerpunktmäßig tätig sind. Damit ist der Weg zur Zulässigkeit sog. Briefkastengesellschaften geebnet, die als tatsächliche Verbindung zum Gründungsstaat nur den Satzungssitz haben. Die Ausnutzung von Vorteilen des fremden Gesellschaftsrechts ist für sich kein Missbrauch, sondern ein typisches und europarechtlich gewünschtes Gebrauchmachen von primärrechtlichen Grundfreiheiten.[29]

Die Motivation zur Wahl einer EU-Auslandsgesellschaft, die sich vor allem auf Kapitalgesellschaften und dort die der GmbH entsprechenden Rechtsformen konzentriert, kann vielfältig sein. Zumeist werden die Gründer einer Kapitalgesellschaft mit einem geringeren Stammkapital und einer schnelleren und unkomplizierteren Gründung gelockt. In der Tat scheint die deutsche GmbH nicht besonders attraktiv zu sein, wenn die Möglichkeit einer raschen Gründung durch Vorrats- und Mantelgesellschaften nun durch die analoge Anwendung des Gründungsrechts und den Zwang zur nochmaligen Registeranmeldung[30] erschwert wird. Das deutsche Recht scheint den Trend zu einem einfacheren Gesellschaftsrecht zu verfehlen. Klar sein muss aber auch, dass die Flucht in die ausländische Rechtsform wohl überlegt sein will.[31] So kann sich vor allem ein kostenintensiver Beratungsbedarf hinsichtlich des ausländischen Rechts ergeben. Wer sich unter das Regime ausländischen Rechts stellt, muss nicht nur das Sprachproblem überwinden, sondern auch beachten, dass ihm das ausländische Recht in seinen Einzelheiten oft fremd ist und fremd bleiben wird. Hier helfen

---

28 Dieser Vergleich wird ausdrücklich betont in EuGH Slg. 1986, 2375 (2387, Rz. 13, 2388, Rz. 16) „Segers"; EuGH Slg. 1999, I-1459 (1491, Rz. 20) „Centros"; EuGH Slg. 2003, I-10155 (10224, Rz. 97) „Inspire Art".

29 EuGH Slg. 1999, I-1459 (1493, Rz. 27) „Centros".

30 BGH DB 2003, S. 330; BGH DB 2003, S. 2055.

31 Zu den (einzelfallabhängigen) Vor- und Nachteilen i.E. *Wachter*, Auswirkungen des EuGH-Urteils in Sachen Inspire Art Ltd. auf Beratungspraxis und Gesetzgebung, in: GmbHR 2004, S. 88 ff.; *Maul/Schmidt*, Inspire Art – Quo vadis Sitztheorie?, in: BB 2003, S.2297 (2298 f.); *Happ/Holler*, „Limited" statt GmbH? – Risiken und Kosten werden gern verschwiegen, in: DStR 2004, S. 730 ff.; *Kallmeyer*, Vor- und Nachteile der englischen Limited im Vergleich zur GmbH oder GmbH&Co. KG, in: DB 2004, S. 636 ff.; im Hinblick auf die französische S.A.R.L. *Recq/Hoffmann*, Die französische S.A.R.L. als GmbH-Ersatz?, in: GmbHR 2004, S. 1070 ff.

die „Service-Pakete“ der diversen Anbieter von Limited-Gründungen[32] nur bedingt weiter. Und im Falle einer Mehrpersonengesellschaft muss bei Streitigkeiten zwischen den Gesellschaftern in der Regel[33] die ausschließliche internationale Zuständigkeit der Gerichte des Gründungsstaates (Art. 22 Nr. 2 EuGVO) beachtet werden. Letztlich werden aber die Entscheidung über die Attraktivität, die Akzeptanz im Rechtsverkehr und die Schwierigkeiten einer Auslandsgründung dem Markt überlassen bleiben. Ob der gegenwärtige „Run“ auf die englische *private company limited by shares* (Ltd.)[34] anhält, bleibt also abzuwarten.

2. *Befürchtung eines „race to the bottom“ – Angst vor Überfremdung*

Die Zulässigkeit von Briefkastengesellschaften begegnet hierzulande starken Bedenken. Eine zentrale Rolle spielt dabei, ob und inwieweit Gesellschaftsgläubiger von den Regelungen des Zuzugstaates geschützt werden können. Schon diese Ausgangsfrage zeigt die unterschwellige Tendenz, möglichst viel vom inländischen Schutzniveau zu retten. Unausgesprochen scheint die Ansicht zu herrschen, dass der Gläubigerschutz durch das deutsche Gesellschaftsrecht der wirksamste ist.[35] Nicht nur die hohen Gläubigerausfälle in der Insolvenz einer Gesellschaft sprechen aber eine andere Sprache. Wahrscheinlich rührt die Angst vor europäischen „Billig-GmbH“[36], denen das Vorurteil eines strukturell niedrigen Gläubigerschutzniveaus vorauseilt, aber auch nur daher, dass bei deutschen Juristen das althergebrachte System eines festen Nennkapitals gemeinhin als Bastion des Gläubigerschutzes gilt und ohne Mindestkapitalerfordernis an-

32 Derartige Anbieter gibt es inzwischen zuhauf, vgl. bspw. „Go Ahead“, www.go-limited.de; „L4you“, www.L4you.de; „Comanea GmbH“, www.limited24.de. Regelmäßig werben die Anbieter mit einer Haftungsbeschränkung ohne Risiko sowie mit einer Gründungsdauer von maximal 10 Tagen und stellen gegen Preisaufschlag auch eine 24- oder 48-Stunden-Gründung zur Verfügung.

33 Nur wenn das angerufene Gericht der Sitztheorie folgt, könnte es zu einer Zuständigkeit der Gerichte am Ort der Hauptverwaltung kommen, da Art. 22 Nr. 2 S. 2 EuGVO die Bestimmung des „Gesellschaftssitzes“ dem IPR des Verfahrensstaates überlässt. Dann jedoch taucht das Problem auf, dass das Gericht jedenfalls zum Teil ausländisches Recht anwenden muss, wofür ggf. kostenintensive Gutachten nötig werden.

34 Die Zahl der Betriebsgründungen als deutsche GmbH ist inzwischen von ca. 50.000 im Jahr 2001 auf ca. 38.000 im Jahr 2004 zurückgegangen, s. Handelsblatt vom 6.4.2005, S. 3, wohingegen nach Angaben des Anbieters „Go Ahead“ die Anzahl der Limited-Gründungen mit Niederlassung und Hauptverwaltungssitz in Deutschland nunmehr 12.000 pro Jahr, beträgt, http://www.go-limited.de/start.shtml, abgerufen am 20.04.05.

35 (Krit.) *Behrens* (Fn. 11), S. 195.

36 *Altmeppen*, Schutz vor „europäischen“ Kapitalgesellschaften, in: NJW 2004, S. 97 (97).

scheinend nicht denkbar ist. Dabei zeigt aber schon die Tatsache, dass das Nennkapital nur einmal aufgebracht werden muss und dann nicht gegen Verwirtschaftung geschützt ist, sondern doch gerade auch als Betriebskapital dienen soll, die Diskrepanz zwischen Vorstellung und Wirklichkeit.[37] Nicht ohne Grund messen deshalb EuGH und auch die Kommission dem Nennkapitalprinzip nicht allzu viel gläubigerschützende Relevanz bei.[38] Im Wesentlichen bleibt für das Mindeststammkapital nur die Funktion als Seriositätsschwelle und als (geringer) Ausschüttungspuffer. Die Tatsache, dass eine englische Ltd. wie nun auch eine französische S.A.R.L. nur ein Mindestkapital von einem Pfund bzw. Euro erfordern,[39] sollte daher nicht Ausgangspunkt für die Annahme sein, bei diesen Gesellschaftsformen würden die Interessen der Gesellschaftsgläubiger strukturell vernachlässigt.

3. *Lösungsansatz zum Umgang mit ausländischen Gesellschaften*

Die Debatte, inwieweit die Grundfreiheiten die Anwendung von Normen des Zuzugstaates auf die Auslandsgesellschaft verbieten, muss sich von kollisionsrechtlichen Argumentationsmustern befreien. Denn die Frage nach (zusätzlichem) Schutz von Drittinteressen durch das Recht des Zuzugstaates ist zuvörderst eine Frage des europarechtlich gebotenen Umfangs der Niederlassungsfreiheit, also inwieweit die Grundfreiheiten eine Pflicht zur Respektierung der Integrität der durch das Gründungsrecht definierten Korporation gebieten. Im Europarecht ist folglich auch nach Lösungen zu suchen.

---

37 *Grunewald/Noack*, Zur Zukunft des Kapitalsystems der GmbH – Die Ein-Euro-GmbH in Deutschland, in: GmbHR 2004, S. 189 (189). Zu den Funktionen des Mindeststammkapitals zuletzt etwa *Blaurock*, Mindestkapital und Haftung bei der GmbH, in: Festschrift für *Thomas Raiser*, Berlin 2005, S. 3 (8 ff.).

38 EuGH Slg. 2003, I-10155 (10234, Rz. 135) „Inspire Art"; EuGH Slg. 1999, I-1459 (1495, Rz. 34) „Centros"; deutlich GA *Alber*, Schlussanträge, EuGH Slg. 2003, I-10155 (10191 ff., Rz. 141 ff.) „Inspire Art"; GA *La Pergola*, Schlussanträge, EuGH Slg. 1999, I-1459 (1480 f., Rz. 21) „Centros"; EG-Kommission, Modernisierung des Gesellschaftsrechts und Verbesserung der Corporate Governance in der Europäischen Union – Aktionsplan (21.05.2003), KOM (2003), 284 endg., abgedruckt in Sonderbeilage zu NZG Heft 13/2003. Dazu noch unten C.II.2.b.

39 Der französische Gesetzgeber hat mit dem *Loi pour l'initiative économique* für die S.A.R.L. das gesetzliche Mindestkapital (bisher 7.500 €, Art. L. 223-2 C.Com) zum 01.01.2004 abgeschafft und damit den Weg zur „Ein-Euro-GmbH" frei gemacht. Hierzu bspw. *Becker*, Baldiges neues Gründungsverfahren in Frankreich: Die französische „Blitz-S.A.R.L.", in: GmbHR 2003, 706 ff.

a) Europarecht und Internationales Gesellschaftsrecht

Die heftig diskutierte Frage, inwiefern den Vorgaben des EuGH zur Niederlassungsfreiheit zu entkommen ist, indem gläubigerschützende Normen des Rechtes des Zuzugstaates auf die Auslandsgesellschaft angewendet werden, wird meist kollisionsrechtlich angegangen. So wird trotz grundsätzlicher Hinwendung zur Gründungstheorie vorgeschlagen, einzelne (gesellschaftsrechtliche) Haftungstatbestände – wie etwa die Existenzvernichtungshaftung – delikts- oder insolvenzrechtlich zu qualifizieren, mit dem Ergebnis der Anwendbarkeit des Rechtes des Zuzugstaates.[40] Dabei wird aber der europarechtliche Zusammenhang negiert. Weil eben nicht die Sitztheorie als solche zur Nichtbeachtung der Identität als ausländische Gesellschaft führt, sondern erst das zur Anwendung berufene Sachrecht möglicherweise in die Niederlassungsfreiheit der Auslandsgesellschaft eingreift, sind die sachrechtlichen Beschränkungen auf ihre Grundfreiheitskonformität zu überprüfen.[41] Das Kollisionsrecht gibt lediglich vor, welches Recht zur Anwendung gelangt. Deswegen ist die Niederlassungsfreiheit kollisionsrechtlich indifferent.[42] Auch wenn sich auf Basis der anerkennungsfreundlicheren Gründungstheorie die Anforderungen der Niederlassungsfreiheit weit einfacher und dogmatisch überzeugender verwirklichen lassen und deshalb eine Hinwendung zur Gründungstheorie anzuraten ist,[43] gibt doch das Europarecht keine Kollisionsnorm vor.[44] Nicht zuletzt das Beispiel „Inspire Art" zeigt

40 Statt vieler *Horn*, Deutsches und Europäisches Gesellschaftsrecht und die Niederlassungsfreiheit, in: NJW 2004, S. 893 (899).

41 *Eidenmüller/Rehm* (Fn. 20), S. 165 f.

42 Insoweit zutr. *Ulmer*, Gläubigerschutz bei Scheinauslandsgesellschaften, in: NJW 2004, S. 1201 (1205); str., anders z.B. *Randelzhofer/Forsthoff* (Fn. 27), Art. 48 EGV Rdnr. 18: „versteckte Kollisionsnorm".

43 Der Wechsel zur Gründungstheorie ist nun wohl h.M., s. bspw. *Hirsch/Britain*, Artfully Inspired – Werden deutsche Gesellschaften englisch?, in: NZG 2003, S. 1100 (1103); *Spindler/Berner*, Der Gläubigerschutz im Gesellschaftsrecht nach Inspire Art, in: RIW 2004, S. 7 (8); *Schulz*, (Schein)Auslandsgesellschaften in Europa – Ein Schein-Problem, in: NJW 2003, S. 2705 (2706 f.); *Ebke*, Überseering: „Die wahre Liberalität ist Anerkennung", in: JZ 2003, 927 (929); *Sandrock*, Sitzrecht contra Savigny? – Zum angeblichen Chaos im internationalen Gesellschaftsrecht, in: BB 2004, S. 897 (901); *Bayer* (Fn. 11), S. 2363; für Dänemark *Hansen* (Fn. 6), S. 442; a.A. *Altmeppen* (Fn. 36), S. 99; AG Duisburg NZG 2003, S. 1167 (1168); unklar BGH DStR 2003, S. 947 (948).

44 A.A. *Kegel/Schurig* (Fn. 13), § 17 II.1., S. 575. Wie hier *Martin-Ehlers*, Gemeinschaftsrechtliche Aspekte der Urteile von Centros bis Inspire Art: Der „verständige Gläubiger", in: *Sandrock/Wetzler*: Deutsches Gesellschaftsrecht im Wettbewerb der Rechtsordnungen, Heidelberg 2004, S. 1 (13); *Wymeersch* (Fn. 27), S. 645 f.; *Eidenmüller/Rehm* (Fn. 20), S. 166; für Schweden: *Severinsson* (Fn. 10), S. 84. Denkbar wäre theoretisch auch eine modifizierte Sitztheorie, die nur für den Fall, dass das ausländische Recht strengere Vorschriften (etwa zur Gründung) vorsieht, das (dann relativ gese-

deutlich, dass auch eine dem Konzept der Gründungstheorie folgende Rechtsordnung (wie die niederländische) nicht vor einem Verstoß gegen die Niederlassungsfreiheit gefeit ist.

Die Bedeutung des Internationalen Privatrechts im hier interessierenden Kontext beschränkt sich daher darauf, dass es Wegbereiter eines möglichen Verstoßes gegen die Artt. 43, 48 EGV sein kann. Erst dann also, wenn das Kollisionsrecht eine Regelung des Zuzugstaates zur Anwendung auch auf die Auslandsgesellschaft beruft, kann überhaupt der Konflikt entstehen, ob diese Rechtsanwendung die Niederlassungsfreiheit der Gesellschaft unzulässig beschränkt. Die Einordnung eines Rechtsinstituts nicht unter das Gesellschafts- sondern das Delikts- oder Insolvenzstatut enthebt indes nicht von der Prüfung eines Verstoßes gegen die Niederlassungsfreiheit.[45] Vor kollisionsrechtlichen Scheinlösungen ist also zu warnen.[46]

b) Europarechtliche Betrachtung des Konfliktes zwischen Rechtswahlfreiheit und nationaler Gesamtrechtsordnung des Zuzugstaates

Nach dem eben Gesagten ist das Kollisionsrecht der falsche und das Europarecht der richtige Ansatzpunkt für die Frage, wie eine Auslandsgesellschaft im Zuzugstaat zu behandeln ist.[47] Dabei bedeutet nicht jede Anwendung inländischen Rechts auf die Auslandsgesellschaft gleich einen Verstoß gegen die Niederlassungsfreiheit.

Auf der einen Seite steht fest, dass der Zuzugstaat die Gesellschaft als solche ausländischen Rechts anzuerkennen hat. Mit ihrer sekundären Niederlassung exportiert die Auslandsgesellschaft quasi ihr sie definierendes Recht in den Zuzugstaat. Dabei muss sich aber andererseits zwangsläufig die Frage stellen, wie weit dieses ihr anhaftende Heimatrecht zu fassen ist. Es versteht sich von selbst, dass die Auslandsgesellschaft nicht die Gesamtrechtsordnung des Gründungsstaates mit allen Umweltbeziehungen exportieren und damit die gesamte

---

hen laxere) deutsche Sachrecht anwendet. Die fehlende Handhabbarkeit eines solchen „durchlöcherten" Gesellschaftsstatuts steht dem aber wohl entgegen.

45 *Fischer*, Die Verlagerung des Gläubigerschutzes vom Gesellschafts- in das Insolvenzrecht nach „Inspire Art", in: ZIP 2004, S. 1477 (1479); *Bitter* (Fn. 27), S. 2191; anders für das Eigenkapitalersatzrecht wohl *Haas*, Der Normzweck des Eigenkapitalersatzrechts, in: NZI 2001, S. 1 (10).

46 *Bitter* (Fn. 27), S. 2190; *Spindler/Berner* (Fn. 43), S. 9 f.

47 So auch *Schanze/Jüttner*, Die Entscheidung für Pluralität: Kollisionsrecht und Gesellschaftsrecht nach der EuGH-Entscheidung „Inspire Art", in: AG 2003, S. 661 (665); *Spindler/Berner* (Fn. 43), S. 10.

Rechtsordnung des Zuzugstaates auf den Prüfstand stellen kann.[48] Die Auslandsgesellschaft ist ebenso wenig immun gegen die Gesamtrechtsordnung des Aufnahmestaates, wie auch eine natürliche Person im Ausland sich bei einem Rechtsverstoß im Ausland nicht auf das Fehlen bestimmter, etwa umweltrechtlicher oder nachbarrechtlicher Verbotsnormen in ihrem Heimatland berufen kann. Die entscheidende Frage ist also, welche Grenzen der Rechtswahlfreiheit gesetzt sind. Mit anderen Worten geht es darum, wie weit das sie schützende Gewand, mit dem die Gesellschaft in den Aufnahmestaat kommt, geschneidert ist oder schlicht darum, welche Reichweite die Niederlassungsfreiheit hat. Schon auf dieser Ebene aber werden einige zwingende Regelungen des Zuzugstaates als Eingriff ausscheiden müssen, also schon nicht tatbestandsmäßig i.S.d. Artt. 43, 48 EGV sein.[49] Liegt doch eine Beschränkung vor, bleibt weiter zu prüfen, ob sie rechtfertigbar ist. Hier ist nach der „Gebhard-Formel" zu fragen, ob die Beschränkung auf zwingenden Gründen des Gemeinwohls basiert, unterschiedslos angewandt wird und zur Zielerreichung geeignet und nicht unverhältnismäßig ist.[50]

C. Verbleibender Anwendungsbereich für Regelungen des Zuzugstaates

Um die Grenzen der faktischen Rechtswahlfreiheit zu bestimmen, ist zunächst ein Blick auf den Inhalt der Niederlassungsfreiheit zu werfen, um sodann näher zu bestimmen, inwieweit der Schutzbereich durch Anwendung inländischen Rechts auf Auslandsgesellschaften überhaupt tangiert oder der Eingriff gerechtfertigt ist.

---

48 *Eidenmüller/Rehm, (Fn.* 20), S. 168.

49 Vgl. auch GA *La Pergola*, Schlussanträge, EuGH Slg. 1999, I-1459 (1480, Rz. 20) „Centros": „mögliche Anwendung der zwingenden inländischen Vorschriften".

50 *Epiney*, in: *Calliess/Ruffert*, Kommentar des Vertrages über die Europäische Union und des Vertrages zur Gründung der Europäischen Gemeinschaft (EUV/EGV), 2. Aufl., Neuwied/Kriftel 2002, Art. 28 EGV Rdnr. 57; *Geiger*, EUV/EGV: Vertrag über die Europäische Union und Vertrag zur Gründung der Europäischen Gemeinschaft, 4. Aufl., München 2004, Art. 43 EGV Rdnr. 15; *Bayer* (Fn. 11), S. 2358; *Bitter* (Fn. 27), S. 2193; GA *Alber*, Schlussanträge, EuGH Slg. 2003, I-10155 (10188, Rz. 126) „Inspire Art"; EuGH Slg. 2003, I-10155 (10233, Rz. 133) „Inspire Art".

I. Europarechtliche Vorgaben: Inhalt und Reichweite der Niederlassungsfreiheit

1. Schutzbereich

Gesellschaften können sich auf die Niederlassungsfreiheit berufen, wenn sie die Anforderungen des Art. 48 EGV erfüllen. Dabei genügt es, dass die Gesellschaft nach dem Recht eines Mitgliedstaates gegründet wurde und entweder ihren Satzungssitz, ihre Hauptverwaltung oder ihre Hauptniederlassung im Hoheitsgebiet der Gemeinschaft hat. Das Primärrecht setzt nicht zwingend voraus, dass die Gesellschaft auch eine Geschäftstätigkeit im Gründungsstaat entfaltet.[51]

Neben der primären Niederlassungsfreiheit, also der Neuaufnahme wirtschaftlicher Tätigkeit in einem Mitgliedstaat oder der Übersiedelung der Hauptniederlassung in einen anderen Mitgliedstaat, machen Gesellschaften regelmäßig sekundär von der Niederlassungsfreiheit Gebrauch, indem sie Zweigniederlassungen, Agenturen oder Tochtergesellschaften gründen oder Beteiligungen an bestehenden Gesellschaften erwerben.[52] Dabei garantiert ihnen die Niederlassungsfreiheit, dass sie im Zuzugstaat unter den gleichen Bedingungen und mit denselben Rechten agieren können wie inländische Gesellschaften.[53] Allerdings erschöpft sich Art. 43 EGV nicht in der Normierung eines solchen speziellen Diskriminierungsverbotes, sondern bedeutet gleichzeitig ein allgemeines Beschränkungsverbot.[54] Damit steht Art. 43 EGV grundsätzlich auch jeder unter-

---

51 *Bröhmer*, in: *Calliess/Ruffert*, EUV/EGV (Fn. 50), Art. 48 EGV Rdnr. 13. Das Argument, der „tatsächliche Sitz“ könne schon begrifflich keine Zweigniederlassung sein, sondern stelle vielmehr die Muttergesellschaft dar, verfängt deshalb nicht, GA *La Pergola*, Schlussanträge, EuGH Slg. 1999, I-1459 (1469, Rz. 13) „Centros“. Das Gemeinschaftsrecht verlangt eine tatsächliche und dauerhafte Verbindung mit der Wirtschaft eines Mitgliedstaates (wenn überhaupt) eben nur für den Fall, dass die Gesellschaft nur ihren satzungsmäßigen Sitz innerhalb der Gemeinschaft hat, *Geiger* (Fn. 50), Art. 48 EGV Rdnr. 7; *Randelzhofer/Forsthoff* (Fn. 27), Art. 48 EGV Rdnr. 23.

52 *Bröhmer* (Fn. 51), Art. 43 EGV Rdnr. 9. Zu den Niederlassungsformen bspw. *Frenz*, Handbuch Europarecht, Band 1: Europäische Grundfreiheiten, Berlin/Heidelberg 2004, Rdnr. 1932 ff.; *Tiedje/Troberg*, in: *von der Groeben/Schwarze*, Kommentar zum Vertrag über die Europäische Union und zur Gründung der Europäischen Gemeinschaft, 6. Aufl., Baden-Baden 2003, Art. 43 EG Rdnr. 32 ff.

53 Näher zum Inhalt des Diskriminierungsverbotes etwa *Müller-Graff*, in: *Streinz*, EUV/EGV: Vertrag über die Europäische Union und Vertrag zur Gründung der Europäischen Gemeinschaft, München 2003, Art. 43 EGV Rdnr. 40 ff.; *Frenz* (Fn. 52), Rdnr. 2103 ff.

54 Inzw. wohl allg.A., *Geiger* (Fn. 50), Art. 43 EGV Rdnr. 15; *Tiedje/Troberg* (Fn. 52), Art. 43 EG Rdnr. 87; *Bröhmer* (Fn. 51), Art 43 EGV Rdnr. 29; *Randelzhofer/Forsthoff* (Fn. 27), Art. 43 EGV Rdnr. 83; eingehend *Unzicker*, Niederlassungsfreiheit der Kapitalgesellschaften in der Europäiscchen Union nach der Centros- und der Überseering-

schiedslos anwendbaren nationalen Regelung entgegen, die geeignet ist, die Ausübung der Niederlassungsfreiheit zu behindern oder weniger attraktiv zu machen.[55] Soweit nicht ohnehin schon verdeckt diskriminierend, können also auch Zugangsbehinderungen aufgrund von unterschiedslos anwendbaren Zulassungs- oder Ausübungsmodalitäten in die Niederlassungsfreiheit eingreifen, wie zum Beispiel Wohnsitzerfordernisse, Genehmigungserfordernisse für die Ausübung bestimmter Tätigkeiten oder Regelungen über die Qualifikationsvoraussetzungen für eine ausgeübte Tätigkeit, etwa als Rechtsanwalt.[56]

2. *Tatbestandsausnahmen*

Das Verständnis als allgemeines Beschränkungsverbot zwingt zu einer Einschränkung. Ansonsten könnten alle Unterschiede in den Rechtsordnungen der Mitgliedstaaten als Niederlassungsbeschränkung aufgefasst werden, da jede strenge Rechtsvorschrift mittelbar einen grenzüberschreitend niederlassungswilligen Unternehmer vom Ausnutzen der Niederlassungsfreiheit abhalten kann. Es kann aber nicht Sinn der Grundfreiheiten sein, bei Grenzüberschreitungen generell vor fremdem Recht zu schützen.[57] Deswegen ist bereits bei der Reichweite des Beschränkungsverbotes korrigierend einzugreifen. Dogmatisch geht es darum, aus Sinn und Zweck der Vorschrift bestimmte unterschiedslos wirkende Maßnahmen schon tatbestandlich auszuschließen.[58]

Der EuGH hat mit der sog. „Keck"-Rechtsprechung[59] für die Warenverkehrsfreiheit eine ganz ähnliche tatbestandliche Eingrenzung (Herausnahme bestimmter „Verkaufsmodalitäten") etabliert. Hier wie dort geht es darum, aus dem Wesen der Grundfreiheiten heraus den Schutzbereich zu konkretisieren. Vor dem Hintergrund des allgemeinen Ziels eines freien Marktes, ist primärer Normzweck der Grundfreiheiten, spezifisch zwischenstaatliche Hindernisse für

Entscheidung, Frankfurt a.M./Berlin/Bern/Wien 2003, S. 36 ff.; *Frenz* (Fn. 52), Rdnr. 2187 ff.; z.T. krit. *Schwarz* (Fn. 7), Rdnr. 140; a.A. *Nachbaur*, Niederlassungsfreiheit: Geltungsbereich und Reichweite des Art. 52 EGV im Binnenmarkt, Baden-Baden 1999, S. 143 ff.

55 Vgl. EuGH Slg. 2003, I-10155 (10233, Rz. 133) „Inspire Art".

56 Zahlreiche Beispiele m.w.N. bei *Randelzhofer/Forsthoff* (Fn. 27), Art. 43 EGV Rdnr. 90 ff.

57 Vgl. *Müller-Graff* (Fn. 53), Art. 43 EGV Rdnr. 60; *Tiedje/Troberg* (Fn. 52), Art. 43 EG Rdnr. 96.

58 *Epiney* (Fn. 50), Art 28 EGV Rdnr. 39 f.; *Bitter* (Fn. 27), S. 2193; *Spindler/Berner* (Fn. 43), S. 10; *Schanze/Jüttner* (Fn. 47), S. 667.

59 EuGH Slg. 1993, I-6097 „Keck".

den Austausch von Wirtschaftsgütern zu beseitigen.[60] Nicht hingegen geht es darum, generell vor Einschränkungen wirtschaftlicher Tätigkeit zu schützen. Denn ein uferloses Beschränkungsverbot würde schließlich auch zu einem bedenklichen mitgliedstaatlichen Kompetenzverlust führen.

Die Grenzziehung zwischen (tatbestandsmäßiger) Beschränkung und (tatbestandslosem) Nichteingriff in die Grundfreiheiten ist freilich schwierig. Der durch die „Keck"-Formel geprägte Begriff der „Verkaufsmodalitäten" taugt kaum zur Verallgemeinerung.[61] Überzeugender ist es, aus der Binnenmarktbezogenheit der Grundfreiheiten zu schließen, dass alle Maßnahmen, die spezifisch den Marktzugang regeln, potentiell beschränkend sein können, andererseits aber solche Regelungen, die Teil eines integrierten nationalen Ordnungssystems[62] sind, von vornherein auszuscheiden sind. Das bedeutet, dass derjenige, der von den Grundfreiheiten Gebrauch macht, akzeptieren muss, dass er in einem anderen Mitgliedstaat zwingende Regelungen vorfindet, gegen die er sich nicht wehren kann, nur weil er ein anderes Heimatrecht gewohnt ist. Letztlich geht es dabei auch um eine Abstimmung mit der Normsetzungsbefugnis der Mitgliedstaaten und dem Subsidiaritätsprinzip, die ausgehöhlt würden, wenn auf dem Umweg über die Grundfreiheiten die Relevanz nationaler Regelungen entscheidend schwände.[63] Mit anderen Worten ist für eine Beschränkung stets Voraussetzung, dass auf *spezifische Weise* die Ausnutzung der Grundfreiheiten erschwert wird.[64]

Daraus folgt, dass nicht nur der Niederlassungsstaat den gesellschaftsrechtlichen „Europapass" der Auslandsgesellschaft zu berücksichtigen hat, sondern – reziprok – diese Gesellschaft auch gewisse rechtliche *Standortbedingungen* (Verkehrsregeln) des Niederlassungsstaates anzuerkennen hat, sofern diese rechtlich und faktisch neutral wirken.[65] Solche Standortbedingungen stellen keine Marktzugangshindernisse dar, weil sie nachgerade die Grundlage der un-

60 *Randelzhofer/Forsthoff* (Fn. 27), vor Art. 39-55 EGV Rdnr. 117; *Müller-Graff* (Fn. 53), Art. 43 EGV Rdnr. 62.

61 *Müller-Graff* (Fn. 53), Art. 43 EGV Rdnr. 62.

62 *Randelzhofer/Forsthoff* (Fn. 27), vor Art. 39-55 EGV Rdnr. 118 ff.; str. In eine Gesamtregelung integrierte einzelne Elemente staatlicher Regelung können danach nicht ohne weiteres zur Disposition gestellt werden, weil ansonsten das Gesamtsystem bedroht würde (Rdnr. 120).

63 Zum Zusammenhang von nationaler Regelungskompetenz und Beschränkung der Niederlassungsfreiheit *Halbhuber* (Fn. 8), S. 98 ff.

64 Ähnl. *Tiedje/Troberg* (Fn. 52), Art. 43 EG Rdnr. 101, die Maßnahmen ausscheiden, die „zu ungewiss und zu unmittelbar" sich auf die Niederlassungsfreiheit auswirken.

65 Richtig *Schanze/Jüttner* (Fn. 47), S. 667.

ternehmerischen Abwägungsentscheidung bilden, wo die Etablierung einer Niederlassung sinnvoll ist und wo eben nicht.

3. *Rechtfertigung*

Bei Regelungen, die als Beschränkung der Niederlassungsfreiheit einzustufen sind, bleibt immer noch zu prüfen, ob der Eingriff zu rechtfertigen ist. Nicht anders als bei den anderen Grundfreiheiten auch gilt für Art. 43 EGV die allgemeine Rechtfertigungsmöglichkeit der zwingenden Gründe des Allgemeinwohls,[66] zu denen grundsätzlich auch der Schutz von Gläubigerinteressen zählt.[67] Jedoch muss die Beschränkung diskriminierungsfrei angewandt werden, zur Erreichung des angestrebten Ziels geeignet sein und darf nicht über das zur Zielerreichung erforderliche Maß hinausgehen.

II. Standortbedingungen und rechtfertigbare Eingriffe in die Niederlassungsfreiheit

Nach den aufgezeigten Grundlinien der Niederlassungsfreiheit hängt die Lösung der Gläubigerschutzproblematik bei Auslandsgesellschaften davon ab, ob die jeweiligen nationalen Gläubigerschutzvorschriften zu den Standortbedingungen zu zählen sind oder andernfalls der Grundfreiheitseingriff wenigstens gerechtfertigt ist.

1. *Qualifikation als Standortbedingung*

Kernfrage der nicht i.S.d. Art. 43 EGV tatbestandsmäßigen Standortbedingungen ist die Abgrenzung zu spezifischen Marktzugangsregeln. Ein entscheidender Anhaltspunkt lässt sich dazu aus der bisherigen Rechtsprechung des EuGH entnehmen. Denn die Anerkennung der Gesellschaft als solche ausländischen Rechts zwingt dazu, deren Organisationsstruktur als Ganzes anzuerkennen. Das heißt, die Regelungen des Zuzugstaates müssen ihr korporationsrechtliche Gepräge hinnehmen und die Gesellschaft als Einheit akzeptieren. Dies bedingt, dass Maßnahmen, die den Gesamtkomplex und den inneren Aufbau der Gesell-

---

66 Statt aller *Müller-Graff* (Fn. 53), Art. 43 EGV Rdnr. 71; *Wymeersch* (Fn. 27), S. 642; jew. m.w.N.

67 EuGH Slg. 2003, I-10155 (10234, Rz. 135) „Inspire Art“; GA *Alber*, Schlussanträge, EuGH Slg. 2003, I-10155 (10188, Rz. 127) „Inspire Art“ m.w.N. aus der Rspr.

schaft[68] betreffen und sie gleichsam entwurzeln, nicht Verkehrsregeln, sondern Beschränkungen der Niederlassungsfreiheit sind. Für die Einordnung verschiedener Gläubigerschutzvorschriften kommt es also darauf an, ob sie in das Wesen und die Organisationsverfassung der Gesellschaft hineinregieren oder sie als durch das Heimatrecht definierten Gesamtkomplex respektieren. Nur in letzterem Fall können die Gläubigerschutzvorschriften als Standortbedingung bezeichnet werden. Für einige oft diskutierte Beispiele gesellschafts- und insolvenzbezogener Gläubigerschutzvorschriften soll nachfolgend eine Einordnung unternommen werden.

a) *Gesellschaftsbezogene Gläubigerschutzvorschriften*

Der Schwerpunkt des institutionellen gesellschaftsrechtlichen Gläubigerschutzes bei Kapitalgesellschaften wird gemeinhin im Kapitalschutzsystem gesehen, das ein Mindestkapitalerfordernis aufstellt und zur Einhaltung von Kapitalaufbringung und -erhaltung zwingt.[69] Das Kapitalschutzsystem betrifft die Frage, welche Anforderungen die Rechtsordnung an das Privileg der beschränkten Haftung stellt und prägt gleichzeitig das Wesen der Gesellschaft. Es ist definitorisches Element einer deutschen Kapitalgesellschaft. Nicht hingegen ist es Ausdruck einer allgemeinen unterschiedslos geltenden Bedingung für das Tätigwerden von Gesellschaften, die eine zuziehende Gesellschaft als Teil des integrativen nationalen Ordnungssystems verstehen müsste, in das sie sich mit ihrer Niederlassung begibt. Demzufolge können auf eine anders korporierte Auslandsgesellschaft auch nicht Bestandteile des deutschen Kapitalschutzsystems angewendet werden, ohne dass damit in das Gesamtgefüge der Auslandsgesellschaft – gleichviel ob die ausländische Rechtsordnung ein Kapitalschutzsystem ähnlicher Prägung kennt oder nicht – eingegriffen würde. Insbesondere kann also (wie durch „Inspire Art" klargestellt) ein inländisches Mindestkapitalerfordernis auf Auslandsgesellschaften nicht ausgedehnt werden, die ein solches Erfordernis nicht kennen.[70] Auch folgen Kapitalaufbringung und -erhaltung als Kernelemente des Kapitalschutzsystems dem Heimatrecht der Gesellschaft.[71]

68 Ähnl. abgrenzend *Hansen* (Fn. 6), S. 442: „indre organisation". Gegen eine strikte Zweiteilung *Bitter* (Fn. 27), S. 2193, der zwischen den eindeutigen Verstößen bei Marktzutrittsverhinderung und dem (nicht tatbestandlichen) allgemeinen Verkehrsrecht einen Zwischenbereich ausmacht.

69 Vgl. etwa zu § 30 GmbHG *Heidinger*, in: *Michalski*, GmbHG (Fn. 8), § 30 Rdnr. 5: „zentrale Gläubigerschutzbestimmung".

70 Soweit das Recht des Zuzugstaates ein geringeres Mindeststammkapital vorsieht, kann man – soweit es allein um die Höhe der Nennkapitalziffer geht (und nicht um die Art der Kapitalaufbringung, die in jedem Fall nach den Vorschriften des Heimatrechts geregelt wird) – an einem nachteiligen Eingriff in die Niederlassungsfreiheit zweifeln. An

Dieselben Erwägungen gelten für das Eigenkapitalersatzrecht. Auch wenn das Eigenkapitalersatzrecht teilweise mit den sog. Novellenregeln in den Rechtsfolgen einem insolvenzrechtlichen Lösungsansatz folgt, ist doch für die systematische Einordnung entscheidend, dass dieses Rechtsinstitut sich konzeptionell deutlich an das Kapitalerhaltungsrecht anlehnt. Denn Grundidee und Ausgangspunkt der Eigenkapitalersatzfunktion von Gesellschafterleistungen ist die gedankliche Gleichstellung mit haftendem Kapital und dementsprechend die Unterwerfung unter das Kapitalerhaltungsgebot.[72] Auch diese Gläubigerschutzregeln sind also Kapitalisierungsvorschriften und Bestandteil der Organisationsstruktur der Gesellschaft.[73]

Was schließlich die neu konzipierte (und immer noch nicht abschließend geklärte[74]) Existenzvernichtungshaftung[75] anbelangt, so geht es auch dort eher um eine rechtsformspezifische Rechtsfigur denn um einen Teil des allgemeinen Verkehrsrechts. Zwar wird die Haftung wegen existenzvernichtenden Eingriffs mit einem rechtsmissbräuchlichen Verhalten begründet; doch ist zentraler Anknüpfungspunkt nach Auffassung der Rechtsprechung die Missachtung der Zweckbindung des Gesellschaftsvermögens durch die Gesellschafter.[76] Die Rücksichtnahme auf die Zweckbindung wird aber als das entscheidende Mo-

---

solche Fälle ist aber hier nicht gedacht, da es darum geht, ein inländisches (angeblich) höheres Gläubigschutzniveau durchzusetzen.

71 Grundlegend anders *Altmeppen* (Fn. 36), S. 100, 102, der eine weitgehende Anwendbarkeit des Kapitalgesellschaftsrechts (als „Verhaltensregeln") des Zuzugstaates befürwortet.

72 *Heidinger* (Fn. 69), §§ 32a, 32b Rdnr. 20.

73 Auch hier anders *Altmeppen* (Fn. 36), S. 103.

74 Zu Zweifelsfragen der dogmatischen Grundlage bspw. *Haas*, Die Gesellschafterhaftung wegen „Existenzvernichtung", in: WM 2003, S. 1929 (1938 ff.); umfassend die Darstellung bei *Lutter/Banerjea*, Die Haftung wegen Existenzvernichtung, in: ZGR 2003, S. 402 ff.; zu Recht krit. zu dieser Rechtsfigur *Nassall*, Der existenzvernichtende Eingriff in die GmbH: Einwendungen aus verfassungs- und insolvenzrechtlicher Sicht, in: ZIP 2003, S. 969 ff.

75 Grundlegend BGH DStR 2002, S. 1822 „KBV"; vorbereitet wurde die Entscheidung durch *Röhricht*, Die GmbH im Spannungsfeld zwischen wirtschaftlicher Dispositionsfreiheit ihrer Gesellschafter und Gläubigerschutz, in: Festschrift aus Anlass des fünfzigjährigen Bestehens von Bundesgerichtshof, Bundesanwaltschaft und Rechtsanwaltschaft beim Bundesgerichtshof, Köln 2000, S. 83 ff.

76 Dass es nicht um eine allgemein-deliktisch abgeleitete Haftung geht, zeigt sich daran, dass in den entspr. Urteilen fast durchweg *neben* der Existenzvernichtungshaftung auch noch auf § 826 BGB rekurriert wird, BGH DStR 2002, S. 1822 (1823) „KBV"; BGH NZG 2004, S. 1107 (1108 f.); BGH NZG 2005, S. 214 (215).

ment für die Privilegierung mit der beschränkten Haftung bezeichnet;[77] denn Haftungsbeschränkung und Kapitalschutz bedingen einander.[78] Insbesondere dürfen deswegen die Gesellschafter nicht mit einer planmäßigen Verlagerung des Gesellschaftsvermögens außerhalb einer ordnungsgemäßen Liquidation den Gläubigern „den Haftungsfonds" entziehen.[79] Damit wird die Rechtsfolge des Verstoßes gegen das Kapitalerhaltungsgebot, die lediglich in der Rückerstattung der unzulässigen Auszahlung besteht, gewissermaßen auf eine Schadenersatzpflicht ausgeweitet.[80] Der Bezug zum Kapitalschutzsystem wird auch daran deutlich, dass die Existenzvernichtungshaftung gegenüber einem Einzelausgleich nach den Kapitalerhaltungsregeln subsidiär sein soll.[81] Diese Subsidiarität wäre bei der Anwendung der Existenzvernichtungshaftung auf Auslandsgesellschaften sinnentleert. Konzeptionell bleibt die Existenzvernichtungshaftung damit im gesellschaftsformspezifischen Regelungszusammenhang. Sie stellt folglich kein Verkehrsrecht dar.[82]

Regelmäßig ist gesellschaftsbezogener Gläubigerschutz also kein i.S.d. Art. 43 EGV tatbestandsloses Verkehrsrecht, sondern eine Beschränkung der Niederlassungsfreiheit.[83] Ähnliches gilt auch für deliktsrechtliche Vorschriften. Genuin deliktsrechtliche Gläubigerschutzvorschriften (insbesondere § 826 BGB und Missbrauchsfälle) sind zwar prinzipiell als Verkehrsregeln des Zuzugstaates zu qualifizieren. Dies gilt aber nur dann, wenn sie keinen gesellschaftsformspezifischen Gehalt haben, also vom Gesellschaftsrecht losgelöst ableitbar sind.[84]

---

77 Ausgangsentscheidung BGH DStR 2002, S. 1822 (1823 f.) „KBV"; BGH NZG 2004, S. 1107 (1109).

78 *Goette*, Wo steht der BGH nach „Centros" und „Inspire Art"?, in: DStR 2005, S. 197 (198).

79 BGH NZG 2004, S. 1107 (1109).

80 Zum Gedanken, dass das Kapitalerhaltungsrecht nicht alle mit einer unzulässigen Auszahlung verbundenen Nachteile auszugleichen vermag, ein umfassender Ausgleich aber geboten sei BGH DStR 2002, S. 1822 (1823) „KBV"; *Röhricht* (Fn.75), S. 83 (92 ff. *et passim*).

81 BGH DStR 2002, S. 1822 (1824) „KBV".

82 Vgl. *Goette* (Fn. 78), S. 200; *Spindler/Berner* (Fn. 43), S. 11.

83 Vgl. *Brand*, Das Kollisionsrecht und die Niederlassungsfreiheit von Gesellschaften, in: JR 2004, 89 (93). Die Frage der internationalprivatrechtlichen Qualifikation der hier angesprochenen Normen und damit also die Vorfrage, ob das Internationale Gesellschaftsrecht mit der Berufung des Rechtes des Zuzugstaates einem möglichen Eingriff in die Niederlassungsfreiheit überhaupt erst den Weg ebnen kann, kann an dieser Stelle also dahinstehen. S. zur kollisionsrechtlichen Qualifikation aber noch unten C.II.2.

84 Richtig *Goette* (Fn. 78), S. 201.

b) Insolvenzbezogener Gläubigerschutz

Anders stellt sich die Beurteilung der insolvenzbezogenen Gläubigerschutzmechanismen dar. Hierher gehört nicht nur das Insolvenzverfahren an sich, das die Chancengleichheit der Gläubiger sicherstellen soll. Aus Gläubigersicht entscheidend ist, wann ein solches Verfahren eingeleitet werden kann oder muss. Daneben dienen zur Erreichung der *par condicio creditorum* die Insolvenzanfechtungstatbestände, die zur Rückgängigmachung einen Gläubiger einseitig bevorzugender Rechtshandlungen zwingen. Schließlich erlangt für haftungsbeschränkte Gesellschaften die Insolvenzverschleppungshaftung der Geschäftsführungsorgane besondere Bedeutung, da sie einen notwendigen Verhaltensanreiz bildet, um die rechtzeitige Erfüllung der Insolvenzantragspflicht sicherzustellen.

Das Insolvenzrecht ist schon im Ausgangspunkt kein gesellschaftsformspezifisches Recht. Es knüpft vielmehr allgemein an das Versagen des Schuldners mit der eigenverantwortlichen Steuerung seiner Vermögens- und Haftungsverhältnisse eine gesetzliche Haftungsordnung[85] und ist damit Ausdruck einer gerechten Risikoverteilung zwischen Schuldner und Gläubiger. Dem Gläubiger, der grundsätzlich eigenverantwortlich das Ausfallrisiko absichern sollte, bietet das Insolvenzrecht konzeptionell einen gesetzlichen Mindestschutz. Für die grundsätzliche Einordnung des Insolvenzrechts als Verkehrsrecht spricht demzufolge, dass es hier nicht um einen Eingriff in die spezifisch vorgeprägte Organisationsstruktur einer Gesellschaft geht. Die Existenz und Konzeption der von ihrem Heimatrecht ausgeformten Gesellschaft wird in der Regel nicht dadurch verändert, dass dem wirtschaftlichen Tätigsein im Allgemeininteresse Terminierungsregeln gegenüber gestellt werden. Auch wenn solche Terminierungsregeln die weitere Existenzfähigkeit der Gesellschaft betreffen, gehören sie doch nicht in die Gruppe der die Gesellschaft definierenden Regeln, sondern sind Standortbedingungen des Zuzugstaates.

Dies bestätigt ein Blick auf die Europäische Insolvenzverordnung (EuInsVO). Sie gestattet es, das Insolvenzverfahren dort zu eröffnen, wo der Gemeinschuldner den Mittelpunkt seiner hauptsächlichen Interessen hat (Art. 3 I 1 EuInsVO). Bei juristischen Personen kann die Vermutung (Art. 3 I 2 EuInsVO), dass dieser Mittelpunkt in dem Mitgliedsstaat liegt, in dem sich der Satzungssitz befindet, widerlegt werden. Bei „Briefkastengesellschaften“ ist also das (Haupt)Insolvenzverfahren im Zuzugstaat zu eröffnen. Dabei anerkennt Art. 4 EuInsVO kollisionsrechtlich die Maßgeblichkeit des Rechts des Verfahrensstaates für das Insolvenzverfahren. Auch wenn wie bereits betont eine Lösung des Problems der Anwendbarkeit von Inlandsrecht auf Auslandsgesellschaften nicht im Kollisionsrecht zu suchen ist, ist an dieser Stelle doch von Bedeutung, dass das Europäische Recht anerkennt, dass derjenige Mitgliedstaat über die Insol-

85 *Häsemeyer*, Insolvenzrecht, 3. Aufl., Köln/Berlin/Bonn/München 2003, Rdnr. 2.24.

venzauslösetatbestände entscheiden darf, dessen Rechtsordnung vom Tätigsein des Rechtssubjekts auch am stärksten betroffen ist. Wenn aber Gesellschaften verpflichtet sind, die Regelungen des Zuzugstaates bzgl. „Eröffnung und Durchführung“ (Art. 4 II EuInsVO) eines Insolvenzverfahrens zu akzeptieren, lässt sich daraus mittelbar ableiten, dass das Insolvenzrecht grundsätzlich einen integralen Bestandteil des Rechts des Zuzugstaates ausmacht und nicht in das spezifische Gepräge der Gesellschaft eingreift. Es stellt prinzipiell kein spezifisches Marktzugangshindernis dar.

Damit ist aber noch nicht gesagt, ob auch alle insolvenzbezogenen Gläubigerschutzregelungen im Einzelnen als nicht tatbestandsmäßig i.S.d. Art. 43 EGV einzuordnen sind. Entscheidend kann jedenfalls nicht die Tatsache sein, dass die betreffende Norm gesetzestechnisch ihren Platz in der Insolvenzordnung bekommen hat.[86] So machte es beispielsweise im Hinblick auf die Unzulässigkeit eines Mindestkapitalerfordernisses auch für Auslandsgesellschaften keinen Unterschied, wenn dieses Erfordernis in der Insolvenzordnung geregelt wäre und von den Gesellschaftern (erst oder spätestens) im Stadium der Insolvenzreife aufzubringen wäre. Deshalb ist für einzelne Gläubigerschutzvorschriften die Zugehörigkeit zum Verkehrsrecht stets gesondert zu untersuchen. Trotz der Verschiedenheit von Kollisionsnorm (Art. 4 EuInsVO) und der Frage einer Tatbestandsausnahme i.S.d. Art. 43 EGV muss aber doch der Regelungszusammenhang der EuInsVO und die Tatsache, dass es sich dabei um eine europarechtliche Kollisionsnorm handelt, berücksichtigt werden. Denn wenn Art. 4 II 2 lit. a EuInsVO es den Mitgliedstaaten überlässt festzulegen, für welche Rechtssubjekte überhaupt ein Insolvenzverfahren in Betracht kommt und auch, ab welchem Zeitpunkt ein Insolvenzverfahren zu eröffnen ist (Art. 4 II 1 EuInsVO), dann ist es nur konsequent, dass die Mitgliedstaaten auch darüber befinden dürfen, wie sie dieses nationale Regelungssystem ausgestalten und absichern.[87] Wenn also das europäische Recht ausdrücklich gestattet, dass eine englische Ltd. mit effektivem Verwaltungssitz in Deutschland auch bei Überschuldung einem Insolvenzverfahren mit all seinen massiven Beschränkungen – insbesondere dem Verlust der Verwaltungs- und Verfügungsbefugnisse (§ 80 InsO) – nicht entkommt und damit zeigt, dass es die spezifische Risikobewertung bestimmter Schuldnertypen durch das nationale Recht akzeptiert, ist es nur folgerichtig,

86 *Sandrock*, Was ist erreicht? Was bleibt zu tun? Eine kollisions- und materiellrechtliche Bilanz, in: *Sandrock/Wetzler* (Fn. 44), S. 33 (41 f.).

87 Art. 4 EuInsVO ist grds. weit auszulegen, da nur so der Zweck der Vorschrift (Entscheidungsgleichklang und gemeinschaftsweite Gläubigergleichbehandlung) effektiv zu erreichen ist; umfasst sind daher alle Auswirkungen, die typisch insolvenzrechtlicher Natur sind, also in engem Zusammenhang mit dem Insolvenzverfahren stehen; hierzu *Duursma-Kepplinger*, in: *Duursma-Kepplinger/Duursma/Chalupsky*, Europäische Insolvenzverordnung: Kommentar, Wien/New York 2002, Art. 4 Rdnr. 7.

auch die Anwendung des insolvenzrechtlichen Sanktionensystems als Verkehrsrecht anzusehen. Soweit Art. 4 I EuInsVO Gläubigerschutzinstrumente des Zuzugstaates mit umfasst, verstößt folglich die Anwendung dieser Normen auf Auslandsgesellschaften in der Regel nicht gegen die Niederlassungsfreiheit.[88]

Entscheidend ist deswegen auch hier, wie weit Art. 4 EuInsVO den Begriff „Insolvenzrecht" fasst. Diese Frage stellt sich nun aber weniger für die in Art. 4 II lit. m EuInsVO ausdrücklich genannte Insolvenzanfechtung, sondern insbesondere für die Frage der Insolvenzverschleppungshaftung. Die Geschäftsleitungsorgane sind bei deutschen Kapitalgesellschaften verpflichtet, rechtzeitig Insolvenzantrag zu stellen und haften bei einem schuldhaften Verstoß gem. §§ 823 II i.V.m. der entsprechenden Vorschrift zur Insolvenzantragspflicht den Gläubigern direkt auf Schadenersatz.[89] Insolvenzantragspflicht und Insolvenzverschleppungshaftung stehen zwar im Grenzbereich zwischen Standortbedingung und Beeinflussung der Organisationsverfassung der Gesellschaft, da die Verpflichtung zur rechtzeitigen Verfahrenseinleitung der Geschäftsleitung als Organ der Gesellschaft aufgebürdet wird. Wenn man aber akzeptiert, dass es die Niederlassungsfreiheit nicht beschränkende Maßnahmen gibt, dann müssen dementsprechende Pflichten auch an die Gesellschaft adressiert werden können – und als Adressat einer Insolvenzantragspflicht kommt eben (nur) das geschäftsleitende Organ in Betracht. Insolvenzantragspflicht und -haftung des Geschäftsleiters haben deswegen wie das Insolvenzverfahrens an sich ihren Schwerpunkt im Verkehrsschutz und bedeuten keine spezifische Beeinträchtigung der Niederlassungsfreiheit.[90] Sie sind sonach nicht nur insolvenzrechtlich

---

88 Zutr. insoweit *Ulmer*, Insolvenzrechtlicher Gläubigerschutz gegenüber Scheinauslandsgesellschaften ohne hinreichende Kapitalausstattung? – Eine Skizze, in: KTS 2004, S. 291 (296).

89 Die Insolvenzantragspflicht wird als Schutzgesetz i.S.d. § 823 II BGB charakterisiert; stv. *Nerlich*, in: *Michalski*, GmbHG (Fn. 8), § 64 Rdnr. 9; *Hirte*, in: *Uhlenbruck*, Insolvenzordnung, 12. Aufl., München 2003, § 11 Rdnr. 85; jew. m.w.N.; ebenso die st. Rspr. seit BGHZ 29, S. 100 (102); BGHZ 126, S. 181 (190); BGH ZIP 2003, S. 1713 (1714) und für Österreich öOGH ZIP 1993, S. 1871 (1873). Zweifelnd allerdings *Bitter*, Zur Haftung des Geschäftsführers aus § 64 Abs. 2 GmbHG für „Zahlungen" nach Insolvenzreife, in: WM 2001, S. 666 (671); A.A. *Altmeppen*, Insolvenzverschleppungshaftung Stand 2001, in: ZIP 2001, S. 2201 (2205 f.); RGZ 73, S. 30 (35) und für Österreich *Schummer*, in: Beiträge zum Unternehmensrecht – Festschrift für *Hans-Georg Koppensteiner* zum 65. Geburtstag, Wien 2001, S. 211 (224).

90 Vgl. *Borges*, Gläubigerschutz bei ausländischen Gesellschaften mit inländischem Sitz, in: ZIP 2004, S. 733 (740); *Eidenmüller/Rehm* (Fn. 20), S. 168; *Merkt*, Der Kapitalschutz in Europa – ein rocher de bronze?, in: ZGR 2004, S. 305 (323); a.A. *Ulmer* (Fn. 42), S. 1207 f.; *Spindler/Berner* (Fn. 43), S. 12.

anzuknüpfen[91] (was Voraussetzung dafür ist, dass es überhaupt zu einem Konflikt zwischen inländischem Recht und der Niederlassungsfreiheit kommen kann), sondern sind darüber hinaus auch als Teil des Verkehrsrechts des Zuzugstaates zu betrachten und werden schon tatbestandlich nicht von Art. 43 EGV erfasst.[92] Die Frage der Rechtfertigung stellt sich insoweit nicht.[93]

2. *Gläubigerschutz als tauglicher Rechtfertigungsgrund?*

Soweit inländische Vorschriften nicht zu den Verkehrsregeln zu zählen sind (also primär die o.g. gesellschaftsbezogenen Gläubigerschutzregelungen), aber mit dem Gläubigerschutz ein schützenswertes zwingendes Allgemeininteresse verfolgen,[94] kann die Beschränkung der Niederlassungsfreiheit gerechtfertigt sein. Dann muss die jeweilige Norm aber auch einen geeigneten, erforderlichen und

---

91 Dafür spricht insbesondere der untrennbare Zusammenhang von Insolvenzantragspflicht und Insolvenzauslösetatbeständen, die unstreitig dem Insolvenzstatut unterfallen; wie hier *Müller*, Insolvenz ausländischer Kapitalgesellschaften mit inländischem Verwaltungssitz, in: NZG 2003, S. 414 (417); *Eisner*, Kapitalersatz- und Insolvenzverschleppungshaftung im Fall der Scheinauslandsgesellschaft, in: ZInsO 2005, S. 20 (22); *Borges* (Fn. 90), S. 739 f.; *Trunk*, Internationales Insolvenzrecht: Systematische Darstellung des deutschen Rechts mit rechtsvergleichenden Bezügen, Tübingen 1998, S. 103 f.; *Weller*, „Inspire Art“: Weitgehende Freiheiten beim Einsatz ausländischer Briefkastengesellschaften, in: DStR 2003, S. 1800 (1804); unentschieden *Zimmer*, Nach „Inspire Art“: Grenzenlose Gestaltungsfreiheit für deutsche Unternehmen?, in: NJW 2003, S. 3585 (3590); a.A. *Mock/Westhoff*, Verwendung ausländischer Kapitalgesellschaften bei Unternehmensakquisitionen, in: DZWiR 2004, S. 23 (27); *Ulmer* (Fn. 42), S. 1207; *ders.* (Fn. 88), S. 301.

92 Hierfür spricht letztlich auch, dass die EuInsVO im Interesse eines funktionierenden Binnenmarkts der grenzenlosen Ausnutzung nicht aufeinander abgestimmter Rechtsordnungen eine Grenze setzen wollte, vgl. EuInsVO Erwägungsgrund Nr. 4; dazu *Duursma-Kepplinger* (Fn. 87), Vorbemerkung Rdnr. 11 f.

93 Selbst wenn man von einer Beschränkung ausginge, ist zu sehen, dass die verhaltensbezogene Geschäftsleiterhaftung anders als die Kapitalsicherungsvorschriften, die sowohl bei der Kommission als auch in der Rechtsprechung des EuGH als wenig effektiv gelten (deutlich GA *Alber*, EuGH Slg. 2003, I-10155 (10191 f., Rz. 141 ff.) „Inspire Art“; GA *La Pergola*, EuGH Slg. 1999, I-1459 (1480 f., Rz. 21) „Centros“), viel eher dem europarechtlichen Gläubigerschutzkonzept entspricht, das auf einem informationsrechtlichen Ansatz aufbaut; hierzu sogleich unten C.II.2.

94 EuGH Slg. 2003, I-10155 (10234, Rz. 135) „Inspire Art“; GA *Alber*, Schlussanträge, EuGH Slg. 2003, I-10155 (10188, Rz. 127) „Inspire Art“ m.w.N. aus der Rspr.; *Spindler/Berner* (Fn. 43), S. 13.

verhältnismäßigen Beitrag zum Gläubigerschutz darstellen.[95] Schon Geeignetheit und Erforderlichkeit bereiten jedoch Probleme.

a) *Vorfrage: Kollisionsrechtliche Einordnung*

Voraussetzung eines Konflikts mit der Niederlassungsfreiheit ist, dass das Recht des Zuzugstaates kollisionsrechtlich überhaupt zur Anwendung berufen ist. Dabei ist nun entscheidend, ob man der Sitz- oder Gründungstheorie folgt. Obzwar nicht europarechtlich vorgegeben, ist eine Hinwendung zur Gründungstheorie zu befürworten;[96] dafür spricht ihre größere Anerkennungsfreundlichkeit, die eine weitgehende Überlagerung des kollisionsrechtlichen Ergebnisses durch das Europarecht umgeht. Demzufolge sind dann aber grundsätzlich alle gesellschaftsbezogenen Fragen nach dem Heimatrecht der Gesellschaft zu beurteilen. Die Reichweite des Gesellschaftsstatuts umfasst neben der Frage der Anerkennung, Gründung, Rechts- und Geschäftsfähigkeit sowie inneren Organisation auch die Frage der Haftung der Gesellschaftsorgane.[97] Für die gesellschaftsbezogenen Gläubigerschutzvorschriften – insbesondere das Kapitalschutzssystem – steht damit aber auch fest, dass sie schon nicht zur Anwendung berufen sind und also sich die Frage der Vereinbarkeit ihrer Anwendung mit der Niederlassungsfreiheit gar nicht stellt.

Wer zwar der Gründungstheorie folgt, für bestimmte Haftungsarten – etwa die allgemeine Durchgriffshaftung oder die Existenzvernichtungshaftung – jedoch eine andere Einordnung befürwortet, kann dies entweder mit einer Eingrenzung des Gesellschaftsstatus tun[98] oder aber mit dem Argument, es handele sich hierbei gar nicht um eine spezifisch gesellschaftsrechtliche Frage, sondern um eine allgemein-deliktische, die demzufolge auch nach dem Deliktsstatut anzuknüpfen sei. In der Regel wird damit freilich der Weg einer Sonderanknüpfung beschritten und die betreffenden Vorschriften aus dem gesellschaftsrechtlichen Zusammenhang herausgerissen. Wenn dahinter die Motivation steht, dass auf gewisse Schutzvorschriften des Inlandsrechts nicht verzichtet werden soll, lässt sich dogmatisch eine solche Sonderanknüpfung aber nur dann rechtfertigen, wenn auch ein konkretes Schutzdefizit vorliegt. Mit anderen Worten bleibt das Inlandsrecht insoweit subsidiär gegenüber den entsprechenden Schutzvor-

---

95 *Müller-Graff* (Fn. 53), Art. 43 EGV Rdnr. 78.

96 So jetzt die wohl h.M., dazu schon oben B.III.3.a. m.w.N.

97 Zur (i.E. str.) Reichweite des Gesellschaftsstatuts bspw. *Leible* (Fn. 8), Syst. Darst. 2 Rdnr. 58 ff.

98 *Horn* (Fn. 40), S. 899.

schriften des Heimatrechts der Gesellschaft.[99] Sonderanknüpfungen sollten nur dann in Betracht gezogen werden, wenn das entsprechende Drittinteresse nach dem Heimatrecht der Auslandsgesellschaft nicht hinreichend geschützt ist.[100] Dabei kann es nicht darauf ankommen, dass das Drittinteresse auf genau dieselbe Weise geschützt ist, sondern im Sinne einer Gesamtbetrachtung nur, dass der begehrte Rechtsschutz überhaupt – wenn auch anders – verwirklicht wird. Es überzeugt jedenfalls nicht, das inländische (Gläubiger)Schutzrecht stets als das Wirkungsvollere zu begreifen.[101] Weil regelmäßig aber auch das Heimatrecht der Auslandsgesellschaft dieselben Schutzbedürfnisse anerkennen und gleichwertige Regelungen bereithalten wird, sind nicht hinnehmbare Schutzlücken wohl nur selten auszumachen.[102] So ist etwa im Hinblick auf das deutsche Kapitalschutzsystem festzustellen, dass zwar für die englische Ltd. keine entsprechenden Regeln über eine Mindestkapitalausstattung existieren, das englische Recht aber dennoch ein – gegenüber der GmbH eher strengeres – Kapitalerhaltungsrecht kennt. Denn es lässt nur die Ausschüttung erwirtschafteter Gewinne nach Verrechnung mit eventuellen Verlustvorträgen zu.[103] Dass demgegenüber das deutsche Kapitalschutzsystem mehr Gläubigerschutz bietet, lässt sich nicht ohne weiteres behaupten.

b) *Europarechtliche Beurteilung*

Bei den Voraussetzungen der Rechtfertigung einer Beschränkung der Niederlassungsfreiheit durch Anwendung inländischen Rechts ist bereits zur Geeignetheit zu bemerken, dass der EuGH der Konzeption eines Gläubigerschutzes durch Mindestkapital, Kapitalaufbringung und Kapitalerhaltung skeptisch gegenübersteht. Dies wird an den Ausführungen in „Inspire Art", jedoch auch schon in Sachen „Centros", deutlich.[104] Aufhorchen lässt auch das Vorhaben der Kommis-

99 Zutr. *Sandrock* (Fn. 86), S. 33 (37 f.); vgl. *Eidenmüller/Rehm* (Fn. 20), S. 182.

100 *Sandrock* (Fn. 86), S. 38.

101 *Bayer* (Fn. 11), S. 2364. Vgl. *Martin-Ehlers* (Fn. 44), S. 22, wonach das „Herkunftslandprinzip" grds. auch die gegenseitige Anerkennung von Standards hinsichtlich der Gesellschaftsrechte der einzelnen Mitgliedstaaten bedeutet.

102 *Bayer* (Fn. 11), S. 2364; *Sandrock* (Fn. 86), S. 38, 63.

103 Dazu *Ebert/Levedaag*, Die zugezogene „private company limited by shares (Ltd.)" nach dem Recht von England und Wales als Rechtsformalternative für in- und ausländische Investoren in Deutschland, in: GmbHR 2003, S. 1337 (1343 f.).

104 EuGH Slg. 2003, I-10155 (10234, Rz. 135) „Inspire Art"; EuGH Slg. 1999, I-1459 (1495, Rz. 34) „Centros"; deutlich GA *Alber*, Schlussanträge, EuGH Slg. 2003, I-10155 (10191 f., Rz. 141ff.) „Inspire Art"; GA *La Pergola*, Schlussanträge, EuGH Slg. 1999, I-1459 (1480 f., Rz. 21) „Centros".

sion, mittelfristig eine Studie über Alternativen zum Kapitalerhaltungssystem in Auftrag zu geben und langfristig über die Implementierung eines Alternativkonzeptes zu befinden.[105] Gläubigerschutz soll danach mit einer vereinheitlichten Insolvenzverschleppungshaftung der Geschäftsleiter sowie einer Ausschüttungen vorgeschalteten Solvenzprüfung erreicht werden.[106] Vorteil der Insolvenzverschleppungshaftung sei, dass damit das Vertrauen und der Schutz der Gläubiger gestärkt, gleichzeitig aber die Entscheidungsgewalt der Geschäftsleitung nicht übermäßig stark beeinträchtigt werde, da die Geschäftsleiter es schließlich selbst in der Hand hätten, rechtzeitig ein Insolvenzverfahren einzuleiten.

Bei allen Ausführungen zu einem ergänzenden Gläubigerschutz durch die Regeln des Zuzugstaates ist zu berücksichtigen, dass der EuGH sich deutlich einem informationsbezogenen Gläubigerschutz verschrieben hat. Maßgebend ist das Modell des mündigen Gläubigers, der sich selbst vor einem möglichen Forderungsausfall schützen sollte und hierzu in die Lage versetzt wird durch die Normen über die Transparenz und Publizitätspflichten von Gesellschaften. Bei „Scheinauslandsgesellschaften“ ist danach entscheidend, dass die Gesellschaft als solche ausländischen Rechts auftritt und die Geschäftspartner hierdurch hinreichend „gewarnt“ werden.[107] Obgleich offen bleibt, wie rigide der EuGH seine Aussagen zum informationellen Gläubigerschutz verstanden wissen will, insbesondere wie das Problem der unfreiwilligen Gläubiger gelöst werden soll,[108] lassen sich doch eine Entfernung vom Gedanken des Gläubigerschutzes durch Kapitalbindung und eine Rückkehr zum Ansatz der ersten gesellschaftsrechtlichen Harmonisierungsmaßnahme erkennen.[109] Zwar dürfte die Berechtigung

105 Aktionsplan (Fn. 38), S. 10. Mittelfristig heißt im Zeitraum 2006-2008, langfristig meint ab 2009.

106 Siehe insoweit den dem Aktionsplan zugrunde liegenden Bericht der Hochrangigen Gruppe von Experten auf dem Gebiet des Gesellschaftsrechts über moderne gesellschaftsrechtliche Rahmenbedingungen in Europa vom 04.11.2002 (unter Vorsitz von *Jaap Winter;* sog *Winter*-Bericht), abrufbar unter http://europa.eu.int/comm/internal_market/en/company/company/modern/consult/report_de.pdf, S. 73 ff., 94 ff.

107 EuGH Slg. 2003, I-10155 (10234, Rz. 135) „Inspire Art“; so auch schon EuGH Slg. 1999, I-1459 (1495, Rz. 36) „Centros“. Krit. dazu (vor allem auch hinsichtlich deliktischer/gesetzlicher Gläubiger) *Leible/Hoffmann*, Wie inspiriert ist „Inspire Art“?, in: EuZW 2003, S. 677 (680 f.); *Eidenmüller* (Fn. 12), S. 2236; *Spindler/Berner* (Fn. 43), S. 13. Zum informationellen Gläubigerschutzkonzept *Grundmann*, Die Struktur des Europäischen Gesellschaftsrechts, in: ZIP 2004, 2401 (2406 ff.).

108 Indem der EuGH nationale gläubigerschützende Regelungen als Rechtfertigungsgrund für eine Beschränkung der Niederlassungsfreiheit zulässt, zeigt er immerhin, dass er das Informationsmodell nicht als alleinige Lösung betrachtet, *Spindler/Berner* (Fn. 43), S. 14; *Halbhuber* (Fn. 8), S. 148.

109 Publizitätsrichtlinie, Richtlinie 68/151/EWG vom 09.03.1968, ABl. EG Nr. L 65 (14.03.1968), S. 8 ff.

eines Kapitalbindungsmodells im Sinne einer Ausschüttungssperre, wie sie die meisten europäischen Gesellschaftsrechte kennen, an sich nicht zweifelhaft sein. Denn sie reduziert die Anreize allzu risikofreudigen Verhaltens gerade in der Krise einer Gesellschaft. Die Ausschüttungssperre ist hingegen als zentraler Vorbau gegen die Gefahr eines Forderungsausfalls der Gläubiger nicht geeignet.

An das Kapitalerhaltungsrecht angelehnte Regelungen wie die Existenzvernichtungshaftung werden es deshalb schwer haben, die vier Voraussetzungen einer zulässigen Schranke zu erfüllen. Schließlich ist auch aus europarechtlicher Sicht bei der Frage der Erforderlichkeit zu prüfen, ob nicht das Gründungsrecht der Gesellschaft einen äquivalenten Schutz bietet und deswegen ein Eingriff in die Niederlassungsfreiheit, der bei Anwendung inländischen Gesellschaftsrechts immer quasi eine Substitution der Gesellschaftsform bedeutet, zu unterbleiben hat.[110]

D. Fazit

Spätestens seit „Inspire Art" steht fest, dass Gesellschaftsgründer die freie Auswahl zwischen allen in den Mitgliedstaaten verfügbaren Gesellschaftsformen haben. Inwieweit bei einer sekundären Niederlassung der Zuzugstaat inländische Vorschriften auf die Auslandsgesellschaft zur Anwendung bringen darf, ist kein kollisionsrechtliches Problem, sondern eine Frage der Reichweite der Niederlassungsfreiheit.

Das allgemeine Beschränkungsverbot der Artt. 43, 48 EGV hindert den Zuzugstaat daran, das spezifische Gepräge der Auslandsgesellschaft zu missachten und ihr eine andere Organisationsstruktur aufzuzwängen. Zwar kann der Gläubigerschutz grundsätzlich einen Eingriff in die Niederlassungsfreiheit rechtfertigen; in aller Regel werden gesellschaftsbezogene Beschränkungen aber – gleichviel, welchem Rechtsgebiet sie kollisionsrechtlich oder gesetzestechnisch zugeordnet werden – diese Hürde nicht nehmen können. Ist inländisches Recht nach der Gründungstheorie nicht zur Anwendung berufen, entsteht schon kein Konflikt mit der Niederlassungsfreiheit; und der Versuch einer Sonderanknüpfung kann schon kollisionsrechtlich nur selten überzeugen, weil dies erforderte, dass das ausländische Recht nicht einen gleichwertigen Schutz vorsieht. Im Übrigen zeigt der informationsrechtliche Ansatz des EuGH beim Gläubigerschutz, dass institutionelle, kapitalschutzbezogene Schutzvorschriften in aller Regel schon nicht als geeignet angesehen werden dürften.

110 So auch *Brand* (Fn. 83), S. 93.

Nur soweit das Recht des Zuzugstaates unterschiedslos geltende Standortbedingungen enthält, die keine gesellschaftsformspezifische Regelung darstellen, sondern Teil des integrierten nationalen Ordnungssystems sind und keine marktspezifisches Zugangshindernis aufstellen, muss es von der Auslandsgesellschaft beachtet werden, weil dann tatbestandsmäßig keine Beschränkung der Niederlassungsfreiheit vorliegt. Auf diese Weise lässt sich insbesondere die Anwendung insolvenzbezogener Gläubigerschutzvorschriften, zu denen auch die Insolvenzverschleppungshaftung gehört, aber auch des allgemeinen Deliktsrechts – soweit nicht gesellschaftsformspezifisch determiniert – bejahen. Im Übrigen muss man damit leben, dass der Gesamtkomplex Auslandsgesellschaft vom Heimatrecht der Gesellschaft definiert wird. Dabei sollte man darauf vertrauen, dass ein ausreichendes Gläubigerschutzniveau in der Regel auch durch das ausländische Recht erreicht wird. Die Reaktionen andernorts zeigen, dass der angestoßene Wettbewerb der Rechtsordnungen kaum zu dem oft befürchteten „race to the bottom" führen wird. Die Tendenz geht nicht in Richtung Reduzierung des Gläubigerschutzes[111] sondern vor allem zu einer Vereinfachung des Gesellschaftsrechts. Das zeigen die Reformen in Frankreich und Spanien, die schwerpunktmäßig eine Beschleunigung des Gründungsvorganges beabsichtigen.[112]

---

111 Das gilt i.Ü. auch für die europarechtliche Ebene, wo trotz des Überdenkens des Kapitalschutzsystems ausdrücklich der hohe Qualitätsstandard bei den Gläubigerschutzvorschriften aufrecht erhalten bleiben soll.

112 Zur spanischen „Blitz-GmbH" (*sociedad limitada nueva empresa*/SLNE) bspw. *Fröhlingsdorf*, Die neue spanische GmbH: neues Unternehmen, in: RIW 2003, S. 584 ff.; zur Reform der frz. S.A.R.L. bspw. *Becker* (Fn. 39), S. 706 ff. Der Reformentwurf zur Vereinfachung des deutschen GmbH-Rechts (geplant ist wohl insb. eine Herabsetzung des Mindeststammkapitals aber auch eine Pflicht zur Volleinzahlung der Einlagen vor Anmeldung zur Eintragung) lag bei Abfassung dieses Beitrages noch nicht vor.

Die Europäische Verordnung nach dem EU-Verfassungsvertrag

Christopher Arnold

„Die Gesetze der Gemeinschaft heißen 'Verordnungen'; mit innerstaatlichen Rechtsverordnungen haben sie nichts gemein."
Walter Hallstein (1979)[1]

A. Szenario

Nehmen wir an, der am 29.10.2004 geschlossene Vertrag über eine Verfassung für Europa[2] (EUVV) werde über kurz oder lang geltendes Recht.[3] Ein Hauptmerkmal dieser Verfassung ist die Konsolidierung des rechtlichen Rahmens der Europäischen Union. Das bedeutet zunächst eine Fusion der bestehenden Verträge. An die Stelle der jetzigen Union und der beiden Gemeinschaften (EG, EAG) tritt die neu gegründete Europäische Union (Art. I-1 Abs. 1 S. 1 EUVV), die über Rechtspersönlichkeit verfügt und den gesamten Besitzstand übernimmt (Art. IV-438 EUVV). Die bisherigen Organe setzen ihre Tätigkeit in ähnlicher Funktion als Unionsorgane fort. Das geht einher mit einer Neuordnung ihrer Handlungsinstrumente. In den Artikeln I-33 ff. EUVV[4] finden sich die bekannten Handlungsformen der Gemeinschaften teils verändert, teils nur mit neuer Bezeichnung wieder. Die bisherige Typologie der verbindlichen Rechtsakte, bestehend aus Verordnung, Richtlinie und Entscheidung (Art. 249 EGV), wird ersetzt durch einen um das Gesetz erweiterten Katalog. Nach Art. I-33 EUVV sind zu unterscheiden: Das Europäische Gesetz, das Europäische Rahmengesetz, die Europäische Verordnung und der Europäische Beschluß. Rechtsakte, die bisher

---

1 *Hallstein,* Die Europäische Gemeinschaft, 5. Aufl., Düsseldorf 1979, S. 54.

2 ABl. 2004 C 310.

3 Seit dem Nein der Franzosen und Niederländer in den Referenden am 29.5.2005 und 1.6.2005 ist zumindest ein termingerechter Abschluß des Ratifikationsverfahrens zum 1.11.2006 höchst unwahrscheinlich geworden (vgl. Art. IV-447 Abs. 2 EUVV).

4 Siehe Anhang.

in Form der Verordnung ergehen, werden künftig als Gesetze beschlossen. Die Richtlinie wird Rahmengesetz heißen, und der Entscheidung entspricht der Europäische Beschluß, allerdings erweitert um die Möglichkeit adressatenloser Verfügungen. Als eine wirkliche Neuerung gilt manchen aber die „Europäische Verordnung", die als einzige im Formenkatalog des Art. 249 EGV[5] keine Entsprechung finde.[6] Durch die Erhebung der Verordnung in den Rang des Gesetzes sei eine systematische Lücke entstanden, die man im Verfassungsvertrag durch die Schaffung einer neuen Handlungsform, der Europäischen Verordnung, zu füllen suchte. Diese Betrachtungsweise veranlaßt zu der Frage, worin sich die „Europäische Verordnung" von der gegenwärtigen Verordnung wirklich unterscheidet.

B. Die bisherige Verordnung

I. Bedeutung

Im ersten Jahrzehnt der Europäischen Wirtschaftsgemeinschaft war die Verordnung besonders auf dem Agrarsektor das Standardinstrument der Rechtsetzung.[7] Im Bereich der Marktordnungen wurden sie massenhaft verwendet. Mit der Verlagerung von der Rechtsvereinheitlichungs- zur Rechtsangleichungspolitik gewann in den 1980-er Jahren die Richtlinie als Rechtsetzungsinstrument an Bedeutung. Sie hat jedoch die Verordnung nicht zurückzudrängen vermocht. Die mengenmäßige Verbreitung der Richtlinie ist heute geringer als man angesichts ihrer ständigen Präsenz in der öffentlichen Diskussion vermuten könnte. Eine Bestandsaufnahme der geltenden Rechtsakte im Dezember 1997[8] hat ergeben, daß 31 % des geltenden Rechts Verordnungen waren und Richtlinien nur 9 % aller Rechtshandlungen ausmachten.[9] Wenn auch der Schwerpunkt der Verordnungsgebung weiterhin im Agrarbereich lag, war dennoch festzustellen, daß auch in den übrigen Bereichen der Verträge die Anzahl der Verordnungen die

---

5 Gleichlautend Art. 161 EAGV.

6 *Fischer*, Konvent zur Zukunft Europas, Baden-Baden 2003, S. 165.

7 *Bast,* Handlungsformen, in: v. Bogdandy (Hrsg.), Europäisches Verfassungsrecht, Berlin u.a. 2003, S. 488.

8 *v. Bogdandy/Bast/Arndt*, Handlungsformen im Unionsrecht, in: ZaöRV 62 (2002), S. 85.

9 Die restlichen 60 % sind Entscheidungen und sog. atypische Rechtsakte. Sie bleiben hier außer Betracht.

Zahl der Richtlinien noch deutlich überstieg.[10] An diesem Befund dürfte sich nach dem Beitritt der agrarisch geprägten Mitgliedsländer Osteuropas zum 1.5.2004 nichts wesentliches geändert haben. Ein weiterer Impuls für das vermehrte Aufkommen von Verordnungen ist dem Weißbuch über europäisches Regieren[11] zu entnehmen. Darin hat die Kommission angekündigt, Detailregelungen entgegen ihrer bisherigen und weithin kritisierten Praxis künftig nicht mehr in Form von Richtlinien, sondern mit Verordnungen treffen zu wollen. Es erscheint daher gerechtfertigt, die Verordnung auch heute als die gebräuchlichste Form der EU-Rechtsnormsetzung zu bezeichnen.[12]

II. Grundlagen der Verordnungsgebung

Ihren Ursprung hat die Verordnung in der allgemeinen „Entscheidung" nach Art. 14 EGKS-Vertrag von 1951. In dieser Form konnte die Hohe Behörde (Kommission) generelle Regelungen treffen, die in allen ihren Teilen verbindlich waren.[13] Der EWG-Vertrag definierte die Verordnung als einen Rechtsakt mit allgemeiner Geltung, der in allen seinen Teilen verbindlich sei und unmittelbar in jedem Mitgliedstaat gelte (Art. 189 EWGV). In Art. 249 EGV wurde diese Definition unverändert übernommen. Verordnungen sind abstrakt-generelle Rechtssätze, mithin Gesetze im materiellen Sinn. Sie als Gesetze zu bezeichnen[14] verbietet sich gleichwohl, da Verordnungen nicht zugleich dem Begriff des Gesetzes im formellen Sinne entsprechen. Nach nationalem Verfassungsverständnis ist der formelle Gesetzesbegriff den vom Parlament selbständig beschlossenen Rechtssätzen vorbehalten. Ausgehend von der exekutivischen Natur der gemeinschaftlichen Rechtsetzung hat sich der EuGH schon früh dieser Sichtweise für das Gemeinschaftsrecht angeschlossen, wenngleich er feststellte, daß Verordnungen aufgrund ihres Charakters und ihrer Rechtswirkungen beinahe schon als Gesetze bezeichnet werden könnten.[15] Mit der ständig wachsenden Beteiligung des Europäischen Parlaments an der Verordnungsgebung, insbesondere im Mitentscheidungsverfahren (Art. 251 EGV), ist die Verordnung dem

10 *v. Bogdandy/Bast/Arndt* (Fn. 8), S. 91 ff.

11 KOM 2001 (428) endg.

12 *v. Bogdandy/Bast/Arndt* (Fn. 8), S. 92.

13 Als „Empfehlung" wurden Rechtsakte bezeichnet, die der Richtlinie im Sinne des Art. 249 EGV entsprechen (Art. 14 EGKSV).

14 So aber *Biervert,* in: Schwarze (Hrsg.), EU-Kommentar, Baden-Baden 2000, Art. 249 Rdnr. 18.

15 EuGH, Rs. 8/55 (Fédération Charbonnière/Hohe Behörde), Slg. 1955/56, S. 197/226 (für die allgemeine „Entscheidung" nach EGKSV).

formellen Gesetzesbegriff noch nähergerückt. Die Unterscheidung gilt daher heute als überholt.[16]

In einem deutlichen Gegensatz zu dieser verfahrensbedingten Aufwertung der Verordnung steht das unentwickelte Recht der europäischen Handlungsformen, das dem sekundären Gemeinschaftsrecht bislang weder Struktur noch Systematik zu verleihen vermochte.[17] Dieser Befund war öfters Anlaß heftiger Kritik. Besonders drastisch äußerte sich das Europäische Parlament, das im sog. Bourlanges-Bericht[18] der Union ein Normenchaos, ein Verfahrenschaos und ein Sprachenchaos attestierte.[19] Die gegenwärtige Struktur des Sekundärrechts ist im wesentlichen darauf zurückzuführen, daß die Verträge kaum einen Zusammenhang zwischen Handlungsform und Organ herstellen. Sowohl zwischen den Organen der Rechtsetzung als auch zwischen den Handlungsformen gilt der Grundsatz der Gleichrangigkeit.[20] Diese Liberalität der Handlungsformenlehre prägt die Verordnungsgebung in vielfältiger Weise:

1. Sofern die Verträge keine Einschränkung vorsehen, steht die Verordnung sämtlichen Organen als Rechtsetzungsinstrument zur Verfügung.[21] Sie läßt sich weder allein der legislativen noch allein der exekutiven Funktion zuschreiben.

2. Die fehlende Hierarchie der rechtsetzenden Organe hat zur Folge, daß die Urheberschaft einer Verordnung keinen Einfluß auf deren Rang hat. Eine Verordnung der Kommission ist einer vom Rat erlassenen Verordnung gleichrangig.

3. Der Rang einer Verordnung läßt sich nicht aus dem Rechtsetzungsverfahren ableiten, in dem sie entsteht. Es gibt keine Hierarchie unter den verschiedenen Verfahren.[22]

---

16 *Oppermann*, Konzeption und Struktur des Verfassungsentwurfs des Europäischen Konvents – unter Berücksichtigung der Regierungskonferenz 2003, in: Schwarze (Hrsg.), Der Verfassungsentwurf des Europäischen Konvents, Baden-Baden 2004, S. 23 (28) hält die bisherige Bezeichnung als Verordnung für „unzeitgemäß".

17 Vgl. zum Ganzen *Bast* (Fn. 7), S. 503 ff.

18 Europäisches Parlament, Ausschuß für institutionelle Fragen, Bericht über die Typologie der Rechtsakte und die Hierarchie der Normen in der Europäischen Union vom 3.12.2002, (2002/2140(INI)), PE 313.407.

19 Bourlanges-Bericht, Begründung S. 23 ff.

20 *Bast* (Fn. 7), S. 503 ff.

21 EuGH, Rs. 5/73 (Balkan-Import-Export), Slg. 1973, S. 1091, Rdnr. 18; EuGH, Rs. C-70/80 (Parl./Rat), Slg. 1991, S. I-4529.

22 *Bast* (Fn. 7), S. 505.

4. Die Verordnung genießt weder gegenüber der Entscheidung noch gegenüber der Richtlinie allgemein Vorrang. Eine Hierarchie unter den Rechtssatzformen, ebenso wie im Verhältnis zwischen diesen und den Einzelakten gibt es nicht.

Unter Geltung des Gleichrangigkeitsprinzips können auftretende Regelungswidersprüche zwischen Verordnungen und anderen Rechtsakten nur anhand der *lex posterior*-Regel und der *lex specialis*-Regel aufgelöst werden.[23] Eine *lex superior*-Regel existiert sekundärrechtlich nur dort, wo Rechtsakte zur Durchführung eines abgeleiteten Basisrechtsakts erlassen werden (Artt. 202, 211 EGV). Der Durchführungsakt, gleich welcher Handlungsform, ist an den Vorgaben des Basisrechtsakts zu messen.[24] Dient als Basisrechtsakt etwa eine Verordnung, kommt ihr ein funktionsgemäßer Vorrang gegenüber dem Durchführungsakt zu. Die hier feststellbare Normenhierarchie wird nicht durch den jeweiligen Typus des Rechtsakts, sondern durch dessen Funktion als Basis- oder als Durchführungsakt erzeugt. Die Rangwirkung greift auch nicht über das Normengespann von Basis- und Durchführungsakt hinaus.

C. Die Reform der Handlungsformen

I. Vorschläge

An Vorschlägen zur Verbesserung der Handlungsformen hat es nicht gefehlt. Die Diskussion um die Konsolidierung und Vereinfachung des Sekundärrechts setzte zu Beginn der 1990-er Jahre ein.[25] Alle Vorschläge laufen darauf hinaus, den innerstaatlich bewährten Zweiklang von grundlegendem Gesetz und ausführender Verordnung auf die Gemeinschaftsebene zu übertragen. Ein die übrigen Handlungsformen rangmäßig dominierendes Gesetz solle den vorhandenen Formenkatalog an der Spitze ergänzen. Die Gesetzgebungsfunktion solle von Rat und Parlament gemeinsam wahrgenommen werden. Die Exekutivfunktion sei der Kommission zu überlassen, die über das Recht der Verordnungsgebung verfügen solle. Italien legte auf der Regierungskonferenz von 1990 ein entspre-

23 EuGH, Rs. C-46/98 (Perides/Kommission), Slg. 1999, S. I-5187, Rdnr. 40.

24 EuGH, Rs. 38/70 (Tradax), Slg. 1971, S. 145, Rdnr. 9 ff.

25 Zum Ganzen vgl. *Hummer*, Ursprünge, Stand und Perspektiven der Europäischen Verfassungsdiskussion, in: Griller/Hummer (Hrsg.), Die EU nach Nizza – Ergebnisse und Perspektiven, Wien/New York 2002, S. 356.

chendes Arbeitspapier vor.[26] Die Kommission befürwortete diesen Vorschlag mit der Ergänzung, daß die Richtlinie als Handlungsform abgeschafft werden solle.[27] Das Europäische Parlament schloß sich diesen Vorstellungen an.[28] Davon angeregt, legte die Luxemburgische Ratspräsidentschaft im April 1991 den Entwurf eines Vertrages für die Europäische Union vor, in dem das Gesetz als eine weitere Handlungsform der Union verankert war.[29] Das Unionsgesetz solle Vorrang vor den übrigen Handlungsformen haben und sich darauf beschränken, „die wesentlichen Grundsätze oder die allgemeinen Regeln für ein bestimmtes Sachgebiet“ festzulegen. Es solle den Rat oder die Kommission ermächtigen, „die zu seiner Durchführung erforderlichen Anwendungsvorschriften zu erlassen“.[30] In der Schlußakte von Maastricht[31] erteilten die Mitgliedstaaten mit der „Erklärung Nr. 16 zur Rangordnung der Rechtsakte der Gemeinschaft“ der Regierungskonferenz 1996 den Auftrag zu prüfen, wie die Rechtsakte der Gemeinschaft einzuteilen seien, damit eine angemessene Rangordnung der Normen hergestellt werde. Die Regierungskonferenz nahm sich dieser Frage aber nicht an.[32] Es war offensichtlich, daß die Einführung des Gesetzes als dominierender Handlungsform mit erheblichen Machtzuwächsen für das Europäische Parlament verbunden wäre, die man seinerzeit nicht billigte. Der anschließende Post-Nizza-Prozeß wurde vorerst auf das Minimalziel ausgerichtet, die Verträge klarer und verständlicher zu machen, ohne sie inhaltlich zu ändern.[33] Auf der Tagung des Europäischen Rates von Laeken am 14. und 15. Dezember 2001 wurde der Konvent zur Zukunft Europas unter dem Vorsitz von *Valérie Giscard D'Estaing* einberufen, der einen Vorschlag zur Vereinfachung der Instrumente der Union erarbeiten sollte.[34]

---

26 Bericht des Rates vom 22.10.1990 an den Europäischen Rat, Anlage 4 (Rats-Dok. 9233/90).

27 Bull. EG, Beil. 2/1991, S. 127 ff.

28 Empfehlung des Europäischen Parlaments vom 18.4.1991, ABl. 1991 C 129, S. 136.

29 Das Europäische Parlament hatte bereits 1984 in dem sog. Spinelli-Entwurf für einen Vertrag zur Gründung der Europäischen Union einen solchen Vorschlag gemacht (Artt. 34, 40), ABl. 1984 C 77, S. 33 ff.

30 Zit. bei *Bast* (Fn. 7), S. 507.

31 ABl. 1991 C 129, S. 136.

32 Weitere Bemühungen der Kommission gingen von dem sog. Molitor-Bericht vom Juni 1995 (KOM (95) 288 endg.) aus; dazu näher *Hummer* (Fn. 25), S. 340.

33 *Fischer* (Fn. 6), S. 19.

34 In der Schlußerklärung von Laeken heißt es: „Unter diesen Themenbereich fällt eine ganze Reihe von essentiellen Fragen: Soll eine Unterscheidung zwischen Gesetzge-

II. Konvent zur Zukunft Europas

Gleich zu Beginn seiner Arbeit setzte der Konvent zu diesem Thema eine Arbeitsgruppe (Nr. 9) unter Vorsitz des ehemaligen italienischen Ministerpräsidenten *Amato* ein.[35] Bei einer Anhörung von Sachverständigen plädierten der damalige Richter am EuG *Koenraad Lenaerts* und der Rechtsberater und Generaldirektor des Juristischen Dienstes des Rates *Jean-Claude Piris* für eine klare Trennung zwischen Legislativ- und Exekutivakten; die Legislativakte müßten in die Kategorien „Gesetz" und „Rahmengesetz" eingeteilt werden. Gesetze sollten fortan die „Verordnung" und die generelle „Entscheidung" ersetzen; Rahmengesetze sollten an die Stelle der Richtlinien treten. Der Generaldirektor des Juristischen Dienstes der Kommission *Michel Petite* schlug vor, die Exekutivaufgaben der Kommission anzuvertrauen und diese der Kontrolle des Gesetzgebers zu unterwerfen. Er unterschied zwischen autonomen und delegierten Exekutivakten. Bei den vertragsunmittelbaren („autonomen") Exekutivaufgaben hielt er die Einführung des Mitentscheidungsverfahrens für wünschenswert, da hier die Kommission oder der Rat, etwa im Wettbewerbsrecht nicht bloß technische Details regelten, sondern politische Grundsatzentscheidungen träfen. Delegierte Exekutivaufgaben beträfen technische Ergänzungen und würden von der Kommission oder vom Rat erlassen. Dem Europäischen Parlament komme dabei ein Kontrollrecht zu.[36]

Im Schlußbericht der Arbeitsgruppe Nr. 9 vom 29.11.2002[37] wurden die Vorschläge der Sachverständigen weitgehend übernommen.[38] Der Zusammenhang von Organfunktionen und Handlungsformen wurde erkannt und daraus der Leitgedanke entwickelt, daß eine stärkere Gewaltenteilung eine klarere Hierarchie der Rechtsnormen mit sich brächte.[39] Die Gesetzgebungsfunktion sei von

bungs- und Durchführungsmaßnahmen eingeführt werden? Muß die Anzahl der Gesetzgebungsinstrumente – direkte Normen, Rahmengesetzgebung und nicht bindende Instrumente (Stellungnahmen, Empfehlungen, offene Koordinierung) – verringert werden? Sollte häufiger auf die Rahmengesetzgebung zurückgegriffen werden, die den Mitgliedstaaten mehr Spielraum zur Erreichung der politischen Ziele bietet? ...", Europäischer Rat, Erklärung von Laeken zur Zukunft der Europäischen Union, Anlage I zu den Schlussfolgerungen des Vorsitzes, 14./15. Dezember 2001, SN 300/01, S. 5.

35 *Amato* war wie der Belgier *Dehaene* zugleich Vizepräsident des Konvents.

36 Dok. CONV 424/02, S. 24; *Bapuly*, Die Vereinfachung der Rechtsakte der Europäischen Union, in: Mantl/Puntscher-Riekmann/Schweitzer (Hrsg.), Der Konvent zur Zukunft der Europäischen Union, Wien/Köln/Graz 2005, S. 135 (149 ff.).

37 Dok. CONV 424/02.

38 Dok. CONV 424/02, S. 2. Festgehalten wird an der Unterscheidung zwischen rechtsverbindlichen und unverbindlichen Rechtsakten.

39 Dok. CONV 424/02, S. 3.

Rat und Parlament in Gesetzesform wahrzunehmen. Für die Exekutivfunktion war neben der Kategorie der Durchführungsakte eine neue Normenkategorie, die delegierten Rechtsakte, vorgesehen. Die Instrumente des Art. 249 EGV wurden den drei Kategorien zugeordnet. Dabei reichte eine bloße Umbenennung vielfach aus. Die Verordnung solle künftig „EU-Gesetz" und die Richtlinie „EU-Rahmengesetz" heißen.[40] Den delegierten Rechtsakten wurde die Bezeichnung „Verordnung" gegeben, weil sie zwar normative Bestimmungen, aber keine Gesetzgebungsakte seien.[41] Die delegierten Rechtsakte sollten in der Rechtsform der delegierten Verordnung von der Kommission, in Ausnahmefällen vom Rat mit qualifizierter Mehrheit[42], erlassen werden. Durch die Ermächtigung zur delegierten Verordnung könne sich der Gesetzgeber von der Regelung von Details und technischen Fragen entlasten.[43] Ziele, Inhalt und Tragweite der Übertragung müßten vom Gesetzgeber festgelegt werden. Die Einhaltung der Verordnungsbefugnis könne dieser entweder durch ein Evokationsrecht oder eine Auflösungsklausel sicherstellen.[44] Dieser neue Kontrollmechanismus stelle eine Verbesserung dar. Denn gegenwärtig könne der Gesetzgeber nicht delegieren und sich gleichzeitig die Kontrolle über die Befugnisübertragung vorbehalten. Er sei gezwungen, entweder auch alle Details zu regeln oder die Detailregelung der Kommission zu übertragen, „als ob es sich um Durchführungsmaßnahmen handeln würde, die nach Artikel 202 EGV der Kontrolle der Mitgliedstaaten unterliegen".[45]

Die weitere Kategorie der Durchführungsakte (Durchführungsverordnungen oder Durchführungsentscheidungen) wurde für unentbehrlich gehalten, da die Union gelegentlich selbst für die Durchführung des Unionsrechts zuständig sei.[46] Diese Rechtsakte sollten von der Kommission (ggf. im Ausschußverfahren, also unter Kontrolle der Mitgliedstaaten) oder vom Rat erlassen werden. Der Vorsitzende wies darauf hin, daß auch die Agenturen mit der Befugnis versehen werden sollten, Durchführungsakte (Verordnung, Entscheidung) zu erlassen.[47] Wenn die Organe als „technische Behörden" unmittelbar aufgrund des Vertrags Rechtsakte erließen, wie etwa die Kommission im Bereich Wettbewerb

---

40 Dok. CONV 424/02, S. 3.

41 Dok. CONV 424/02, S. 6.

42 Dok. CONV 424/02, S. 11.

43 Europäischer Konvent, Synthesebericht vom 13.12.2002 über die Plenartagung vom 5. und 6. Dezember 2002 in Brüssel, CONV 449/02, S. 2.

44 Dok. CONV 424/02, S. 9.

45 Dok. CONV 424/02, S. 8.

46 Dok. CONV 424/02, S. 11.

47 Europäischer Konvent, Synthesebericht (Fn. 43), S. 3.

und Beihilfenkontrolle, oder die EZB, sollten diese Rechtsakte in Form der Verordnung oder Entscheidung ergehen.[48]

Der Amato-Bericht erfuhr bei der Beratung im Plenum des Konvents am 5.12.2002 große Zustimmung. Man war sich über das Ziel einig, das Mitentscheidungsverfahren zu stärken, die Gemeinschaft an das Gewaltenteilungsprinzip von Montesquieu anzunähern und für eine klare Unterscheidbarkeit der rechtsverbindlichen und unverbindlichen Instrumente zu sorgen.[49] Präzisierungen wurden aber erbeten zu dem neuen Typ des delegierten Rechtsakts und zu der Unterscheidung der delegierten Rechtsakte von den Durchführungsakten. Weiterhin wurde gefordert, daß den Mitgliedstaaten mehr Spielraum bei der Anwendung der Rechtsakte der Union auf nationaler Ebene eingeräumt werden müsste.[50] Bei der späteren Ausarbeitung des Vertragsentwurfs reagierte das Präsidium auf dieses Bedenken, indem es die delegierte Verordnung zusätzlich in der Variante einer bloßen Rahmenverordnung in den Text aufnahm.[51] Dieser Text ging unverändert in den endgültigen Verfassungsentwurf des Konvents vom 13.6.2003 über eine Verfassung für Europa ein.[52]

III. Regierungskonferenz 2003/2004

Der Konventsentwurf bildete die Grundlage für die Arbeiten der Regierungskonferenz zum Abschluß des Verfassungsvertrages. Die Bestimmungen über die Handlungsformen der Union waren von Anfang an unumstritten.[53] Außer einer redaktionellen Überarbeitung und einer Umbenennung der „Entscheidung" in „Europäischer Beschluß" wurden keine Änderungen vorgenommen. Am 29.10.2004 wurde der Vertrag über eine Verfassung für Europa von den Staats- und Regierungschefs der Europäischen Union abgeschlossen.

---

48 Dok. CONV 424/02, S. 13.

49 *Fischer* (Fn. 6), S. 60.

50 Europäischer Konvent, Synthesebericht (Fn. 43), S. 5.

51 Europäischer Konvent, Präsidium, Entwurf der Verfassung, Band I, überarbeiteter Text, Stand: 24. Mai 2003, CONV 724/03 Anlage 1, S. 22.

52 Zum fragmentarischen Charakter des Konventsentwurfs näher *Fischer* (Fn. 6), S. 95, 101.

53 Die italienische Ratspräsidentschaft nahm sie deshalb in das sog. A-Paket auf, das die Themen enthielt, die keiner politischen Verhandlung bedurften.

IV. Ergebnisse

Zu den wesentlichen Änderungen, die mit der Verfassung verbunden sind, gehört die bewußte Orientierung am staatlichen Prinzip der Gewaltenteilung. Das Europäische Parlament und der Rat werden gemeinsam als Gesetzgeber der Union bezeichnet (Art. I-20 Abs. 1, Art. I-23 Abs. 2 EUVV). Die Kommission übt Exekutivfunktionen aus (Art. I-26 Abs. 1 S. 5 EUVV). Beide Teilgewalten verfügen über je eigene Handlungsformen, die sich nach Rang und Struktur unterscheiden. Materielle Gesetzgebungstätigkeit in Form von Europäischen Verordnungen kann die Kommission fast nur noch mit ausdrücklicher Einwilligung des Gesetzgebers (Delegation) ausüben. Soweit das Mitentscheidungsverfahren als ordentliches Gesetzgebungsverfahren reicht, entfaltet sich ein quasiparlamentarischer Gesetzesvorbehalt. Die Nachrangigkeit des delegierten Verordnungsrechts wird insoweit festgeschrieben. Ob sie auch die Durchführungsverordnungen erfaßt, ist fraglich und bedürfte näherer Betrachtung.

D. Die künftige Verordnung

I. Arten

Die Europäische Verfassung unterscheidet Verordnungen in dreifacher Weise.

(1) Verfassungsunmittelbare und delegierte Verordnungen
Die erste Unterscheidung stellt auf die Rechtsgrundlage der Verordnung ab. Sie beruht auf der Verschiedenheit der Ermächtigungsebenen. Wird die Verordnung unmittelbar auf Grundlage einer vertraglichen Verordnungsermächtigung erlassen, so liegt eine vertragsunmittelbare Verordnung vor (Art. I-33 Abs. 1 S. 4 EUVV). Beruht die Verordnung hingegen auf einer Ermächtigungsnorm, die von den Unionsorganen auf der Grundlage der Verfassung oder einer von ihr abgeleiteten Rechtsgrundlage erlassen wurde, so handelt es sich um eine delegierte Verordnung auf der Stufe des sekundären bzw. tertiären Unionsrechts (Art. I-36 EUVV).

(2) Voll-Verordnungen und Rahmenverordnungen
Die zweite Unterscheidung hat einen inhaltlichen Bezug und stellt auf die Regelungsdichte der Verordnung ab. Entsprechend der herkömmlichen Differenzierung zwischen Verordnung und Richtlinie wird dem Verordnungsgeber die Wahl gelassen (Art. I-33 Abs. 1 S. 5 EUVV). Er kann entweder die Regelungsdichte hoch setzen, so daß den rechtsanwendenden Stellen kein Spielraum zur

abweichenden Gestaltung bleibt. Oder er legt nur das Ziel der Verordnung verbindlich fest und überläßt den staatlichen Stellen die Wahl der Form und der Mittel zu seiner Erreichung. Diese zweite Unterart der Verordnung entspricht dem Typus der Richtlinie nach geltendem Recht. Entsprechend der künftigen Bezeichnung der Richtlinie als Rahmengesetz scheint es sachgerecht, eine solche Verordnung als Rahmenverordnung zu bezeichnen. Die Verfassung verwendet diesen Begriff allerdings nicht.

(3) Durchführungsverordnungen
Die dritte Unterscheidung basiert auf der spezifischen Funktion bestimmter Verordnungen. Nach Art. I-37 Abs. 2 EUVV kann der Kommission bzw. dem Rat die Befugnis übertragen werden, einheitliche Bedingungen für die Durchführung der verbindlichen Rechtsakte der Union in den Mitgliedstaaten festzulegen.[54] Die Übertragung dieser „Durchführungsbefugnisse“ auf die Organe erfolgt in dem europäischen Rechtsakt, der in den Mitgliedstaaten durchzuführen ist. Die Vollzugskompetenz der Unionsorgane erschöpft sich in der Festlegung einheitlicher Durchführungsbedingungen. Die Einräumung dieser Kompetenz geschieht in gleicher Weise wie bei der Delegation einer Verordnungsbefugnis gemäß Art. I-36 EUVV. Die Verordnungsbefugnis der Kommission wird auch hier von einer sekundärrechtlichen Verordnungsermächtigung abhängig gemacht.

Diese Artenvielfalt der Verordnung überrascht zunächst. Es scheint, als habe der Verfassungsgeber die durch Hochzonung der gegenwärtigen Verordnung zum Gesetz entstandene systematische Lücke durch neue Formen der exekutivischen Verordnung gefüllt. Bei näherem Hinsehen entpuppt sich diese Vielfalt aber als etwas Althergebrachtes, das nunmehr seine verfassungsmäßige Kodifizierung erfährt.

Der Typus der Rahmenverordnung (Art. I-33 S. 5 EUVV) ist nicht gänzlich neu. Verordnungen, die dem Adressaten Spielräume zur Ausgestaltung lassen, sind bereits im geltenden Gemeinschaftsrecht verbreitet. Anerkanntermaßen zwingt die Verordnungs-Form den Gemeinschaftsgesetzgeber nicht zu einer erschöpfenden Regelung. Die Verordnung kann, der Richtlinie vergleichbar, den Mitgliedstaaten Gestaltungsspielräume belassen oder sie zur Vornahme von lückenfüllenden Ausführungsakten verpflichten.[55]

---

54 Im wesentlichen deckt dieser Bereich die derzeitige Komitologie ab, wobei der Komitologiebeschluß durch ein Europäisches Gesetz ersetzt wird, vgl. *Fischer*, Der Europäische Verfassungsvertrag, Baden-Baden/Wien/Bern 2005, S. 25.

55 *Bast* (Fn. 7), S. 487; EuGH, Rs. 230/78 (Eridania), Slg. 1979, S. 2749; EuGH, Rs. C-143/91 (van der Tas), Slg. 1992, S. I-5045.

Die Unterscheidung zwischen Durchführungsverordnungen und delegierten Verordnungen ist nicht schlüssig. Die Benennung einer Verordnung als Durchführungsverordnung ist eine Tautologie, sofern die Verordnung auf die Durchführung von Gesetzen bezogen ist. Eine Berechtigung hat der Begriff der Durchführungsverordnung lediglich dort, wo die Verordnung Verfassungsnormen unmittelbar durchführt. Da es hier an einem zwischengeschalteten Gesetzgebungsakt fehlt, kann es sich nicht um eine delegierte Verordnung handeln. Die Durchführungsverordnung hat als Typus ihre Berechtigung deshalb nur als ein Akt der unmittelbaren Verfassungsvollziehung. Die von Art. I-37 EUVV beschriebene Situation der Festlegung von einheitlichen Durchführungsregeln für den mitgliedstaatlichen Vollzug ist eine andere. Denn hier geht es gerade nicht um die Durchführung von Verfassungsnormen, sondern um die Durchführung sekundärrechtlicher Normen. Was fehlt, sind allgemeine Verfassungsbestimmungen über den verfassungsunmittelbaren Vollzug. Teil III der Verfassung gewährt dem Rat (äußerst selten auch der Kommission und der EZB) in bestimmten Politikbereichen[56] etliche solcher Vollzugskompetenzen. Die Voraussetzungen für die Inanspruchnahme dieser Kompetenzen sind in den jeweiligen Sachbereichen differenziert geregelt. Eine Beteiligung des Europäischen Parlaments an solchen Rats-Verordnungen ist regelmäßig auf ein Anhörungsrecht[57], seltener auf ein bloßes Unterrichtungsrecht reduziert,[58] und manchmal gänzlich ausgeschlossen.[59] Hier fragt sich, ob die Einführung des Legalitätsprinzips mit der gebotenen Stringenz betrieben wurde. Allerdings deuten solche Lücken des Parlamentsvorbehalts im Bereich der verfassungsunmittelbaren Verordnungsermächtigungen auf die Existenz eines Exekutivvorbehaltes in den bestimmten Politiken hin. Daran wird sichtbar, daß der parlamentarische Legislativvorbehalt auf Unionsebene weiterhin nicht das Ausmaß erreicht, das er etwa nach der Verfassung des deutschen Grundgesetzes hat. Das ist mißlich, wenn man bedenkt, daß der Rat bzw. die Kommission auf diese Weise berechtigt ist, als Exekutivorgan Maßnahmen mit materiellem Legislativcharakter zu treffen. Viele vertragsunmittelbare Ermächtigungen sehen weitreichende Regelungen vor, die häufig auch die Grundrechte der Betroffenen berühren. Das trifft insbesondere auf die Kontrollkompetenz im Bereich des Wettbewerbs und der Beihilfen zu. In diesen Fällen sollte der Unionsgesetzgeber berufen sein, die wesentlichen Grundentscheidungen zu treffen. Fällt hier eine wirksame parlamentarische Vorkontrolle in politischer und rechtlicher Dimension aus, muß sie nachträglich von der Uni-

56 Siehe unten Fn. 61.

57 Artt. III-169, 183 Abs. 2, 184 Abs. 13 UAbs. 2, 187 Abs. 4, 190 Abs. 3, 240 Abs. 3, 253, 266 Abs. 3 EUVV.

58 Artt. III-212 Abs. 2, 322 EUVV.

59 Z. B. Artt. III-130 Abs. 3, 291 EUVV.

onsgerichtsbarkeit geleistet werden. Diese Kontrolle ist aber nicht gleichwertig. Denn sie setzt eine zulässige Anrufung der Gerichtsbarkeit voraus und ist auf den Maßstab des Rechts begrenzt.

II. Formenwahl

Art. I-38 Abs. 1 EUVV läßt den Organen die Wahl der Handlungsform, sofern die Verfassung keine bestimmte Form vorschreibt. Bei den verfassungsunmittelbaren Rechtsaktsbefugnissen hat der Rat (bzw. die Kommission, die EZB) in der Regel die Wahl zwischen einer Europäischen Verordnung und einem Beschluß.[60] Die Wahlentscheidung wird durch die Möglichkeit kompliziert, daß ein Beschluß nicht an bestimmte Adressaten gerichtet werden muß, so daß sich die Verordnung und der sog. adressatenlose Beschluß eventuell inhaltlich sehr nahe stehen. Es wäre verfehlt, aus dem Gebot der Verhältnismäßigkeit abzuleiten, daß in solchen Fällen stets der Beschluß die richtige Handlungsform sei. Denn es gilt zu bedenken, daß die Regelungsdichte einer Verordnung variabel gestaltet werden kann, was bis zum Erlaß einer bloßen Rahmenverordnung reichen kann (Art. I-33 Abs. 1 S. 5 EUVV).

Eine andere Frage der Wahlfreiheit ist, ob im Rahmen der Delegation von Rechtsetzungsbefugnissen der Delegatar im Delegationsakt verpflichtet werden kann, eine bestimmte Handlungsform zu wählen. Nach Art. I-36 Abs. 1 EUVV kann die Kommission durch Delegation das Recht erwerben, eine delegierte Verordnung zu erlassen. Hier liegt die Folgerung nicht fern, daß die Kommission *a maiore ad minus* erst recht befugt ist, eine weniger weitreichende Handlungsform (Beschluß) zu wählen, sofern diese das gewünschte Ziel erreicht. Dahinter steht die Frage, ob die Kommission nicht nur berechtigt sondern auch verpflichtet wäre, von der ihr erteilten Verordnungsermächtigung Gebrauch zu machen. Hier geht es um die Kompetenzabgrenzung zwischen Legislative und Exekutive. Die in Art. I-19 Abs. 2 S. 2 EUVV statuierte Pflicht zur loyalen Zusammenarbeit der Organe könnte hier moderierend wirken.

III. Anforderungen an die Verordnungsgebung

1. *Verfahren*

Der Erlaß von Verordnungen wird in der Verfassung vom Vorliegen einer Verordnungsermächtigung abhängig gemacht. Diese findet sich entweder in den Artikeln der Verfassung selbst oder in den von Parlament und Rat erlassenen Ge-

60 Z.B. Art. III-151 Abs. 5 EUVV.

setzgebungsakten (Art. I-33 EUVV). Verfassungsunmittelbare Verordnungsermächtigungen sind fast ausnahmslos an den Rat gerichtet. Sie finden sich an 36 verschiedenen Stellen in Teil III des Verfassungstextes.[61] Die EZB erhält in Art. 190 Abs. 1 EUVV die Befugnis zur Verordnungsgebung im Bereich ihrer Zuständigkeiten. Die Kommission wird nur in Art. III-232 UAbs. 2 EUVV (Regelung der Ausgleichsabgaben zu landwirtschaftlichen Marktordnungen) und in Bereichen der Wettbewerbspolitik (Artt. 166 Abs. 3, 168 Abs. 4 EUVV) unmittelbar zur selbständigen Verordnungsgebung ermächtigt. Sie ist nach Art. I-165 Abs. 3 EUVV auch befugt, Verordnungen zu den Gruppenfreistellungen zu erlassen, doch ist die Befugnis davon abhängig, daß zuvor der Rat selbst auf diesem Gebiet verordnend tätig wurde (Art. I-163 Abs. 2 EUVV). Ob Entsprechendes für die zentrale Vorschrift zur Binnenmarktharmonisierung, Art. III-172 Abs. 4 und 5 EUVV[62] gilt, ist dem Wortlaut nicht zweifelsfrei zu entnehmen. Dort ist zwar von Verordnungen der Kommission die Rede, doch stellt Abs. 1 dieser Vorschrift die Regel auf, daß Maßnahmen zur Binnenmarktharmonisierung durch Gesetz oder Rahmengesetz getroffen werden. Man wird die Erwähnung der Kommission als Verordnungsgeber in diesem Bereich wohl so verstehen müssen, daß die Kommission hier nur aufgrund sekundärrechtlicher Ermächtigung tätig werden kann.

Zur Sicherung des Funktionsbereichs der Legislative ist in Art. I-36 Abs. 1 EUVV bestimmt, daß der Gesetzgeber „wesentliche Aspekte eines Bereichs" selbst zu regeln hat und diese Aufgabe nicht an die Kommission delegieren darf. Dies ist eine Kodifikation des Wesentlichkeitsgrundsatzes im Bereich der Verordnungsgebung, wie sie das deutsche Grundgesetz nicht vorzuweisen hat (vgl. Art. 80 GG), wenn auch die Geltung dieses Grundsatzes selbst für die delegierte Rechtsetzung hier wie dort seit langem anerkannt ist.[63] Gleichwohl gilt für das Gemeinschaftsrecht die kaum nachvollziehbare Besonderheit, daß der Europäische Gerichtshof die Grundrechtsbedeutung einer zu regelnden Materie nicht für eine wesentliche Frage hält.[64]

Eine weitere Sicherung stellt das an die Verordnungsermächtigung zu richtende Bestimmtheitsgebot des Art.I-36 Abs. 1 S. 2 EUVV dar, dessen Kriterien

---

61 Artt. III-130 Abs. 3, 151 Abs. 5, 159, 160 UAbs. 2, 163 UAbs.1, 167 Abs. 3, 169, 183 Abs. 2, 184 Abs. 13 UAbs. 3, 186 Abs. 2 UAbs. 2, 187 Abs. 4, 190 Abs. 3, 198 Abs. 3, 201 Abs. 2, 212 Abs. 2, 230 Abs. 2, 231 Abs. 3, 240 Abs. 3, 253, 260, 263, 266 Abs. 3, 291, 322, 363, 400 Abs. 1, 400 Abs. 2, 412 Abs. 2, 424 UAbs. 1, 428, 433 EUVV.

62 Vgl. Art. 95 EGV.

63 EuGH, Rs. 25/70 (Köster), Slg. 1970, S. 1161, Rdnr. 6; *Triantafyllou*, Vom Vertrags- zum Gesetzesvorbehalt, Baden-Baden 1996, S. 273.

64 *Knemeyer*, Das Europäische Parlament und die gemeinschaftliche Durchführungsrechtsetzung, Baden-Baden 2003, S. 102; zum deutschen Rechtsverständnis vgl. BVerfGE 58, S. 257 ff.

sich deutlich an Art. 80 Abs. 2 GG orientieren. Es hat bei der delegierten gemeinschaftlichen Rechtsetzung schon bisher eine Rolle gespielt.[65]

Neuartig ist in diesem Zusammenhang nur die zusätzliche Sicherung des Gesetzgebers durch die Möglichkeit, die Delegation widerruflich zu gestalten oder ihr Wirksamwerden vom Einverständnis der gesetzgebenden Organe abhängig zu machen (Art. 1-36 Abs. 2 EUVV).

2. *Inhalt*

Verfassungsunmittelbare Verordnungen sind mit dem Inhalt zulässig, den das Primärrecht vorsieht. Insofern gilt der Vorrang der Verfassung. Für delegierte Verordnungen gilt zudem der Vorrang der Verordnungsermächtigung. Inhaltliche Vorgaben sind dem höherrangigen Delegationsgesetz und darin gemachten Beschränkungen nach Ziel, Inhalt, Geltungsbereich und Dauer der Ermächtigung zu entnehmen (Art. I-36 Abs. 1 S. 2 EUVV). Eine delegierte Verordnung ist nach Art. I-36 Abs. 1 S. 1 EUVV auch fähig, nicht wesentliche Bestimmungen des ermächtigenden Gesetzes zu ergänzen oder zu ändern. Hierbei handelt es sich wieder um keine Neuheit, sondern um die bloße Kodifikation praktischer Rechtserkenntnis.[66]

IV. Gerichtliche Kontrolle

Europäische Verordnungen fallen als „Handlungen" der Organe unter die Kontrolle des Europäischen Gerichtshofs (Art. III-365 Abs. 1 EUVV). Klageberechtigt sind neben Mitgliedstaaten, dem Europäischen Parlament, dem Rat und der Kommission auch die Individuen, wenn der „Rechtsakt mit Verordnungscharakter" sie unmittelbar betrifft und keine Durchführungsmaßnahmen nach sich zieht (Art. III-365 Abs. 2, 4 EUVV). Damit decken sich Rechtsschutzmöglichkeiten mit der gegenwärtigen Rechtslage (Art. 230 EGV).

---

65 EuGH, Rs. 41/69 (ACF Chemiefarma/Kommission), Slg. 1970, S. 661, Rdnr. 63, 67; EuGH, Rs. 291/86 (Central-Import Münster), Slg. 1988, S. 3702, Rdnr. 13 ff., 39.

66 EuGH, Rs. C-417/93 (Parl./Rat), Slg. 1995, S. I-1185, Rdnr. 29 f.

E. Schluß

Die Europäische Verordnung ist kein neuartiges Gebilde. In der Verfassung finden sich die praktischen Erscheinungsformen der Verordnung gemäß Art. 249 EGV und die dazu entwickelten Rechtsgrundsätze wieder. Die Einführung des Europäischen Gesetzes als Maßstab der (delegierten) Verordnungsgebung läßt den eingangs zitierten Ausspruch Walter Hallsteins über den Gesetzescharakter europäischer Verordnungen in einem anderen Licht erscheinen. Gänzlich Neues gibt es bei den Sicherungsmöglichkeiten des delegierenden Gesetzgebers. Das ursprüngliche Ziel der Verfassungsgeber, die Typologie der Handlungsformen zu straffen, wird mit der Auffächerung verschiedener Arten von Verordnungen verfehlt. Auftretende Ungereimheiten sind nicht zu übersehen. Indes: eine halbwegs systematische Kodifikation des Rechts der Handlungsformen ist schon ein Wert an sich. Sie vergrößert die Rechtssicherheit. In dieser Hinsicht ist der Europäischen Verfassung ein baldiges Inkrafttreten zu wünschen.

Anhang

Vertrag über eine Verfassung für Europa vom 29.10.2004 (Auszug)

Teil I, Titel V – Ausübung der Zuständigkeiten der Union, Kapitel I
Gemeinsame Bestimmungen

Artikel I-33 Die Rechtsakte der Union

(1) Bei der Ausübung der Zuständigkeiten der Union bedienen sich die Organe nach Maßgabe von Teil III folgender Rechtsakte: Europäisches Gesetz, Europäisches Rahmengesetz, Europäische Verordnung, Europäischer Beschluß, Empfehlung und Stellungnahme.

Das Europäische Gesetz ist ein Gesetzgebungsakt mit allgemeiner Geltung. Es ist in allen seinen Teilen verbindlich und gilt unmittelbar in jedem Mitgliedstaat.

Das Europäische Rahmengesetz ist ein Gesetzgebungsakt, der für jeden Mitgliedstaat, an des es gerichtet ist, hinsichtlich des zu erreichenden Ziels verbindlich ist, jedoch den innerstaatlichen Stellen die Wahl der Form und der Mittel überläßt.

Die Europäische Verordnung ist ein Rechtsakt ohne Gesetzgebungscharakter mit allgemeiner Geltung; sie dient der Durchführung der Gemeinschaftsrechtsakte und einzelner Bestimmungen der Verfassung. Sie kann entweder in allen ihren Teilen verbindlich sein und unmittelbar in jedem Mitgliedstaat gelten oder für jeden Mitgliedstaat, an den sie gerichtet ist, hinsichtlich des zu erreichenden Ziels verbindlich sein, jedoch den innerstaatlichen Stellen die Wahl der Form und der Mittel überlassen.

Der Europäische Beschluß ist ein Rechtsakt ohne Gesetzescharakter, der in allen seinen Teilen verbindlich ist. Ist er an bestimmte Adressaten gerichtet, so ist er nur für diese verbindlich.

Empfehlungen und Stellungnahmen sind nicht verbindlich.

(2) Werden das Europäische Parlament und der Rat mit dem Entwurf eines Gesetzgebungsakts befasst, so nehmen sie keine Akte an, die nach dem für den betreffenden Bereich geltenden Gesetzgebungsverfahren nicht vorgesehen sind.

Artikel I-34 Gesetzgebungsakte

(1) Europäisches Gesetz und Rahmengesetz werden im ordentlichen Gesetzgebungsverfahren nach Artikel III-396 auf Vorschlag der Kommission vom Europäischen Parlament und vom Rat gemeinsam erlassen. Gelangen die beiden Organe nicht zu einer Einigung, so kommt der betreffende Gesetzgebungsakt nicht zustande.

(2) In bestimmten, in der Verfassung vorgesehenen Fällen werden Europäisches Gesetz und Rahmengesetz nach besonderen Gesetzgebungsverfahren vom Europäischen Parlament mit Beteiligung des Rates oder vom Rat mit Beteiligung des Europäischen Parlaments erlassen.

(3) In bestimmten, in der Verfassung vorgesehenen Fällen können Europäisches Gesetz und Rahmengesetz auf Initiative einer Gruppe von Mitgliedstaaten oder des Europäischen Parlaments, auf Empfehlung der Europäischen Zentralbank oder auf Antrag des Gerichtshofs oder der Europäischen Investitionsbank erlassen werden.

Artikel I-35 Rechtsakte ohne Gesetzescharakter

(1) Der Europäische Rat erläßt Europäische Beschlüsse in den in der Verfassung vorgesehenen Fällen.

(2) Der Rat und die Kommission erlassen insbesondere in den Fällen nach den Artikeln I-36 und I-37 Europäische Verordnungen oder Beschlüsse; die Europäische Zentralbank erlässt Europäische Verordnungen oder Beschlüsse in bestimmten, in der Verfassung vorgesehenen Fällen.

(3) Der Rat gibt Empfehlungen ab. Er beschließt auf Vorschlag der Kommission in allen Fällen, in denen er nach Maßgabe der Verfassung Rechtsakte auf Vorschlag der Kommission erläßt. In den Bereichen, in denen für den Erlaß eines Rechtsakts der Union Einstimmigkeit vorgesehen ist, beschließt er einstimmig. Die Kommission und, in bestimmten in der Verfassung vorgesehenen Fällen, die Europäische Zentralbank geben Empfehlungen ab.

Artikel I-36 Delegierte Europäische Verordnungen

(1) In Europäischen Gesetzen und Rahmengesetzen kann der Kommission die Befugnis übertragen werden, delegierte Europäische Verordnungen zur Ergänzung oder Änderung bestimmter nicht wesentlicher Vorschriften des betreffenden Gesetzes oder Rahmengesetzes zu erlassen.

In den betreffenden Europäischen Gesetzen oder Rahmengesetzen werden Ziele, Inhalt, Geltungsbereich und Dauer der Befugnisübertragung ausdrücklich festgelegt. Die wesentlichen Aspekte eines Bereichs sind dem Europäischen Gesetz oder Rahmengesetz vorbehalten und eine Befugnisübertragung ist für sie deshalb ausgeschlossen.

(2) Die Bedingungen, unter denen die Übertragung erfolgt, werden in Europäischen Gesetzen oder Rahmengesetzen ausdrücklich festgelegt, wobei folgende Möglichkeiten bestehen:

a) Das Europäische Parlament oder der Rat kann beschließen, die Übertragung zu widerrufen.

b) Die delegierte Europäische Verordnung kann nur in Kraft treten, wenn das Europäische Parlament oder der Rat innerhalb der im Europäischen Gesetz oder Rahmengesetz festgelegten Frist keine Einwände erhebt.

Für die Zwecke der Buchstaben a und b beschließt das Europäische Parlament mit der Mehrheit seiner Mitglieder und der Rat mit qualifizierter Mehrheit.

Artikel I-37 Durchführungsrechtsakte

(1) Die Mitgliedstaaten ergreifen alle zur Durchführung der verbindlichen Rechtsakte der Union erforderlichen Maßnahmen nach innerstaatlichem Recht.

(2) Bedarf es einheitlicher Bedingungen für die Durchführung der verbindlichen Rechtsakte der Union, so werden mit diesen Rechtsakten der Kommission oder, in entsprechend begründeten Sonderfällen und in den Fällen nach Artikel I-40, dem Rat Durchführungsbefugnisse übertragen.

(3) Für die Zwecke des Absatzes 2 werden durch Europäisches Gesetz im Voraus allgemeine Regeln und Grundsätze festgelegt, nach denen die Mitgliedstaaten die Wahrnehmung der Durchführungsbefugnisse durch die Kommission kontrollieren.

(4) Die Durchführungsrechtsakte der Union ergehen in der Form von Europäischen Durchführungsverordnungen oder Europäischen Durchführungsbeschlüssen.

Artikel I-38 Gemeinsame Grundsätze für die Rechtsakte der Union

(1) Wird die Art des zu erlassenden Rechtsakts von der Verfassung nicht vorgegeben, so entscheiden die Organe darüber von Fall zu Fall unter Einhaltung der geltenden Verfahren und des Grundsatzes der Verhältnismäßigkeit nach Art. I-11.

(2) Die Rechtsakte sind mit einer Begründung zu versehen und nehmen auf die in der Verfassung vorgesehenen Vorschläge, Initiativen, Empfehlungen, Anträge oder Stellungnahmen Bezug.

Artikel I-39 Veröffentlichung und Inkrafttreten

(1) Europäische Gesetze und Rahmengesetze, die nach dem ordentlichen Gesetzgebungsverfahren erlassen wurden, werden vom Präsidenten des Europäischen Parlaments und vom Präsidenten des Rates unterzeichnet.

In den übrigen Fällen werden sie vom Präsidenten des Organs, das sie erlassen hat, unterzeichnet.

Die Europäischen Gesetze und Rahmengesetze werden im Amtsblatt der Europäischen Union veröffentlicht und treten zu dem durch sie festgelegten Zeitpunkt oder anderenfalls am zwanzigsten Tag nach ihrer Veröffentlichung in Kraft.

(2) Europäische Beschlüsse, die an keinen bestimmten Adressaten gerichtet sind, sowie Europäische Verordnungen werden vom Präsidenten des Organs, das sie erlassen hat, unterzeichnet.

Europäische Beschlüsse, die an keinen bestimmten Adressaten gerichtet sind, sowie Europäische Verordnungen werden im Amtsblatt der Europäischen Union veröffentlicht und treten zu dem durch sie festgelegten Zeitpunkt oder anderenfalls am zwanzigsten Tag nach ihrer Veröffentlichung in Kraft.

(3) Andere als die in Absatz 2 genannten Europäischen Beschlüsse werden denjenigen, für die sie bestimmt sind, bekannt gegeben und durch diese Bekanntgabe wirksam.

Immanente Grenzen der Aufnahmefähigkeit der Europäischen Union

Konrad Scorl

I. Willkommen im Club?

Seit der Gründung der Montanunion gehört die Aufnahme neuer Mitgliedstaaten zu den von den europäischen Gründungsverträgen vorgesehenen Handlungsoptionen.[1] Zuletzt wurden am 1. Mai 2004 Estland, Lettland, Litauen, Malta, Polen, die Slowakei, Slowenien, die Tschechische Republik, Ungarn und Zypern als vollwertige Mitglieder in die Europäische Union (EU) aufgenommen. Die EU umfasst nunmehr insgesamt 25 Mitglieder. Das äußerst kontroverse Für und Wider zu dieser größten Erweiterungsrunde in der Geschichte Europas ist noch nicht verklungen, da scheint die Warteschlange zur „Euromutter Binnenmarkt" immer länger zu werden.

Hinter der kontroversen Diskussion um die Mitgliedschaft der Türkei[2] verstecken sich mit Rumänien und Bulgarien (Anträge vom 22. Juni 1995 bzw. vom 14. Dezember 1995) zwei bereits gekürte Kandidaten, deren Beitrittsoption 2007 heißt. Die Beitrittsverträge wurden am 25.04.2005 unterschrieben. Mit Kroatien als erstem Land des westlichen Balkans[3] und Mazedonien[4] bemühen sich zwei weitere Staaten um alsbaldige Aufnahme in die Wohlstandsunion. Zuvor möchte am liebsten noch Präsident *Boris Tadic* die Staatenunion Serbien-Montenegro in die EU führen. Auch Marokko wollte einen Weg in die EU-Integration finden (Antrag bereits 1987), wird jedoch als außereuropäischer

1 Näher *Lippert*, Von Kopenhagen bis Kopenhagen, in: Aus Politik und Zeitgeschichte, 2/2003, S. 7.

2 Beitrittsantrag bereits am 14. April 1987 eingereicht. Beitritt frühestens 2014, Beginn der ergebnisoffenen Beitrittsverhandlungen am 3. Oktober 2005.

3 Beitrittsgesuch vom 21. Februar 2003; Aufnahme frühestens 2007, spätestens aber 2009.

4 Empfehlung der Kommission über Aufnahme von Beitrittsverhandlungen für Ende 2005 erwartet.

Staat nicht beitreten können.[5] Für diese Länder scheint die EU noch nicht viel von ihrer Anziehungskraft verloren zu haben. Auch Island will im Frühjahr 2007 in einer Volksabstimmung über einen Beitrittsantrag zur EU entscheiden. Das Umdenken in Reykjavik könnte auch für die norwegische Haltung zur EU Folgen haben, denn beide Staaten sind aus ähnlichen Gründen (bisherige Fischereipolitik der EU) ferngeblieben und bestärken sich traditionell in ihrer Haltung wechselseitig.[6]

Neuerdings klopft nun auch die Ukraine selbstsicher an das Eurotor. Zwar haben alle es erwartet, sehr viele in Brüssel haben es sogar ausdrücklich befürchtet. Denn kaum hatte der Wunschkandidat des Westens, *Viktor Juschtschenko*, die Präsidentschaftswahlen zu Hause gewonnen, formuliert er geradezu berstend vor Selbstbewusstsein: „Unser strategisches Ziel ist der Beitritt zur Europäischen Union. Ich sehe die Ukraine in nicht allzu ferner Zukunft im vereinten Europa". Sein Ziel sei es, bereits 2007 Beitrittsverhandlungen mit der EU aufzunehmen.[7] Wen wundert dies? Hatte doch wenige Tage zuvor das Europäische Parlament sich mit überwältigender Mehrheit (467 gegen 19 Stimmen) dafür eingesetzt, der „Ukraine eine klare europäische Perspektive zu geben, die möglicherweise zur Mitgliedschaft führt"[8].

Gestärkt durch dieses nicht zu übersehende politische Signal lautet *Juschtschenkos* Wunschbild, er wolle nicht nur „innerhalb eines Jahres die Ukraine zum modernsten Markt Europas" gestalten, sondern er werde sein Land mit einem Fünfjahresplan, mit entschlossenen demokratischen und wirtschaftlichen Reformen „fit für die EU" machen. Denn die Ukraine wolle alles tun, um die „Kopenhagener Aufnahmekriterien" zu erfüllen, schon 2007 könne sein Staat Beitrittskandidat der EU werden.[9] In diesem Zusammenhang interessiert, dass einem Bericht der Europäischen Kommission zufolge Kroatien die politischen und wirtschaftlichen Voraussetzungen der vom ukrainischen Staatschef zitierten „Kopenhagener Kriterien" bereits erfüllt.[10]

---

5 Treffend etwa *Streinz*, Europarecht, 6. Aufl., Heidelberg 2003, Rdnr. 82, es sei denn Art. 49 Absatz 1 des EU-Vertrages würde geändert.

6 Die Norweger haben schon zweimal einen Beitritt in einem Referendum abgelehnt; näher *o. V.*, Will Island der EU beitreten?, in: Frankfurter Allgemeine Zeitung vom 26.02.2005.

7 Vgl. *o. V.*, So viel Freundschaft war nicht vorgesehen, in: Stuttgarter Zeitung vom 27.01., 24.02. und 10.03.2005.

8 Vgl. *o. V.*, „EU-Perspektive für die Ukraine", in: Frankfurter Allgemeine Zeitung vom 15.01.2005.

9 Stuttgarter Zeitung (Fn. 7).

10 Zusammenstellung dazu o. V., in: „Aktueller Stand"; http://www.eu-kommission.de/-html/mehr_europa/-aktueller_-stand.asp (01.04.2005).

Unterliegt *Viktor Juschtschenko* der utopischen Vision eines euphorisierten Wahlgewinners oder formuliert er eine rechtlich und daher auch politisch für sein Land machbare Realität? Welches sind, orientiert allein am objektiven Maßstab des geltenden Europarechts, die zwingenden, von allen Aspiranten gleichermaßen zu erfüllenden juristischen Beitrittsvoraussetzungen für eine Aufnahme in die Europäische Union? Zur Versachlichung der Meinungsbildung soll im Folgenden ein Überblick über die juristischen Bedingungen und die kulturell-historischen Hintergründe einer „Eintrittskarte zur EU" gegeben werden. Dies setzt zunächst ein Verständnis über die rechtliche Struktur der Europäischen Union und das zur Vereinfachung erdachte Säulenmodell des Europäischen Hauses voraus.

II. Die rechtliche Struktur der Europäischen Union

Bislang ist der Ausdruck „Europäische Union" völkerrechtlich lediglich die Funktionsbezeichnung für bestimmte institutionalisierte Formen der politischen Kooperation nach Maßgabe des so genannten Vertrages von Maastricht.[11] Grundlage des europäischen Einigungsprozesses waren und sind die ihrerseits rechtsfähigen Völkerrechtssubjekte der drei „Europäischen Gemeinschaften"[12]. Die „EU" ist ein auf den Bauelementen dieser völkerrechtlichen Gründungsverträge fußendes, im EU-Vertrag (Art. 1 Absatz 3) durch die Absprache politischer Zusammenarbeit (gemeinsame Außen- und Sicherheitspolitik: die „GASP", polizeiliche und justizielle Zusammenarbeit: die „PJZS") erweitertes, nichtrechtsfähiges Gebilde eigener Art, das vom Bundesverfassungsgericht begriffsschöpferisch als (nichtrechtsfähiger) „Staatenverbund" charakterisiert wurde.[13] Die EU selbst besitzt gegenwärtig weder Völkerrechtsfähigkeit noch Privatrechtsfähigkeit, insbesondere stellt sie keine eigenständige internationale Organisation, wie beispielsweise die „UNO" oder der „Europarat", dar.

Häufig wird zur plastischen Darstellung dieser für den Rechtslaien völlig unverständlichen Struktur der EU das Bild einer Art Tempelkonstruktion ver-

---

11 Richtig „Vertrag über die Europäische Union" vom 07.02.1922, in Kraft seit dem 01.11.1993.

12 1951 der „Pariser Vertrag" mit der Europäischen Gemeinschaft für Kohle und Stahl („Montanunion", kurz: „EGKS"), beendet 2002; 1957 die zeitlich unbegrenzten „Römischen Verträge" mit der Europäischen Wirtschaftsgemeinschaft und der Europäischen Atomgemeinschaft, der „EWG" und der „EAG" (auch „Euratom").

13 BVerfGE 89, S. 155.

wendet.[14] Das Dach, das aus den "Gemeinsamen Bestimmungen" und den "Schlussbestimmungen" des EU-Vertrages besteht, wird von drei Säulen getragen.[15]

1. Säule: Die (jetzt seit 2002 noch) zwei Europäischen Gemeinschaften mit ihrem supranationalen „Gemeinschaftsrecht", insbesondere die „EG" (frühere „EWG", Bezeichnung in „EG" geändert ab 01.11.1993) mit dem Binnenmarktkonzept und den „begehrten" Marktfreiheiten der Wohlstandsunion (Waren-, Personen-, Dienstleistungs- und Kapitalverkehrsfreiheit) des EG-Vertrages (Art. 14 Absatz 2 EGV).

2. Säule: Die Regierungszusammenarbeit im Bereich der gemeinsamen Außen- und Sicherheitspolitik („GASP"; Art. 11 ff. EUV).

3.Säule: Die polizeiliche und justizielle Regierungszusammenarbeit in Strafsachen („PJZS"; Art. 29 ff. EUV).

Die Handlungsmöglichkeiten der einzelnen EU-Organe[16] in den drei Säulen sind unterschiedlich ausgeprägt. Während beispielsweise die Kommission in der „ersten supranationalen Säule" das alleinige Initiativrecht besitzt, hat sie in den anderen beiden Säulen – neben den Mitgliedstaaten – lediglich ein gleichberechtigtes Vorschlagsrecht.[17]

---

14 Vgl. *König/Haratsch*, Europarecht, 4. Aufl., München 2003, S. 2.

15 Teilweise wird auch in 5 Säulen differenziert; etwa *Geiger*, EUV/EGV Kommentar, 3. Aufl., München 2000, S. 7; *König/Haratsch* (Fn.14), S. 2; *Streinz* (Fn.5), Rdnr. 68 ff.: Mit der Auflösung der EGKS (befristet bis 2002) hat sich die hier aufgenommene Differenzierung in „drei Säulen" durchgesetzt. Mit Inkrafttreten des Verfassungsvertrages würden die Säulen zu einer dann rechtsfähigen EU fusioniert.

16 Genau genommen sind es die Organe der EG gem. Art. 7 EGV. Denn mangels Rechtsfähigkeit kann die EU als solche, juristisch akribisch betrachtet, keine eigenen Organe besitzen.

17 Vgl. dazu näher *o. V.*, Die Politikfelder der EU, in: http://www.europaspiegel.de/index/artikel303/page114/1 (30.03.2005).

III. Die „Kopenhagener Kriterien"

Einen außerordentlichen Gesichtspunkt der Außenbefugnisse der Europäischen Union stellt die für jeden europäischen Staat vorgesehene Möglichkeit dar, der Europäischen Union als neues Mitglied beizutreten.[18] Allerdings ist, wie bereits dargestellt, die EU als solche keine rechtsfähige internationale Organisation. Folgerichtig kann ihr, wiederum juristisch ganz genau genommen, im organisationsrechtlichen Sinne gar nicht, gewissermaßen „auf einmal", beigetreten werden. Daraus folgt, „Mitglied-der-Union-Werden" bedeutet den Beitritt zum einen jeweils zu den zwei rechtsfähigen supranationalen Europäischen Gemeinschaften und zum anderen die gleichzeitige kooperative intergouvernementale Beteiligung bei der gemeinsamen Außen- und Sicherheitspolitik und der polizeilichen und justiziellen Zusammenarbeit in Strafsachen. Ein Beitritt „à la carte" ist nicht zulässig.[19] Daraus folgt, ein partieller Beitritt zur EG (bis zum 1.11.1993 „EWG"), etwa allein um Willen einer ausschließlich begehrten Beteiligung am EG-Binnenmarkt der „Wohlstandsunion" oder eine Teilmitgliedschaft allein im System der GASP, ist daher nicht möglich.

Die materiellen Bedingungen, ob es überhaupt zu einem Beitrittsverfahren kommen könnte (rechtliche Beitrittsvoraussetzungen) legt der Vertrag über die Europäische Union (EUV) in seinem Beitrittskonzept des Artikel 49 in Verbindung mit Art. 6 Absatz 1 zwingend fest: Danach kann jeder *europäische Staat, der die Grundsätze von Freiheit, Demokratie, der Rechtsstaatlichkeit sowie die Menschenrechte achtet* (Aspekt der „Verfassungsstaatlichkeit"), Mitglied der Union werden. Diese weit gefassten Bedingungen hat der Europäische Rat[20] in seinen Kopenhagener Schlussfolgerungen vom 22. Juni 1993[21] ergänzt und konkretisiert, und die Staats- und Regierungschefs haben sich auf eine Reihe von Voraussetzungen geeinigt, die von jedem Kandidatenland erfüllt werden müssen, um der EU beitreten zu können.[22] Dieser Kopenhagen-Konsens umfasst politische und wirtschaftliche Kriterien sowie die Forderung der effektiven

---

18 Dazu näher *Oppermann,* Europarecht, 2. Aufl., München 1999, Rdnr. 1839.

19 So die h. M.; vgl. etwa *Calliess/Ruffert*, Kommentar zu EU-Vertrag und EG-Vertrag, 2. Aufl., Neuwied 2002, Art. 49 EUV Rdnr. 5; *Geiger* (Fn. 15), S. 130; *König/Haratsch* (Fn. 14), Rdnr. 398; *Oppermann* (Fn. 18), Rdnr. 1841; *Streinz* (Fn. 5), Rdnr. 78.

20 Gem. Art. 4 EUV das Gipfeltreffen der Staats- und Regierungschefs und des Präsidenten der EG-Kommission.

21 Schlussfolgerungen des Europäischen Rates von Kopenhagen, Bull. EG 6-19, I.13.

22 Die sog. „Kopenhagener Kriterien", die Präsident *Juschtschenko* zitierte a.a.O. (Fn. 9); zu den Kriterien eingehend *Bergstein/Schlodder*, in: Sander/Maryška (Hrsg.), Die Europäische Union vor neuen Herausforderungen, Frankfurt am Main u. a. 2005, S. 145 (147 ff.); *Brunn*, Die europäische Einigung von 1945 bis heute, Stuttgart 2002, S. 295; *Geiger* (Fn. 15) S. 130; *Langenfeld*, ZRP 2005, S. 73 ff.

Übernahme der etwa 20.000 europäischen Rechtsakte[23] in nationales Recht. Die Europäische Union verlangt daher von den Beitrittsländern:

Das „politische Kriterium“: Institutionelle Stabilität, demokratische und rechtstaatliche Ordnung, Wahrung der Menschenrechte sowie Achtung und Schutz von Minderheiten.

Das „wirtschaftliche Kriterium“: Eine funktionsfähige Marktwirtschaft und die Fähigkeit, dem Wettbewerbsdruck innerhalb des EU-Binnenmarktes standzuhalten.

Das „Acquis-Kriterium“: Die Fähigkeit, sich die aus einer EU-Mitgliedschaft erwachsenden Verpflichtungen und Ziele zueigen zu machen, das heißt: Übernahme des gemeinschaftlichen Regelwerkes, des „gemeinschaftlichen Besitzstandes“ („Acquis communautaire“, ungefähr 80.000 Seiten Rechtstexte).

Die Erfüllung der politischen Kriterien ist unabdingbare Voraussetzung für das „Ob“ eines späteren Beitrittes. So sollten Beitrittsverhandlungen nur dann eröffnet werden, wenn tatsächlich die volle Erfüllung der politischen Kriterien in Theorie und Praxis zum vorgegebenen Zeitpunkt des Beitritts mit Sicherheit erwartet werden kann. Insbesondere in Hinblick auf die Beitrittsdiskussionen zur Türkei hat der Europäische Rat dies wiederholt ausdrücklich festgestellt.[24] Ungeachtet der durchaus beeindruckenden Anstrengungen der Türkei hinsichtlich der Umsetzung der Kopenhagener Kriterien bleibt es aus heutiger Sicht unklar, ob die Türkei den Prozess der Europäisierung, wie er für einen Beitritt zwingend erforderlich ist, tatsächlich wird bis zum Ende durchlaufen können. Denn dies setzt voraus, dass die Türkei tatsächlich gewillt ist, ganz in Europa aufzugehen. Dabei muss sie sich nicht nur in ihren Eliten, sondern auch in der gesamten Bevölkerung bewusst machen, welche enorme Relativierung des klassischen Nationalstaates das europäische Projekt darstellt.[25] Denn es macht keinen Sinn, wenn die Elite vorangeht, das Volk aber nicht folgen will.

Hat ein europäischer Anwärterstaat die Anforderungen an Rechtsstaatlichkeit, Demokratie und Menschenrechtsschutz erfüllt, ist ein Beitritt grundsätzlich

---

23 Verordnungen, Richtlinien und Entscheidungen des Ministerrates bzw. der Kommission der EG, dazu näher statt vieler *Calliess/Ruffert* (Fn. 19); Art. 249 EGV, Rdnr. 13.

24 Vgl. dazu die Schlussfolgerungen des Europäischen Rates von Helsinki 1999, Bull. EG 12-1999, I. 3. und Kopenhagen Bull. EG 12-2002, I.6 KOM (2004) 6562, 2 f.

25 Kritisch zur Beitrittsfähigkeit der Türkei *Langenfeld* (Fn.22); S. 74; vgl. dazu auch *Bergstein/Schlodder* (Fn. 22), S. 145 ff.; *Riemer*, Die Türkei und die Europäische Union, in aus Politik und Zeitgeschichte, 11/2003, S. 40 ff.

denkbar. Die weitere Erfüllung der wirtschaftlichen Bedingungen spätestens zum Beitrittsdatum ist Bedingung für den Abschluss umfangreicher Verhandlungen.[26] Die strikte Einhaltung aller Beitrittskriterien dient dazu, den Beitrittsprozess zu objektivieren, indem sie Maßstäbe für die Annäherung eines Bewerberstaates an die EU liefern.[27] Im Dezember 1995 bestätigte der Europäische Rat von Madrid die Kopenhagener Kriterien und ergänzte: Die Mitgliedschaft bedinge ebenfalls, dass das Bewerberland die Voraussetzungen für seine Eingliederung durch die vorherige Anpassung seiner Verwaltungsstrukturen geschaffen hat.[28] Es ist wichtig, dass die Gesetzgebung der Europäischen Gemeinschaft in die nationale Gesetzgebung übernommen wird; noch wichtiger ist jedoch, dass sie über geeignete administrative und justizielle Strukturen effektiv umgesetzt wird. Dies ist eine Voraussetzung für das gegenseitige Vertrauen, das die EU-Mitgliedschaft erfordert. Der gemeinschaftliche Besitzstand umfasst also nicht nur das Gemeinschaftsrecht im engeren Sinne, sondern auch alle Rechtsakte, die im Rahmen des zweiten und dritten Pfeilers der Union erlassen werden, sowie die in den Verträgen festgeschriebenen gemeinsamen Ziele.[29] Denn die Union hat sich zum Ziel gesetzt, den gemeinschaftlichen Besitzstand zu wahren und auszubauen.

IV. Das Beitrittsverfahren

Das Verfahren[30] wird durch den Beitrittsantrag des Drittstaates, gerichtet an den Rat der EU[31] eingeleitet. Nach einer vorläufigen Stellungnahme der Kommissi-

26 Das Acquis-Kriterium hingegen dürfte zum Beitrittsdatum eines neuen Mitgliedstaates nur eingeschränkt erfüllt sein, wie es die große Zahl von Übergangsregelungen widerspiegelt; dazu etwa *Lippert* (Fn.1), S. 10.

27 Näher dazu *Kreile*, Die Osterweiterung der Europäischen Union, in: Die Europäische Union, Bonn 2004, S. 658.

28 Vgl. *o. V.*, in www.eiz-niedersachsen.de/ewb/themeninfo (28.04.2005).

29 Zum Begriff und zum Umfang des primären und sekundären Europarechts siehe beispielhaft *Herdegen*, Europarecht, 6. Aufl., München 2004, Rdnr. 1 ff.; *Oppermann* (Fn. 18), Rdnr. 464 ff.

30 Das Beitrittsverfahren lässt sich grob in zwei Stufen einteilen; vgl. dazu Art. 49 Absatz 1 bzw. Absatz 2 EUV.

31 Genau betrachtet den „Ministerrat der Gemeinschaften" als einem der Hauptorgane der EG gem. Art. 7 EGV.

on beschließt der Rat, in Verhandlungen mit dem Drittstaat einzutreten. Dabei wird zunächst das beitrittswillige Land geprüft, inwieweit seine Gesetzgebung mit den gemeinschaftlichen Rechtsvorschriften vereinbar ist. Diese Bewertung („Screening“) wird gemeinsam von der Kommission und dem jeweiligen beitrittswilligen Land vorgenommen. Für jeden Bereich wird in 31 Kapiteln eine Übersicht der Rechtsakte aufgestellt, die der künftige Mitgliedstaat annehmen oder ändern muss, damit sein Recht möglichst rasch nach dem Beitritt mit dem gemeinschaftlichen Besitzstand vereinbar ist.[32]

Der Beitrittsvertrag mit allen seinen Einzelheiten wird ausgehandelt. In der Aufnahmepraxis geschieht dies in Regierungskonferenzen der Mitgliedstaaten unter dem Vorsitz des Ratspräsidenten mit dem Beitrittskandidaten. Auf Vorschlag der Kommission legt der Rat jeweils die Haltung der EU fest. Hierbei kann auch die Kommission zu Verhandlungen über abgegrenzte Probleme ermächtigt werden.[33] Nach Abschluss der Verhandlungen, der Text des Beitrittsvertrages ist nunmehr bereits festgelegt, hört der Rat abschließend die Kommission an. Anschließend entscheidet das Europäische Parlament mit der absoluten Mehrheit seiner Mitglieder, ob es dem Beitritt unter den gegebenen Umständen zustimmt.[34] Schließlich muss der Rat einstimmig beschließen, dem Aufnahmeantrag stattzugeben.[35]

Danach ist den Mitgliedstaaten die Möglichkeit eröffnet, den Beitrittsvertrag abzuschließen. Hierzu unterzeichnen die Vertreter aller Mitgliedstaaten in einer feierlichen Zeremonie den Beitrittsvertrag. Dieser Vertrag kann jedoch erst in Kraft treten, wenn er von jedem Unterzeichnerstaat nach dem in seiner Verfassung vorgeschriebenen Verfahren angenommen („ratifiziert“) wurde.[36] Je

---

32 *Slaby*, Der Entscheidungsprozess über die Aufnahme neuer Mitglieder in die europäische Union, in: http://www.thueringen.de/imperia/md/content/tsk/thringen_brobrssel/3.pdf (28.04.2005), S. 1 ff.

33 Näher dazu etwa *Geiger* (Fn. 15), S. 130 ff.

34 Die Zustimmung bedarf der absoluten Mehrheit der Mitglieder des Parlaments. Dieses Zustimmungserfordernis wurde erst durch die Einheitlich Europäische Akte mit Wirkung vom 1.7.1987 in den damaligen EWG-Vertrag eingefügt und später in den Unionsvertrag übernommen; vgl. Art. 49 Absatz 1 Satz 2 EUV. Das Europäische Parlament kann somit den Beitritt eines neuen Mitgliedstaates verhindern.

35 Dieser Beschluss hat nur gemeinschaftsinterne Wirkung; str. näher *Geiger* (Fn.15), S. 131 mwHinw.

36 Die „Ratifikation“ ist das Verfahren, durch das der Vertragspartner eines völkerrechtlichen Vertrages völkerrechtlich an ihn gebunden wird. Bei der innerstaatlichen Ratifikation geht es um die entsprechende Beteiligung der innerstaatlichen Organe; Stichwort „Ratifikation“, in *Alpmann* Brockhaus Fachlexikon Recht, Mannheim 2004, S. 1037. In diesem Zusammenhang siehe auch Art. 52 EUV und Art. 313 EGV.

nach juristischer und geschichtlicher Tradition der einzelnen Länder unterscheiden sich die hierfür von den Verfassungen vorgesehenen Verfahren:

Parlamentarisches Verfahren: Der Text wird mit einem Gesetz zur Ratifizierung (so etwa nach Deutschem Verfassungsrecht) von den nationalen Parlamenten angenommen.

Volksabstimmung: Die Bürgerinnen und Bürger werden in einer Volksabstimmung (auch „Referendum") direkt aufgefordert, sich für oder gegen den Vertragstext auszusprechen.

Je nach Land kann es zudem Abweichungen von diesen beiden Verfahren oder aber Kombinationen derselben geben, beispielsweise wenn die Ratifizierung des Vertrags vorab eine Änderung der einzelstaatlichen Verfassung erforderlich macht. Der Beitritt wird erst bindend, wenn die Ratifikationsurkunden des Beitrittsvertrages sämtlicher 25 Mitgliedstaaten und des Beitrittskandidaten bei der italienischen Regierung hinterlegt sind.[37] Gemäß Art. 59 Absatz 1 Satz GG wird das Beitrittsabkommen für Deutschland durch den Bundespräsidenten ratifiziert. Allerdings darf der Präsident das Abkommen erst unterzeichnen, wenn der Bundestag unter der erforderlichen Mitwirkung des Bundesrates dem Beitrittsvertrag durch ein formelles Bundesgesetz zugestimmt hat.[38]

V. Die Beitrittswirkungen

Die Beitrittsländer haben den gemeinschaftlichen Besitzstand zum Zeitpunkt des Beitritts umzusetzen. Die in den Verhandlungen eingegangenen Verpflichtungen

---

37 Zur Zuständigkeit der Hinterlegung im Archiv der Regierung der italienischen Republik siehe Art. 53 Absatz 1 EUV sowie Art. 314 Absatz 1 EGV. Er tritt danach an dem in dem Vertrag vorgesehenen Tag in Kraft. Es sind also ein gemeinschaftsrechtlicher und ein völkerrechtlicher Teil des Beitrittsverfahrens zu unterscheiden; treffend hierzu *Streinz* (Fn. 5), Rdnr. 79.

38 Umstritten ist, ob es sich hierbei um ein Gesetz nach Art. 59 Absatz 2 Satz 1 GG, um ein Gesetz nach Art. 23 Absatz 1 Satz 3 GG oder um ein Gesetz analog Art. 23 Absatz 1 Satz 2 GG handelt. Entsprechend unterschiedlich bestimmen sich die Mehrheitsverhältnisse und die Zustimmungsbedürftigkeit im Gesetzgebungsverfahren, vgl. dazu etwa *Detterbeck*, Öffentliches Recht für Wirtschaftswissenschaftler, 4. Aufl., München 2005, Rdnr. 1707 mwHinw.

müssen vor dem Beitritt erfüllt sein. Denn durch den Beitritt rückt der beitretende Staat in die gleichen Rechte und Pflichten ein wie die Unionsstaaten.[39] Bisher sahen die Beitrittsabkommen eine standardisierte Protokollklausel vor, dass sich der neue Mitgliedstaat hinsichtlich der Erklärungen, Entschließungen und sonstigen Stellungnahmen, die von den Mitgliedstaaten im gegenseitigen Einvernehmen angenommen wurden, in derselben Lage wie die derzeitigen Mitgliedstaaten befindet.

Daher übernimmt der Beitretende grundsätzlich die uneingeschränkte Stellung eines Mitgliedes der Union (2. und 3. Säule) einschließlich der beiden supranationalen Gemeinschaften (1. Säule). Insbesondere muss ein neuer Kandidat den Rechtsbestand der EU („Acquis communautaire“) mit dem Tag des Beitritts komplett übernehmen. In einer in dem Beitrittsvertrag etwa bestimmten Übergangszeit sind ausnahmsweise Abweichungen (beispielsweise Nichtgeltung der Arbeitnehmerfreizügigkeit) nur zulässig, soweit sie in den Übergangsbestimmungen ausdrücklich vorgesehen sind.[40] Die EU ist jedoch bemüht, die Zahl solcher Übergangsregelungen möglichst klein zu halten, um das Funktionieren des Binnenmarktes und der in der EU „vergemeinschafteten“ Politikbereiche[41] zu gewährleisten.

VI. EU-immanente Grenzen der Erweiterungsfähigkeit

Die Schweiz, Liechtenstein und Norwegen hatten bereits in der Vergangenheit den Beitritt zur Europäischen Union beantragt. Norwegen hat sein Beitrittsgesuch allerdings bereits zwei Mal, 1972 und 1994, jeweils nach einem negativen Referendum, zurückgenommen. Die Beitrittsgesuche der Schweiz und Liechtensteins wurden nach dem Referendum im Jahr 1992 zurückgezogen, bei dem die Schweiz entschieden hatte, nicht am Europäischen Wirtschaftsraum teilzunehmen.

Auf den ersten Blick gestalten sich die von den verschiedenen Kandidaten geforderten Beitrittsbedingungen an sich für alle gleich. Für Norwegen und die Schweiz ebenso wie für Rumänien, Bulgarien, Kroatien, die Türkei oder für *Juschtschenkos* Ukraine gelten die Kopenhagener Kriterien. So muss es sich um den Beitritt eines *„europäischen“* Staates handeln. Die Frage, welche Staaten zu

---

39 Näher hierzu etwa *König/Haratsch* (Fn. 14), Rdnr. 705. Der Beitrittsantrag ist bis zur abschließenden Ratifikation rücknehmbar; dazu *Oppermann* (Fn. 18), Rdnr. 1849.

40 Dazu EuGHE 1983, S. 4127; *Geiger* (Fn. 14), S. 132 mwHinw.

41 Die Bereiche, in denen EU/EG im Verhältnis zu den Mitgliedstaaten tätig werden darf.

Europa gehören (wo insbesondere die Ostgrenze Europas liegt), wird seit der Beendigung der politischen Teilung des Kontinents in den Jahren 1989/90 heftig und kontrovers diskutiert (rein geographische versus historisch-kulturelle Interpretation?). Allerdings könnte es angesichts der derzeit 46 Mitgliedstaaten (darunter auch Russland, Ukraine, Georgien, Türkei) der internationalen Straßburger Organisation des Europarates[42], der ebenfalls ausdrücklich nur „europäischen" Staaten offen steht,[43] ohne großen Widerspruch kaum möglich sein, einem auch nur geographisch entfernt in Betracht kommenden Kandidaten diese Eigenschaft abzusprechen und allein aus diesem Grund den Beitritt zu verweigern.

Schon im Assoziierungsabkommen (der damaligen) EWG mit der Türkei vom 12.9.1963 (BGBl. 1964 II S. 510, Art. 28) wurde beispielsweise die Türkei als möglicher Beitrittskandidat und damit als europäischer Staat angesehen[44]. In einer (nur) wörtlich geographischen Interpretation (von „europäisch" in Art. 49 EU-Vertrages) wären beispielsweise nicht nur die Ukraine, sondern auch (noch) die Türkei „europäische" Kandidaten.

Es ist zwar richtig, dass der EU-Vertrag sowie die Verträge der Gemeinschaften in ihren Präambeln den Willen bekunden, weitere europäische Staaten zur Teilnahme an dem Integrationswerk einzuladen; tendenziell versteht sich die EU daher dynamisch im Sinne des „allmählichen Hineinwachsens in ein größeres Europa"[45]. Abgesehen von der geographischen Beschränkung bedeutet ein Beitritt aber vor allem auch eine funktionserhaltende Eingliederung in eine politische Union und in eine Gemeinschaft. Nach der hier vertretenen Auffassung folgt als einer dem Wesen der EU bzw. den Gründungsverträgen immanenten Grenze daraus zwingend, dass die Aufnahme nur unter der grundsätzlichen Wahrung der grundlegenden Finalität und Identität der Gemeinschaft möglich sein kann. Eine EU mit 25 oder mehr Mitgliedern kann nicht mehr auf die gleiche Weise funktionieren wie die drei Europäischen Gemeinschaften zu ihrer Gründung 1952/1958 mit lediglich sechs Mitgliedstaaten. Spätestens mit der Osterweiterung ist die Politik der Neuaufnahme an die Grenzen politischer und administrativer Steuerung gestoßen.[46]

---

42 Nicht selten verwechselt mit dem Europäischen Rat der EU nach Art. 4 EUV oder dem Minister-Rat der EG gem. Art. 202 ff. EVG; zu den Abgrenzungen vgl. beispielsweise *Geiger* (Fn. 15), S. 670 ff.

43 Vgl. Art. 4 der Satzung des Europarates, – EuRat – vom 5. Mai 1949.

44 Vgl. etwa *Geiger* (Fn. 15), S. 129; *Oppermann* (Fn. 18), Rdnr. 1843.

45 So mit Recht *Oppermann* (Fn. 18), Rdnr. 1842; ähnlich *Geiger* (Fn. 15), S. 128.

46 Derzeit ist es mangels administrativer Kapazität beispielsweise noch nicht einmal möglich, Verordnungen und Richtlinien – gem. Art. 249 EGV – und Konferenzen der Organe in die zwanzig aktuellen Amtssprachen zu übersetzen. 80 Dolmetscher, die für jede neue Amtssprache gebraucht werden, stehen nach der Erweiterung nur für Polnisch und Ungarisch zur Verfügung; näher *o. V.*, Wieder Sprachenstreit in Brüssel, in: Frankfurter

Daher geht es nicht nur um die Frage, ob ein im geographischen Sinne vielleicht noch „europäischer“ Kandidat seinerseits, etwa nach Jahren milliardenschwerer Beitrittshilfen, die politischen, wirtschaftlichen und rechtsstaatlichen Kopenhagener Aufnahmekriterien erfüllen könnte, sondern es muss auf der Seite der Union die „Erweiterungsfähigkeit“[47] dazukommen, neue Mitglieder ohne Identitätsverlust aufzunehmen. Denn es gilt, die Stoßkraft der europäischen Integration zu erhalten und ihren inneren Zusammenhalt und ihre grundlegenden Prinzipien zu wahren. Jeder Beitrittsantrag ist somit unter zweierlei Perspektiven zu werten, einer „Außen-„ und einer „Innenperspektive“.[48]

Die Außenperspektive prüft den Beitrittskandidaten, ob er die Kopenhagener Kriterien erfüllt. Mit der Innenperspektive ist die Seite der Union in ihrem gegenwärtigen Bestand im Hinblick auf ihre Erweiterungsfähigkeit in den Prozess der Aufnahmeentscheidung mit einzubeziehen Dabei geht es nicht nur um die Herstellung angemessener organisatorischer und institutioneller Rahmenbedingungen. Ebenso geht es nicht nur um die Vermeidung der wirtschaftlichen Überforderung. Sondern es geht ganz wesentlich um die Erhaltung der Fähigkeit, die Integration noch zu vertiefen, wie es die westeuropäische Gründungsidee der Gründungsverträge gewissermaßen als Geschäftsgrundlage fordert.[49] Der zum Zeitpunkt des Beitritts bereits erreichte Integrationsstand soll nicht zur Disposition gestellt werden. Denn der Vertrag über eine europäische Union stellt expressis verbis „eine neue Stufe bei der Verwirklichung einer immer engeren Union der Völker Europas dar“ (so Art. 1 Absatz 2 EUV). Zu einer „neuen Stufe“ passt keine rückwärtsgewandte Entwicklung.[50]

Allgemeine Zeitung vom 26.02.2005. Vgl. zur Zukunft des Sprachenregimes in einer erweiterten Europäischen Union treffend *Sander* (Fn. 22), S. 59 ff.

47 Begriff bei *Geiger* (Fn. 15), S. 130; siehe auch *Calliess/Ruffert* (Fn. 19), Art. 49 EUV, Rdnr. 5 mwHinw.; zum Begriff einer „europäischen Identität“ vgl. *Nissen*, Europäische Identität und die Zukunft Europas, in: Aus Politik und Zeitgeschichte, 38/2004, S. 21 ff.

48 Diese unionsbezogene immanente Schranke der Kopenhagener Kriterien wird in der Politik zu leicht übersehen; ähnlich wie hier *Langenfeld* (Fn. 22), S. 73.

49 Dazu bereits Fn. 47. Ausführlich zum europäischen Integrationsbegriff vgl. zudem auch *Böttger*, Ziele und Mittel europäischer Integration, Frankfurt am Main 2002, S. 32 ff. mwHinw.; *Weidenfeld,* Europa – aber wo liegt es? In: Die europäische Union, Bonn 2004, S. 15 ff. Im Ergebnis ähnlich wie bei der teleologischen Reduktion der Interpretation von „Ausnahmelücken“ in formellen Gesetzestexten (dazu z.B. *Rüthers,* Rechtstheorie, 2. Aufl., München 2005, Rdnr. 902 ff.) muss nach hier vertretener Ansicht das in Art. 49 EUV in Verbindung mit den Kopenhagener Kriterien aufgestellte Beitrittskonzept der EU nach dem erkennbaren „Geist der europäischen Idee“, wie er rechtshistorisch und teleologisch die Gründungsverträge geprägt hat, eingeschränkt werden.

50 Mit der in den Gründungsverträgen angelegten Dynamik hat die EG die Integration zu ihrem Verfassungsprinzip erhoben. Die Begrifflichkeit „immer engeren Union“ in Art. 1 Absatz 2 EUV gibt das Ziel einer dynamisch fortschreitenden Verdichtung und

Zur Abgrenzung der Europäischen Union kann somit eine rein geographische Interpretation nicht ausreichen. In der Begrifflichkeit „europäisch“ schwingen daher auch politisch-wirtschaftliche Beitrittsvoraussetzungen mit. Ebenso bedeutsam sind die Grenzen, die durch den über viele Jahrhunderte geprägten europäischen Kulturkreis als historisch-kulturelles und geistes-geschichtliches Phänomen bestimmt werden. Denn Europa endet dort, wo die historisch-kulturellen Voraussetzungen für die Schaffung und den Erhalt eines europäischen Wir-Gefühls fehlen.

Dies hat auch mit gemeinsamer Geschichte, gemeinsamer Kommunikation, gemeinsamer Kultur und der insoweit bedingten inneren Homogenität der beteiligten Staaten zu tun. Dieses „Wir-Gefühl“, eine stärkere Identifikation aller (gegenwärtigen und zukünftigen) Mitgliedstaaten ist die einzig mögliche, umfassende Basis, als Schicksals- und Verantwortungsgemeinschaft, die künftigen Voraussetzungen gemeinsam in Angriff zu nehmen.[51] Jede Gemeinschaft braucht ein Miteinander, eine Zusammengehörigkeit, die wesentlich vom Zweck des Zusammenschlusses geprägt wird.

Erinnert sei hierbei nicht zuletzt an die oft zitierte „berühmte“ Rede an die „akademische Jugend“ des Kriegspremiers *Sir Winston Churchills* am 19. September 1946 in der überfüllten Aula der Züricher Universität, in der er postulierte: „I wish to speak to you today about the tragedy of Europe. We must build a kind of United States of Europe. The first step, and that is the recreation of the European family, must be a partnership between France and Germany. We hope to reach again a Europe in which men will be as proud to say: ‚I am a European‘, as once they were to say: ‚civis romanus sum‘“.[52]

In seinen Memoiren kommentierte *Churchill* diesen Passus seiner Züricher Rede später seinem Freund Präsident *Truman* gegenüber damit, dass ein umfassender Zusammenschluss von Staaten nur dann von Dauer sein könne, wenn er sich auf zusammenhängende, natürliche Gruppierungen stützt und bezogen auf den Bau eines Europäischen Nachkriegshauses fährt er fragend fort: „Warum sollte es nicht eine Gruppe (von Staaten, Anm. des Verfassers) geben, die den gequälten Völkern des unruhigen und mächtigen europäischen Kontinents ein

---

Vertiefung der Integration vor; treffend *Calliess/Ruffert* (Fn. 19), Art. 1 EUV Rdnr. 6, 17 ff., und verbietet den Beitritt integrationshemmender Anwärterstaaten.

51 Mit Recht auch *Bickel*, wenn er herausstellt, das Europa nicht geographisch, sondern durch den europäischen Kulturkreis abzugrenzen sei, in Akademie 4/2004, S. 99 f.; zum „Wir-Gefühl“ bereits *Scorl,* Brauchen „wir“ eine „Europäische Verfassung“?, in: Journal I/2004, Mitteilungen des Hochschulbundes Nürtingen-Geislingen I/2004, S. 24 (26).

52 Statt vieler vgl. ausführlich *Brunn* (Fn. 22), S. 1 ff. Näher zum exklusiven Symbol der europäischen Identität vgl. *Scorl*, in Akademie 4/2004, S. 102 ff.

umfassenderes Gefühl der Vaterlandsliebe und der Zusammengehörigkeit verleiht?".[53]

Ohne ein solches „Wir-Gefühl" fehlt die Bindungskraft, die die EU zu einer Einheit formt. Daher sollte bei der verantwortungsbewussten Prüfung in Bezug auf den Charakter als ein auch in diesem Sinne „europäischer" Kandidat nicht ausgewichen werden, welche Abweichungen von der kulturellen Homogenität und dem inneren Zusammenhalt der in der Union zusammengeschlossenen Völker die Neuaufnahme bedingten würde. Somit spielt es unter dem Blickwinkel der Identitätswahrung und der Integrationsfähigkeit, der Auswirkungen auf die Union selbst, auf ihre innere Ordnung und ihren Zusammenhalt schon eine Rolle, wer an die Tür der Europäischen Union klopft. Der Wesenserhalt der EU wirkt gleichsam als immanente Beitrittsgrenze. Hinsichtlich der Folgewirkungen westeuropäischen Gründungsidee – gemeinsamer Souveränitätsgewinn durch nationalen Souveränitätsverlust – für die bestehende Union ist daher eine länderspezifische Differenzierung bei an sich formal gleich vorliegenden Kopenhagener Kriterien unumgänglich.

Dazu kommt, dass es auch bei Vorliegen aller Beitrittsbedingungen keinen (wo auch dann einklagbar?) rechtlichen Anspruch auf Aufnahme in die Europäische Union (und die zwei Gemeinschaften) gibt. Auch die so genannten „Europa-Abkommen" (vorbereitende Assoziierungsabkommen mit einem Anwärterstaat) schreiben nicht etwa einen Anspruch auf Beitritt fest.[54] Sie regeln vor allem die Entwicklung zu einem freien Handelsverkehr innerhalb eines Zeitraumes von zehn Jahren, so geschehen bei den Beitritten zur Osterweiterung zum 1. Mai 2004. Wer aufgenommen werden könnte, diese Frage unterliegt einer letztlich nicht justitiablen politischen Entscheidung und sie lässt sich wohl nur im konkreten Fall beantworten.[55] Präsident *Juschtschenko* täuscht sich daher, wenn er mit dem Ausruf „Niemand kann uns auf dem Weg nach Europa aufhalten" den „Anspruch seines Landes" auf eine rasche Aufnahme von Beitrittsverhandlungen hervorhebt.[56]

---

53 *Winston S. Churchill*, Der Zweite Weltkrieg, 2. deutschsprachige Neuauflage, Frankfurt am Main 2003, S. 1105 ff.

54 Näher dazu *Oppermann* (Fn. 18), Rdnr. 1893.

55 Zwar sind die Kopenhagener Kriterien geltendes Völkerrecht. Ihre Einklagbarkeit dürfte jedoch kaum justitiabel sein; näher *Bruha/Vogt*, VRÜ 1997, S. 477 (490 ff).

56 Vgl. *o. V.*, Juschtschenko will von 2007 an verhandeln, in: Frankfurter Allgemeine Zeitung vom 24.02.2005. „Als unabhängiger Staat ist die Ukraine noch nicht einmal im Teenageralter", so lautete hingegen noch die im April 2001 geäußerte Einschätzung des damaligen Vorsitzenden des nationalen Sicherheitsrates der Ukraine *Yevhen Marchu*, zitiert nach *Kempe*, Die Europäische Union und die Ukraine, in: Die Europäische Union, Bonn 2004, S. 503.

Die Frage, wer aufgenommen werden könnte und sollte, unterliegt, wie bereits erwähnt, einer letztlich nicht justitiablen politisch einstimmigen Entscheidung des Rates, des europäischen Parlamentes (absolute Mehrheit) und einstimmig aller gegenwärtigen Mitgliedstaaten und sie lässt sich wohl nur im konkreten Fall beantworten.[57] Soll die EU als Rechtsgemeinschaft glaubwürdig sein, muss diese politische Bewertung aber ernst genommen und nach objektiven Kriterien in gleicher Weise allen Beitrittskandidaten gegenüber erfolgen.[58]

Denn jede Neuaufnahme verlangt eine Einzelprüfung und findet ihre Grenze im Postulat der Wahrung der grundlegenden Identität, Finalität und dem Selbstverständnis der EU. Mit der Zahl der Mitglieder sind die Anforderungen an die Qualität der neuen Staaten gewachsen. Dies sollte der politische Abwägungsprozess im Rat, in der Kommission und in den Ratifizierungsverfahren eines jeden neuen Beitrittsverfahrens zur Vermeidung einer grundlegenden Veränderung der Identität der Union bzw. der Gemeinschaften deutlich mehr als bisher einbeziehen. Wer will die kulturelle Einheit und die abendländische Kultur des europäischen Kontinents leugnen?[59]

VII. Im Zweifel gegen den Kandidaten

Dass ein Kandidat die Kopenhagener Kriterien erfüllt ist somit eine zwar notwendige aber keine hinreichende Beitrittsvoraussetzung. Unabhängig davon ist jede Neuaufnahme in die EU im Zusammenhang mit den Vorstellungen der daraus entstehenden bzw. veränderten künftigen Gestalt Europas zu sehen. Denn das europäische Einigungswerk darf nicht in Frage gestellt werden. Anderenfalls droht ein Rückschritt von der „EG" zur „EWG", und die politische Union degeneriert mittelfristig zu einer Art Freihandelszone besonderer Art, die sich letztlich bis zu einem Parallelprogramm zum Europarat mit bis zu 46 Staaten „auf-

57 Dazu *Nettesheim*, EuR 1978, S.12, S. 36 ff.; *Oppermann* (Fn. 18), Rdnr. 1842 mwHinw.; *Streinz* (Fn. 5), Rdnr. 79.

58 Treffend *Streinz* (Fn. 5), Rdnr. 78.

59 Beispielhaft zur Idee der europäischen Gründungsväter *Hallstein*, Die europäische Gemeinschaft, 2. Aufl., Düsseldorf 1974, 13 f. *Hallstein* wörtlich Seite 14: „Die europäische Einigung ist ein organischer Vorgang, der eine in Kultur, Wirtschaft und politischem Bewusstsein lange angelegte, eine bereits vorhandene strukturelle Einheit in eine definitive politische Form übersetzt." Ob die Türkei und auch die Ukraine diesem klassischen Ideal der Gründungsväter entsprechen, ist nach hier vertretener Ansicht in Frage zu stellen.

blähen" könnte[60]. Denn eine unbeirrbare Erweiterung der EU birgt, wie der Untergang verschiedener Großreiche in der Vergangenheit belegt, die Gefahr einer Art „imperial overstretch" mit dem entsprechenden Negativ-Szenario[61].

Sollte dies wirklich dem Traum der Gründungsväter, eines *Jean Monnets, Robert Schumanns, Konrad Adenauers, Otto von Habsburgs, Walter Hallsteins, Giscard de Estaing* oder *Helmut Kohls* von der fortschreitenden europäischen Integration entsprechen? Der Zielkonflikt zwischen Vertiefung und Erweiterung der Integration bedingt, dass jedenfalls vor In-Kraft-Treten (Ratifikation durch alle 25 Mitgliedstaaten) des Verfassungsvertrages[62] nach hier vertretener Auffassung kein einziger neuer Kandidat in die „EG/EU-Familie" aufgenommen werden sollte.

Was die Ukraine betrifft, ist es hierzu noch nicht zu spät. In Bezug auf die Beitritte von Bulgarien und Rumänien wird dies allerdings angesichts des gegenwärtigen Verfahrensstands wohl illusorisch bleiben. Hier sind führende Europapolitiker unter den europäischen Regierungschefs bereits ein sehr hohes rechtspolitisches Risiko eingegangen. Denn sie haben über die Herzen und Köpfe ihrer Bürger hinweg eine Erweiterungspolitik losgetreten, die die klassische Europaidee der Gründungsväter zerstören und die Zukunftsängste ihrer Bürger massiv verstärken könnte[63]. Die Beitrittsverträge wurden am 25.04.2005 unterschrieben. In den kommenden Jahren werden an Bulgarien und Rumänien allein 40 Milliarden Euro Subventionen überwiesen. Und dies, obwohl Rumäniens Präsident *Trajan Basescu* offen sagt: „Ich behaupte ohne Zögern, dass fast alle

60 Auch *Peter Glotz* spricht von einer Art „zweiten Europarat" und fragt, ob die Osterweiterung nicht eine gute Gelegenheit gewesen wäre, die EU in einen losen Staatenbund mit gemeinsamem Markt zurück zu verwandeln? Die letzte Chance für ein vereintes Europa, in: Aus Politik und Zeitgeschichte 2/2003, S. 4. „Die EU bliebe eine Art Freihandelszone mit angeschlossener Hyde Park Corner", ironisierend *Scorl* (Fn. 51), S. 27.

61 Dazu näher: *Langenfeld* (Fn. 22), S. 75 mwHinw. Daneben bleibt das Szenario denkbar, dass sich als Effekt eines Europas der zwei Geschwindigkeiten ein „heimliches Kerneuropa" um eine Art G 3-Gruppe (Großbritannien, Deutschland und Frankreich, eventuell Spanien und Italien?) bilden könnte, die einen höheren Integrationsgrad beibehält oder für sich weiterentwickelt. So haben die Mitteleuropäer um die sechs Gründungsstaaten in der Innen- und Rechtspolitik ihre Zusammenarbeit jenseits der EU-Verträge in den letzten Jahren erheblich ausgeweitet; ähnlich wie hier *o. V*, Es gib ein heimliches Kerneuropa, in: Rheinischer Merkur vom 28.04.2005.

62 Zum Verfassungsvertrag und dem „EU-Verfassungskonvent" vgl. statt vieler etwa *Simon*, in: Sander/Maryška (Fn. 22), S. 9 ff.; *Scorl* (Fn. 51).

63 Der SPD-Europaabgeordnete und ehemalige Präsident des Europäischen Parlaments, Dr. Klaus *Hänsch* nennt die Beitritte von Bulgarien und Rumänien einen „Beitritt auf Krücken", zitiert nach *Hagelücken*, Gefährlicher Großmut, in: Süddeutsche Zeitung vom 13.04.2005.

Institutionen des Staates von Korruption betroffen sind“[64]. Angesichts dieser Tatsache kann der Forderung des neuen finnischen Erweiterungskommissars *Olli Rehn*: „Im Zweifel für den Kandidaten“[65] nur mit Kopfschütteln begegnet werden.

Die Union ist europäische Realität. Sie sicherte über 60 Jahren Frieden in Europa. Von dem Ziel, über den Binnenmarkt hinaus als „politische Union“ eine handlungsfähige Einheit zu sein, ist sie jedoch noch weit entfernt. Vor allem bedarf es hierzu der nachhaltigen Aufklärung und Einbindung aller in der Union lebenden Menschen in den Integrationsprozess. Den Bürgern in Europa muss der europäische Gedanke neu vermittelt werden. Denn der „europäische Zeitgeist ist kein guter“, stellt der ehemalige EU-Kommissionspräsident *Jacques Delors* desillusioniert fest,[66] was noch diplomatisch ausgedrückt ist.

---

64 Zitiert nach *Zielcke*, in: Mit Blindheit geschlagen, Stuttgarter Zeitung vom 25.04.2005.

65 Zitiert nach *Hagelücken* (Fn. 63).

66 *Delor*s (zitiert nach *Deges,* Zeit der Ignoranten, in: Rheinischer Merkur vom 28. April 2005, S. 1). *Deges* klagt zu Recht, dass die Risiken für Europa nicht nur von den Unzulänglichkeiten der Kandidatenländer ausgehen, sondern vielmehr von der „Doppelzüngigkeit einiger Regierender“, die sich nicht um europäische Verträge (und damit um die Kopenhagener Kriterien) und Prinzipien scheren würden: „Sie schaffen Fakten, deren Konsequenzen sie nicht managen wollen. Während das Territorium wächst, stößt der Integrationsprozess an seine Grenzen“!

Schriftenverzeichnis von Armin Dittmann

I. Einzelschriften

1. Bildungsplanung als Gemeinschaftsaufgabe (Hochschulrecht des Bundes, Bd. 6), Bad Honnef 1975

2. Schulträgerschaft zwischen Kreisen und Gemeinden (Schriftenreihe des Deutschen Städte- und Gemeindebundes, Heft 31), Göttingen 1978

3. Die Bundesverwaltung. Verfassungsgeschichtliche Grundlagen, grundgesetzliche Vorgaben und Staatspraxis ihrer Organisation (Tübinger Rechtswissenschaftliche Abhandlungen, Bd. 56), Tübingen 1983

4. Rechtsfragen des Gesetzes über die elektromagnetische Verträglichkeit von Geräten (EMVG) (Schriftenreihe des Archivs für Urheber-, Film-, Funk- und Theaterrecht – UFITA –, Bd. 122), Baden-Baden 1994

5. Analoger Switch-Off ohne Gesetz? Rechtsstaatliche Voraussetzungen der Einführung digitalen terrestrischen Fernsehens (DVB-T) (Beiträge zum Rundfunkrecht, Bd. 50), Baden-Baden 2002

6. Bildung und Wissenschaft in der bundesstaatlichen Kompetenzordnung, hrsgg. v. Stifterverband für die Deutsche Wissenschaft, Essen 2004

II. Beiträge in Sammelwerken

1. Verwaltungsverfahrensgesetz und Schule, in: Birk/Dittmann/Erhardt (Hrsg.), Kulturverwaltungsrecht im Wandel, Stuttgart/München/Hannover 1981, S. 62 ff.

2. Stichwort: Schulträgerschaft, in: Handwörterbuch zur Kommunalpolitik, Opladen-Wiesbaden 1984, S. 374 f.

3. Beitrag: Verkehrsverbünde, in: Püttner (Hrsg.), Handbuch der Kommunalen Wissenschaft und Praxis, 2. Aufl. Berlin/Heidelberg, 1981 ff., Bd. V (1984), § 108 B.

4. In welchem Stadium des herbstlichen Vorganges ist das für die Herstellung der verschiedenen Weinqualitäten vorgeschriebene jeweilige Mindestmostgewicht nach geltendem Recht zu bestimmen?, in: EWR – Schriftenreihe zum europäischen Weinrecht, Franfurt am Main 1985, S. 5 ff. (zusammen mit Theisen und Vollmer)

5. Umwidmung landwirtschaftlich genutzter Flächen. Nutzungsbeschränkungen zwischen Eigentumsgarantie, Sozialbindung und entschädigungspflichtiger Enteignung. Informationen für die Landwirtschaftsberatung in Baden-Württemberg, 1987, Nr. 7, S. 11 ff.

6. Stichwort: Kulturverfassungs- und Kulturverwaltungsrecht, in: Staatslexikon, 7. Aufl., Bd. 3, Freiburg 1987, Sp. 773 ff.

7. Stichwort: Organisation der Umweltverwaltung, in: Handwörterbuch des Umweltrechts, II, 1. Aufl., Berlin 1988, Sp. 115 ff., 2. Aufl., Berlin 1994, Sp. 1548 ff.

8. Technologiepolitik, Erscheinungsformen und öffentlich-rechtliche Grundfragen, in: Feuchte/Rommer/Rundel (Hrsg.), Initiative und Partnerschaft. Manfred Bulling zum 60. Geburtstag, Baden-Baden 1990, S. 215 ff.

9. Gleichheitssatz und Gesetzesvollzug im Bundesstaat, in: Maurer (Hrsg.), Das akzeptierte Grundgesetz. Festschrift für Günter Dürig zum 70. Geburtstag, München 1990, S. 221 ff.

10. Polizeirecht, in: Maurer/Hendler (Hrsg.), Baden-Württembergisches Staats- und Verwaltungsrecht, Frankfurt am Main 1990, S. 264 ff.

11. Kommunalverbandsrecht, in: Achterberg/Püttner (Hrsg.), Besonderes Verwaltungsrecht, Bd. II, 1. Aufl, Heidelberg 1992, S. 99 ff.

12. Hochschulqualifikation für Pflegedienstleistungen und Lehrende der Pflegeberufe, in: Robert Bosch Stiftung (Hrsg.), Pflege braucht Eliten (Beilage zur Gesundheitsökonomie 28), Gerlingen 1992, S. 277 ff.

13. Deutsches Verfassungsrecht und Europäische Integration. – Zur Entwertung des Grundgesetzes, in: Bareis/Ohr (Hrsg.), Europäische Integration auf Abwegen. Die ordnungspolitischen und institutionellen Fehlentscheidungen von „Maastricht“, Stuttgart 1992, S. 59 ff. Zugleich in: Caesar/Ohr (Hrsg.), „Maastricht und Maastricht II: Vision oder Abenteuer?“, Baden-Baden 1996, S. 263 ff.

14. Les bénéficiaires ou titulaires des droits fondamentaux (Rapport Allemand), in: Annuaire International de Justice Constitutionnelle, VII (1991), Paris 1993, S. 175 ff.

15. Bildungshoheit nach Maastricht: Zur Neuregelung der bildungsrechtlichen Zuständigkeiten zwischen Bund, Ländern und EG und zu ihren bildungspolitischen Konsequenzen, in: Bücking/Dittmann u.a., Zur Zukunft der Berufsbildung (Aktuelle Fragen der Politik, Heft 9), St. Augustin 1994, S. 9 ff.

16. Die Rechtsverordnung als Handlungsinstrument der Verwaltung, in: Biernat/Hendler/Schoch/Wasilewski (Hrsg.) Grundfragen des Verwaltungsrechts und der Privatisierung, Stuttgart/Dresden 1994, S. 107 ff.

17. Deutsches Verfassungsrecht und Europäische Integration – Zur Entwertung des Grundgesetzes, in: Studienzentrum Weikersheim (Hrsg.), Europa und die Zukunft der Nationalstaaten, Mainz 1994, S. 168 ff.

18. Erziehungsauftrag und Erziehungsmaßstab der Schule im freiheitlichen Verfassungsstaat, in: VVdStRL 54, Berlin 1995, S. 47 ff.

19. Schulautonomie in juristischer Sicht – Grundgesetzliche Grenzen schulpolitischer Gestaltungsfreiheit der Länder, in: Beinke/van Bruggen u. a., Zukunft der Bildung – Schule der Zukunft? (Aktuelle Fragen der Politik, Heft 37), St. Augustin 1996, S. 53 ff.

20. Maastricht II aus der Sicht des deutschen Verfassungsrechts, in: Caesar/Ohr (Hrsg.), Maastricht und Maastricht II: Vision oder Abenteuer? (Schriften zur monetären Ökonomie, Bd. 40), Baden-Baden 1996, S. 39 ff.

21. Art. 83 – 85 GG, in: Sachs (Hrsg.), Grundgesetz. Kommentar, zuletzt 3. Aufl., München 2003, S. 1694 ff.

22. Einkommensteuer und Frauenpolitik – Anmerkungen aus verfassungsrechtlicher Sicht, in: Hess. Ministerium für Frauen, Arbeit und Sozialordnung (Hrsg.), Frauenpolitische Aspekte im Einkommensteuerrecht, Wiesbaden 1996, S. 185 ff.

23. Erziehung und Schule, in: Distelkamp/Kitagawa/Kreiner u.a. (Hrsg.), Zwischen Kontinuität und Fremdbestimmung. Zum Einfluß der Besatzungsmächte auf die deutsche und japanische Rechtsordnung 1945 bis 1950, Tübingen 1996, S. 255 ff.

24. Der Rundfunkbegriff im deutschen Recht – ein Kulturgut im multimedialen Wandel, in: Dittmann/Fechner/Sander (Hrsg.), Der Rundfunkbegriff im Wandel der Medien. Symposion zum 65. Geburtstag von Professor Dr. iur. Dr. h.c. Thomas Oppermann, Berlin 1997, S. 19 ff.

25. Television without frontiers. The impact of European Law on German broadcasting, in: Tel Aviv University Studies in Law, Vol. 13, 1997, S. 131 ff.

26. Finanzverfassung und Staatsverfassung – Zur wechselseitigen Beziehung aus Sicht des deutschen Staatsrechts und ihrer Bedeutung für die Finanzverfassung der Europäischen Union, in: Caesar (Hrsg.), Zur Reform der Finanzverfassung und Strukturpolitik der EU, Baden-Baden 1997, S. 55 ff.

27. Förderalismus in Gesamtdeutschland, in: Isensee/Kirchhof (Hrsg.), Handbuch des Staatsrechts, Bd. IX, Heidelberg 1997, § 205, S. 229 ff.

28. Le couple franco-allemand au sein de l'Europe, de la culture et de la science: L'exemple d'ARTE, in: Le Berre/Graf Vitzthum (éds.), La coopération franco-allemande en Europe à l'aube du XXIème siècle; Aix-en-Provence 1998, S. 93 ff.

29. Die elektronische Demokratie. Auflösung der Gewaltenteilung?, in: Die Rolle der Medien im Gefüge des demokratischen Verfassungsstaates, Erlangen 1998, S. 35 ff.

30. Europäisierung des Verwaltungsrechts, in: Tichý (Hrsg.), Europeizace Národnich Právnich Rádů, Prag 2000, S. 140 ff.

31. Erinnerung an „Karlsruhe". Art. 5 Abs. 3 GG und der Hochschulrat des baden-württembergischen Universitätsgesetzes, in: Jannott/Wölfle (Hrsg.), Freundesgabe für George Turner, Ulm 2000, S. 106 ff.

32. Kommunalverbandsrecht, in: Achterberg/Püttner/Würtenberger (Hrsg.), Besonderes Verwaltungsrecht, Band II, 2. Aufl., Heidelberg 2000, S. 105 ff.

33. Les fonctions respectives du Bundestag et du Bundesrat, in: Fromont (ed.), Les cinquante ans de la République Féderale d'Allemagne, Paris 2000, S. 37 ff.

34. Die Mediendemokratie – Eine Gleichgewichtsstörung in der Gewaltenteilung moderner Demokratien, in: Studienzentrum Weikersheim e. V. (Hrsg.), Positionen des Freiheitlichen Konservatismus, Künzelsau 2001, S. 138 ff.

35. Die Neuen Medien in der Verfassungsordnung. Teledienste und Mediendienste als Teil einer bipolaren Medienordnung, in: Classen/Dittmann u.a. (Hrsg.), „In einem vereinten Europa dem Frieden der Welt zu dienen ...“, Liber amicorum Thomas Oppermann, Berlin 2001, S. 757 ff.

36. Le recours constitutionnel en droit allemand, in: Les cahiers du Conseil constitutionnel, No. 10/2001, S. 72 ff.

37. Elternrecht als Grundrechtsposition, in: Praxishandbuch Grundschule, hrsgg. von Böhm u. a., März 2001

38. Stichwort: Elternrecht, in: Becker/Buchstab u. a. (Hrsg.), Lexikon der Christlichen Demokratie in Deutschland, Paderborn/München/Wien/Zürich 2002, S. 505 f.

39. Medienfreiheiten und Fremdenfeindlichkeit. Der Beitrag des deutschen Verwaltungsrechts zum Kampf gegen fremdenfeindliche Inhalte“, in: Graf Vitzthum/Pena (eds.), L'Identité de l'Europe. Die Identität Europas, Aix-en-Provence 2002, S. 333 ff.

40. Notwendigkeit und Möglichkeiten der Wahrung der Unabhängigkeit von Beratungsinstitutionen bei der Gesetzesfolgenabschätzung, in: Karpen/Hof (Hrsg.), Wirkungsforschung zum Recht IV, Baden-Baden 2003, S. 203 ff.

41. Die Diskussion über die Verfassung der Europäischen Union, in: Zeitschrift der Koreanisch – Deutschen Gesellschaft für Rechtswissenschaft, Bd. 16, Seoul 2004, S. 1 ff.

III. Aufsätze in Zeitschriften

1. Ist die Kostenregelung nach § 128 Abs. 3 Nr. 1 BBauG durch Erschließungsvertrag abdingbar?, in: DÖV 1972, S. 309 ff.

2. Hochschul-Informations-System – Eine Gemeinschaftsaufgabe von Bund und Ländern, HIS Brief 27, Hannover 1972 (zusammen mit Oppermann)

3. „Stimmensplitting“ – nicht ganz unproblematisch, in: ZRP 1973, S. 25 ff.

4. Akademisches Ordnungsrecht und Freiheit der Berufswahl. Eine verfassungsrechtliche Betrachtung, in: Analysen – Zeitschrift für Wissenschafts- und Berufspraxis 1974, Heft 4, S. 28 ff.

5. Die Teilbarkeit von Gesetzesinitiativen als verfassungsrechtliches Problem, in: DÖV 1974, S. 397 ff.

6. Bundeseigene Verwaltung durch Private? Zur Problematik privatrechtlicher Mittlerorganisationen am Beispiel der auswärtigen Kulturpolitik, in: Die Verwaltung 1975, S. 431 ff.

7. Freiwillig verfaßte Studentenschaft? Zur Möglichkeit einer vereinsrechtlich organisierten, öffentlich beliehenen Studentenschaft in Durchführung des Hochschulrahmengesetzes, in: JZ 1977, S. 593 ff. (zusammen mit Oppermann)

8. Unvereinbarkeit von Regierungsamt und Abgeordnetenmandat – eine unliebsame Konsequenz des „Diätenurteils"?, in: ZRP 1978, S. 52 ff.

9. Für Autonomie und Staatlichkeit der Deutschen Bundesbahn, ZVerkWiss 1978, S. 238 ff. (zusammen mit Böttger)

10. Rechtsweg und Rechtshängigkeit als Probleme des Länderstreites um Bonus und Malus, in: DVBl. 1978, S. 244 ff.

11. Das Bildungswesen im föderalistischen Kompetenzgefüge – eine kritische Bestandsaufnahme, in: RdJB 1978, S. 168 ff.

12. Die personale Prägung des Auswärtigen Dienstes. Zur Entwicklung des Auswärtigen Amtes von 1871 bis zur Schülerschen Reform 1919/20, in: Die Verwaltung 1979, S. 91 ff.

13. Auf dem Wege zum Auswärtigen Amt – Das „Deutsche Büro für Friedensfragen 1947/50", in: Die Verwaltung 1980, S. 235 ff.

14. Prüfungskompetenz für Fernstudieneinrichtungen? Hochschulrechtliche und bildungspolitische Überlegungen zum Ausbau des Fernstudiums", in: WissR 1980, S. 30 ff. (zusammen mit Oppermann)

15. Die Verrechtlichung der Schule, in: dhs 1982, S. 351 ff.

16. Grundrechtlicher Wohnungsschutz und Vollstreckungseffizienz, in: Die Verwaltung 1983, S. 17 ff.

17. Steuergeheimnis und Gewerbeuntersagung, in: Die Verwaltung 1988, S. 43 ff.

18. Die bildungsrechtlichen Harmonisierungsverbote (Art. 126 Abs. 4, 127 Abs. 4 EGV) und ihre Bedeutung für die nationale „Bildungshoheit", in: RdJB 1992, S. 478 ff. (zusammen mit Fehrenbacher)

19. Die „Bio"-Verordnung der EG. Zielsetzungen, Inhalt, Probleme, in: AgrarR 1993, S. 234 ff.

20. Formy organizacyjne wspólpracy micdzykomunalnej w Republice Federalnej Niemiec (= Organisationsformen kommunaler Zusammenarbeit in der Bundesrepublik Deutschland), in: Samorzad Terytorialny 1994, Heft 1-2, S. 109 ff. (zusammen mit Rösler)

21. Erziehung als Elternpflicht und schulischer Auftrag, Eichholz Brief 1/98, S. 76 ff.

22. Erziehung als Elternpflicht und schulischer Auftrag, in: Bildung real, Sonderdruck 1999, S. 49 ff., hrsgg. vom Realschullehrerverband Nordrhein-Westfalen.

IV. Herausgeberschaft

1. Kulturverwaltungsrecht im Wandel. Rechtsfragen der Praxis in Schule und Hochschule, Stuttgart/München/Hannover 1981 (zusammen mit Birk und Erhardt)

2. Kompetenzprobleme der Auswärtigen Gewalt, Tübingen 1982 (zusammen mit Kilian)

3. Der Rundfunkbegriff im Wandel der Medien. Symposion zum 65. Geburtstag von Professor Dr. iur. Dr. h.c. Thomas Oppermann, Berlin 1997 (zusammen mit Fechner und Sander)

4. „In einem vereinten Europa dem Frieden der Welt zu dienen ...“ – Liber amicorum Thomas Oppermann, Berlin 2001 (zusammen mit Classen u.a.)

V. Anmerkungen zu Gerichtsentscheidungen

1. BVerfG vom 11.6.1974, in: DÖV 1974, S. 743 ff.

2. Karlsruhe locuta – causa non finita, Bemerkungen zu BVerfG vom 8.2.1977, in: TUZ 1977, Nr. 2, S. 1 ff.

3. EuGH vom 05.04.2001 (Rechtssache C–123/00), in: ZLR 2001, S. 551 ff.

VI. Berichte

1. Robert von Mohl. Wissenschaftliches Symposion der Universität Tübingen anläßlich seines 100. Todestages“, in: JZ 1976, S. 293 ff.

2. Die Verhandlungen der Abteilung „Schule im Rechtsstaat“, Bericht über den 51. DJT, in: JZ 1976, S. 793 ff.

3. Hamburger Assistententagung, in: JZ 1979, S. 278 ff.

4. Assistententagung in Freiburg/Schweiz, in: JZ 1980, S. 327.

5. Fünftes deutsch-polnisches Verwaltungskolloquium, in: JZ 1987, S. 137.

VI. Buchbesprechungen

1. Staff, Wissenschaftsförderung im Gesamtstaat, Berlin 1971, in: JZ 1971, S. 743.

2. Maass, Europäische Hochschulpolitik. Die Arbeit des Europarats im Hochschulbereich 1949 – 1969, Hamburg 1970, in: EuR 1972, S. 197 f.

3. Hennecke, Staat und Unterricht. Die Festlegung didaktischer Ziele durch den Staat im öffentlichen Schulwesen, Berlin 1972, in: Die Verwaltung 1975, S. 401 ff.

4. Löhning, Der Vorbehalt des Gesetzes im Schulverhältnis, Berlin 1974, in: Die Verwaltung 1975, S. 530 ff.

5. Heinemann, Schule im Vorfeld der Verwaltung. Die Entwicklung der preußischen Unterrichtsverwaltung von 1771 – 1800, Göttingen 1974, in: Die Verwaltung 1976, S. 262 ff.

6. Autexier, L'administration de l'enseignement en République Fédérale d'Allemagne. Etude de science administrative comparée, Paris 1974, in: Die Verwaltung 1976, S. 400 ff.

7. Krüger, Rechtsstaat – Sozialstaat – Staat: oder Rechtsstaat + Sozialstaat ergeben noch keinen Staat, Frankfurt/M. 1975, in: DÖV 1976, S. 539 f.

8. Müller-Volbehr, Fonds- und Investitionshilfekompetenz des Bundes, München 1975, in: Die Verwaltung 1977, S. 385 ff.

9. Theiss, Das Nothaushaltsrecht des Bundes, Berlin 1975, in: Die Verwaltung 1977, S. 536 ff.

10. Heinrich, Verwaltungsgerichtliche Streitigkeiten im Hochschulinnenbereich unter besonderer Berücksichtigung der Rechtslage in Nordrhein-Westfalen, Berlin 1975, in: Die Verwaltung 1978, S. 114 ff.

11. Gallas, Die Staatsaufsicht über die wissenschaftlichen Hochschulen unter besonderer Berücksichtigung der Staatsaufsicht über die Studentenschaften, Berlin 1976, in: Der Staat 1979, S. 463 ff.

12. Handbuch des Wissenschaftsrechts, Berlin, Heidelberg u.a., 1982, in: Modern law and Society 1985, S. 124 ff.

13. Ipsen, Staatsorganisationsrecht, Frankfurt/M. 1986, in: DÖV 1987, S. 880 f.

14. Henneke, Landwirtschaft und Naturschutz, Heidelberg 1986, in: DÖV 1988, S. 394

15. Rollmann, Die Universität als Wirtschaftsunternehmen. Hochschulfinanzierung und Wissenschaftsfreiheit, Berlin 1987, in: Modern Law and Society 1989, S. 176 ff.

16. Loeser, Das Bundes-Organisationsgesetz, Baden-Baden 1988, in: DÖV 1990, S. 82

17. Welz, Ressortverantwortung im Leistungsstaat. Zur Organisation, Koordination und Kontrolle der selbständigen Bundesoberbehörden unter besonderer Berücksichtigung des Bundesamtes für Wirtschaft, Baden-Baden 1988, in: DÖV 1990, S. 164

18. Tögel, Die Senate der Hansestädte Hamburg und Bremen. Eine verfassungsrechtliche Untersuchung zum parlamentarischen Regierungssystem in den Hansestädten, Frankfurt/M. 1989, in: DÖV 1992, S. 178

19. Pauly, Anfechtbarkeit und Verbindlichkeit von Weisungen in der Bundesauftragsverwaltung, Berlin 1989, in: DÖV 1993, S. 126 f.

20. Steinberg, Bundesaufsicht, Landeshoheit und Atomgesetz, Heidelberg 1990, in: DÖV 1993, S. 126 f.

21. Emde, Die demokratische Legitimation der funktionalen Selbstverwaltung, Berlin 1991, in: DÖV 1993, S. 214 f.

22. Burmeister, Herkunft, Inhalt und Stellung des institutionellen Gesetzesvorbehalts, Berlin 1991, in: DÖV 1993, S. 628 f.

23. Kauch, Bodenschutz aus bundesrechtlicher Sicht – Bestandsaufnahme, Defizitanalyse und Weiterentwicklungsmöglichkeiten, Münster 1993, in: DÖV 1994, S. 971 f.

24. Müller, Rechtsformenwahl bei der Erfüllung öffentlicher Aufgaben – Institutional choice, Köln 1993, in: DÖV 1995, S. 347 f.

25. Brauneck, Die rechtliche Stellung des Bundeskanzleramtes – Rechtliche Grenzen für Organisation, Handeln und Kontrollierbarkeit des Bundeskanzleramtes. Baden-Baden 1994, in: DÖV 1996, S. 661

26. Maas, Die Verwaltungsrechtsordnung für Württemberg – Ein Versuch der Emanzipation des öffentlichen Rechts vom Privatrecht. Pfaffenweiler 1996, in: DÖV 1998, S. 656

27. König/Siedentopf (Hrsg.), Öffentliche Verwaltung in Deutschland. Baden-Baden 1997, in: DÖV 1998, S. 1026 f.

28. Schmid, Der Europäische Fernsehkulturkanal ARTE – Idee und Rechtsgestalt nach deutschem und europäischem Recht, Berlin 1997, in: DÖV 2000, S. 836.

29. Kirschnek, Landesmediengesetz Baden-Württemberg – verfassungsrechtliche Grundprinzipien und Probleme, Berlin 1998, in: DÖV 2001, S. 180

30. Badura/von Danwitz/Herdegen/Sedemund/Stern (Hrsg.), Beck'scher Postgesetzkommentar, München 2000, in: DÖV 2002, S. 534 f.

31. Birkert/Reiter/Scherer, Landesmediengesetz Baden-Württemberg, Kommentar, 2. Aufl., Stuttgart 2001, in: DÖV 2002, S. 924

Autorenverzeichnis

Christopher Arnold
LL.M.Eur.; geb. 1963 in Stuttgart; Rechtsanwalt in Stuttgart; Studium der Rechtswissenschaft an den Universitäten Tübingen, München, Bremen und Konstanz; vorm. wissenschaftlicher Mitarbeiter an der Universität Hohenheim; Dozent an der Württembergischen Verwaltungs- und Wirtschafts-Akademie und an der Berufsakademie Stuttgart

Thorsten Alexander Lägeler
Ass. iur; geb. 1974 in Oberndorf a.N.; Studium der Rechtswissenschaften in Konstanz und Tübingen; wissenschaftlicher Assistent und Doktorand an der Universität Hohenheim; Lehrbeauftragter an der Universität Pilsen und der Berufsakademie Stuttgart

Cornelia Nesch
Regierungsrätin, geb. 1967 in Horb a.N., Dipl.Verw.wirtin (FH) mit Studium an der FHöV Kehl, Studium der Rechtswissenschaft in Tübingen, berufliche Tätigkeiten als wissenschaftliche Mitarbeiterin an der Universität Hohenheim, als Rechtsanwältin bei der Kanzlei Zuck & Quaas, Stuttgart, als Leiterin des Rechts- und Ordnungsamtes beim Landratsamt Zollernalbkreis, seit 2005 Referentin im baden-württembergischen Innenministerium

Albrecht Rösler
Ass. iur.; geb. 1960 in Esslingen; Studium der Rechtswissenschaft in Tübingen; u.a. Lehrbeauftragter an den Universitäten Stuttgart und Hohenheim; vorm. Professor an der Juristischen Fakultät der Staatlichen Universität Osaka/Japan (DAAD-Fachlektorat Deutsches Recht)

Gerald G. Sander
Dr. iur., M. A., Mag. rer. publ.; geb. 1966 in Hamburg; Studium der Rechts-, Politik-, Verwaltungs- und Wirtschaftswissenschaften in Tübingen, Kiel und Speyer; wissenschaftlicher Mitarbeiter an der Universität Hohenheim; Lehrbeauftragter an den Universitäten Tübingen, Budweis und Pilsen; Dozent am ECONT Institut für Management im Gesundheits- und Sozialbereich, München; Habilitand an der Universität Tübingen

Tobias Scheel
Ass. iur.; geb. 1974 in Stuttgart; Studium der Rechtswissenschaften in Konstanz; vorm. Richter beim Landgericht Stuttgart; wissenschaftlicher Mitarbeiter an der Universität Hohenheim; Lehrbeauftragter an der Hochschule für Wirtschaft und Umwelt Nürtingen-Geislingen sowie der Württembergischen Verwaltungs- und Wirtschafts-Akademie, Stuttgart; Doktorand an der Universität Erlangen-Nürnberg

Simon M. Schenk
Ass. iur.; geb. 1975 in Ulm; Studium der Rechtswissenschaften in Regensburg, Freiburg und Uppsala; wissenschaftlicher Mitarbeiter an der Universität Hohenheim, Lehrbeauftragter an der Berufsakademie Stuttgart; Doktorand an der Universität Frankfurt am Main

Konrad Scorl
Professor, Dr. iur.; geb. 1947 in Burgstädt/Sachsen; Studium der Rechts- und Staatswissenschaften in Köln und Freiburg; Dekan des Fachbereichs Wirtschaftswissenschaften an der Hochschule für Wirtschaft und Umwelt Nürtingen-Geislingen, Lehrstuhl für Bürgerliches Recht, Wirtschafts- und Europarecht; Dozent an der Württembergischen Verwaltungs- und Wirtschafts-Akademie, Stuttgart

Kolibri 360 GmbH
Ferdinand-Jühlke-Straße 7
99095 Erfurt, Deutschland
produktsicherheit@kolibri360.de

Druck:
CPI Druckdienstleistungen GmbH
im Auftrag der
Kolibri 360 GmbH
Ferdinand-Jühlke-Str. 7
99095 Erfurt